AF464753

LE CHATEAU

DE

FRÉDÉRIC BARBEROUSSE,

A DOLE,

OU

LE MALÉFICE.

CHRONIQUE DU DOUZIÈME SIÈCLE

attribuée à

HÜES DE BRAYE-SELVES,

GAI MÉNESTREL,

et publiée

PAR LÉON DUSILLET.

PARIS,

CHEZ ÉDOUARD LEGRAND, LIBRAIRE,

COMMISSIONNAIRE-ÉDITEUR,

Quai des Augustins, 59.

1843.

LE CHATEAU

DE

FRÉDÉRIC BARBEROUSSE,

A DOLE.

LE CHATEAU

DE

FRÉDÉRIC BARBEROUSSE,

A DOLE,

OU

LE MALÉFICE.

CHRONIQUE DU DOUZIÈME SIÈCLE

attribuée à

HÜES DE BRAYE-SELVES,

GAI MÉNESTREL,

et publiée

PAR LÉON DUSILLET.

PARIS,
CHEZ ÉDOUARD LEGRAND, LIBRAIRE,
COMMISSIONNAIRE-ÉDITEUR,
Quai des Augustins, 59.

1843.

LONS-LE-SAUNIER,
IMPRIMERIE DE FRÉD. GAUTHIER.

PRÉFACE.

L'amour avait inventé les philtres ; la haine imagina les *envoûtements* ou *volts* (les vœux).

Envoûter quelqu'un, faire contre lui un *envoûtement*, un *volt* ou maléfice, c'était lui jouer le tour le plus sanglant dont la sorcellerie pût s'aviser. Il paraît que le mot envoûter vient d'*invotare*. Les anciens se sont servi de *devovere* dans le même sens. Il pourrait venir aussi d'*invultare*, fait de *vultus*, parce qu'on appelait autrefois le visage, *voult*.

Quoi qu'il en soit, pour envoûter quelqu'un, on pétrissait d'abord une petite figure en limon ou en cire; on lui imposait le nom de la personne qu'on envoûtait. On tâchait de lui donner les traits de cette même personne : plus la ressemblance était exacte et plus on était sûr que le charme réussirait. On baptisait ensuite cette figurine selon le rit et les cérémonies de l'église; on lui choisissait un parrain et une marraine, et le prêtre qui l'avait baptisée l'oignait de saint-chrême. Puis, on proférait des paroles magiques sur cette image que l'on croyait identifiée avec l'homme ou la femme dont elle avait le nom et les traits.

En lardant cette figurine de coups d'aiguille, on causait à l'*envoûté* de vives douleurs et de cuisants soucis; mais quand on voulait qu'il mourût, on perçait la statuette à la tête ou au cœur.

Lorsqu'on pouvait opérer à la lueur d'un flambeau d'église et surtout d'un cierge pascal, la besogne n'en allait que mieux.

Cette folie des *volts* ou maléfices est du reste très ancienne. Les magiciennes de Thessalie, si l'on en croit Platon, en faisaient contre tout le monde. « Nous en « vîmes, dit le scythe Anacharsis, qui travaillaient à des « figures de cire. Elles les chargeaient d'imprécations, « leur enfonçaient des aiguilles dans le cœur, et les expo- « saient ensuite au milieu des places et des différents « quartiers de la ville. Ceux dont elles avaient copié les « traits, frappés de ces objets de terreur, se croyaient dé- « voués à la mort, et cette crainte abrégeait parfois « leurs jours [a]. »

(a) Voltaire, dans le cinquième chant de la Henriade, décrit en vers pompeux un *envoûtement*, *volt* ou maléfice fait par les seize contre Henri III et Henri IV.

On attribue à maître Hües de Brayé-Selves [a], ménestrel de l'empereur Frédéric Barberousse, la chronique du *maléfice* retrouvée au village de *Jouhe*, en 1793, dans les archives d'un prieuré de bénédictins. D'autres croient qu'elle est du trouvère inconnu qui avait composé le roman de Guillaume de Dole [b]. Ils disent que Hües de Braye-Selves, s'il était l'auteur de ce fabliau, n'aurait jamais eu la hardiesse de se vanter, comme il le fait, dans le premier chapitre de cet ouvrage. C'est bien mal connaître un poète. Voyez les louanges dont Horace, Ovide et tant d'autres se parfument. On peut d'ailleurs excuser maître Hües, car il était un célèbre ménestreux qui excellait, dit la croix du Maine, à jouer des instruments. Il avait établi des *gieux* ou combats de gentillesse à *Trémilli* [c], sous *l'ormel*, et présidé aux fêtes que donna Frédéric Barberousse, à Dole, quand il eut épousé madame Béatrix de Bourgogne.

Fauchet, dans son traité de la langue et poésie françaises, cite des vers de l'auteur de Guillaume de Dole, en l'honneur de Hües de Braye-Selves.

De Braie-Selve vers Oignon,
I vint Hües à cele cort;
L'Empereur le tint molt cort,
Que li apreist une dance [d],

(a) *Braye-Selves*, aujourd'hui Broie-les-Pêsme, et peut-être même Amagétobrie.

(b) On ignore le nom de l'auteur de ce fabliau qui est perdu. Le héros du poëme étoit évidemment Guillaume-le-Grand, dit *Tête-Hardie*, issu de la maison de Dole et né dans cette ville.

(c) Aujourd'hui le *Trembloi*, près de la ville de Gray.

(d) Il n'est guère probable que l'empereur ait appris ainsi un pas de ballet.

Que firent pucelles de France,
A l'Ormel, devant Tremilli,
Où lon a meint bon plet basti.
C'est vers de belle Marguerite
Qui si bel se paie et aquite
De la chansonnette novelle,
Celle d'Oisseri
Ne met en oubli.
Que n'aille au cimbel,
Tant a bien en li,
Que moult embeli
Le gieu souz l'Ormel.

TRADUCTION LIBRE.

« Hües vint de Braye-Selves, près de l'Ognon, à cette « cour (celle de Frédéric). L'empereur le reçut avec « courtoisie et apprit de lui une danse que des pucelles « de France avaient déjà exécutée sous l'ormeau de Tré- « milli, célèbre par ses plaids d'amour.

« C'est là qu'est la belle Marguerite, qui paie d'un « prix si doux les chansonnettes nouvelles d'Oisseri [a].

La langue alors n'était point formée et les mots pouvaient avoir une acception qu'ils n'ont plus aujourd'hui. Il est à présumer que le verbe apprendre signifiait aussi *montrer*, *faire voir*, et que maître Hües *n'apprit* point à Frédéric I.er, mais *fit exécuter* devant lui une danse nouvelle.

(a) Cette belle Marguerite devait être Marguerite de *Blois*, dont parle Duchêne dans les histoires des rois, comtes et ducs de Bourgogne, page 536, fille de Thiébaud-le-Bon, comte de Blois et de Chartres, grand sénéchal de France, et d'Alix, fille puînée de Louis-le-Jeune. Elle avait épousé Hugues d'*Oisi*, seigneur de Mont-Mirel (Mont-Mirey). Il est probable que dans sa jeunesse on appelait le sire d'Oisi, Hugues d'*Oisseri*, par mignardise; qu'il faisait alors des chansons et qu'il obtint le prix *aux gieux* sous l'*Ormel*. Ce fut le même prix sans doute dont maître Alain fut *guerdonné* depuis par la *Royne* Éléonore. Le sire d'Oisi ou d'Oisseri mourut jeune et l'on peut présumer que Mainfroi de Mont-Mirey lui succéda.

« Qu'il (d'Oisseri) n'aille donc point au tournoi, lui « qui a tant de ressources dans l'esprit et qui a si bien « embelli les jeux sous l'ormeau ! »

Il nous reste à parler maintenant de la *Dame voilée*. Ce n'est pas une création de pur caprice, et l'auteur du *maléfice*, quel qu'il soit, ne l'a point imaginée. Cette femme bizarre et passionnée se croyait réellement thaumaturge et charmeresse, comme elle le dit elle-même de la meilleure foi du monde. Mais écoutons *Pluquet*, qui a vécu si long-temps après maître Hües [(a)].

« Les philosophes orientaux qui acceptèrent le christianisme se replièrent, pour ainsi dire, vers leurs an-« ciens principes, et presque tous admirent une intelli-« gence suprême et des *génies*. On employa les dogmes « de la philosophie, les pratiques de la magie et de la « cabale à expliquer les mystères et les miracles. Ici, ce « sont des talismans au moyen desquels on pense attirer « la grâce et la faire descendre du ciel ; là, ce sont des « nombres que l'on porte sur soi pour se détacher de la « terre, etc. »

La Dame voilée n'était donc point sorcière et le diable lui faisait horreur, mais elle était infatuée des erreurs de l'Orient. Elle croyait aux génies, aux dives, aux péris, et Hües de Braye-Selves, qui a écrit son histoire, ne paraît point surpris du désordre de ses idées ni de *l'étrangeté* de ses discours. Ces charmeresses à demi chrétiennes n'étaient pas rares en Asie.

(a) Préface du dictionnaire des hérésies.

LE CHATEAU

de Frédéric Barberousse.

CHAPITRE PREMIER.

LE VOLCAN.

Onc ne dois rester en oubli,
Charmant ormel de Trémilli !

Ce fut sous ton ombre discrète,
Charmant ormel de Trémilli,
Qu'un page au doux jeu....

Un bruit léger interrompit maître Hües de Braye-Selves.

Toujours joyeux, même quand l'Etna gronde, dit le chevalier du Lion, qui arrivait de Nicolosi. C'est à bon droit que l'empereur Frédéric Barberousse te nomme son gai ménestrel.

— Que voulez-vous, Monseigneur ? ce luth est le seul bien que mon père m'ait laissé : mon métier est de chanter, et je chante.

— Oui ; mais songe que tu foules une terre poétique.

Par la vraie croix de Dieu! si j'avais l'art de tourner un virelai, ce n'est pas ton vieil ormel de Trémilli que j'aimerais à chanter sur l'Etna.

L'arbre de mon pays, répliqua vivement le ménestrel, me retrace des souvenirs plus gracieux et des images plus riantes que ces pins lugubres et ces figuiers noirs qui navrent le cœur de tristesse.

— Tais-toi, profane, ou cesse tes blasphêmes! Ne va pas irriter contre nous les nymphes de Sicile, car la plus belle et la plus sage viendra peut-être ici tout à l'heure.

Voilà donc, repartit en riant maître Hües, ce qui vous amène au bois de Catane si matin. Il est vrai que la princesse d'Autriche mérite bien qu'on se lève pour elle avant le jour.

— L'aimable Iselle souffre ma présence, parce qu'elle ignore qui je suis : mais si elle se doutait de mon déguisement, si elle savait que l'ennemi de sa maison !...

Paix! interrompit le ménestrel : plus bas, Monseigneur, on nous écoute.

Le chevalier tourna la tête et vit une femme d'une haute taille, revêtue d'une tunique noire et couverte d'un long voile blanc. Elle marchait à pas précipités, et tenait d'une main des tablettes et de l'autre une coupe. Elle examina un instant le jeune guerrier qui jetait sur elle des regards de mépris, et disparut sous les chênes.

Cette folle me suivra donc partout, murmura le chevalier d'un ton d'humeur; mais qu'elle y prenne garde, je ne veux pas que l'on m'épie.

— Silence, au nom du ciel! ménagez, Monseigneur, cette terrible femme! Depuis que la dame voilée (c'est ainsi qu'on l'appelle), habite la tour du Philosophe, on ne parle que de signes funestes [a]. Le bruit court qu'elle attise le feu de l'Etna, et j'ai peur qu'une éruption subite ne marque ici son passage : cependant on assure qu'elle est parfois humaine et charitable, et qu'elle a même planté là haut une croix pour prier. On ajoute...

Pour prier! répéta le chevalier d'un air dédaigneux ; quoi ! des maléfices et des patenôtres ! C'est donc une de ces charmeresses d'outre-mer, infatuées des saints et des génies, opérant tour à tour des miracles et des prestiges. Que Dieu confonde cette race maudite !

Il se signa brusquement, et continua d'une voix émue : Je voudrais toutefois en excepter une de l'anathème. Il m'eût été si doux de ne me plaindre jamais d'elle !

A ces mots, le chevalier appuya sa tête sur sa main, pour cacher une larme.

Ce guerrier qui avait honte de pleurer était le fameux duc de Bavière, Henri, surnommé le Lion. Nul ne l'égalait en courage, mais il était superbe, téméraire et non moins fougueux que son oncle Welf-le-Noir.

Vainqueur des Slaves et des Venèdes, il avait en outre conquis les états du duc d'Autriche et réduit ce faible margrave à s'exiler de Vienne [b]; puis il était allé rejoindre l'empereur Conrad qui guerroyait chez les Syriens. Les délices de la cour d'Antioche, l'une des plus efféminées de l'Asie, amusèrent quelque temps ses loisirs; il embrassa même le parti d'Éléonore de Guienne contre Louis-le-Jeune, et l'on disait qu'une belle guerrière, de la race des Péris, avait été la dame de ses pensées. L'Égypte et la Palestine devinrent tour à tour le théâtre de ses prouesses.

(a) *Torre del Filosofo :* on croit que c'est la tour d'Empédocle.

(b) Il s'appelait *Henri Jasomergot.*

Enfin, comblé d'honneurs et de gloire, il reprit le chemin de l'Allemagne, quitta sa riche armure, ne garda que ses éperons d'or, et traversa inaperçu les mers de la Grèce.

Il débarqua au bout d'un mois à Messine, et, curieux de visiter l'Etna, se rendit, toujours déguisé, à Catane, où son navire faillit à se briser contre un écueil [(a)].

Le hasard avait conduit naguère dans cette ville le margrave d'Autriche et sa fille Iselle, qui comptait à peine dix-huit printemps. Ce malheureux prince, chassé de sa patrie, s'était réfugié à la cour du roi de Sicile [(b)]; mais le nouvel éclat qui l'entourait à Palerme ne s'accordait point avec ses tristes souvenirs. Il avait donc abandonné ce pompeux séjour, et choisi pour retraite la ville de Catane moins tumultueuse.

Le duc d'Autriche n'aspirait d'ailleurs qu'à rejoindre les croisés de terre sainte. Il croyait que les murs de Jérusalem, témoins de l'humiliation d'un Dieu, étaient le seul endroit de la terre où les princes humiliés pussent cacher leur misère sans rougir. Mais la crainte d'exposer Iselle à des périls inévitables et de la laisser un jour peut-être à la merci des Sarrasins, retenait le prudent margrave. Il restait donc à Catane malgré lui, quand il vit arriver deux nobles pèlerins qui allaient à Jérusalem : c'étaient Mainfroi de Montmirey, l'un des plus riches seigneurs de Bourgogne, et Blanche de Genève, sa femme. Blanche, d'une complexion délicate, n'avait pu soutenir la mer, et les pieux voyageurs s'étaient arrêtés dans le port le plus voisin.

Iselle et la châtelaine qu'unissaient des liens de famille,

(a) L'écueil des trois Cyclopes.

(b) Roger I.er

se réjouirent de cette heureuse rencontre. Il fut décidé que les dames demeureraient à Catane, que Mainfroi poursuivrait son voyage, et que le margrave l'accompagnerait en Asie.

Ce dernier nomma le comte et la comtesse de Montmirey tuteur et tutrice de sa fille, puis il partit tranquillement. Iselle et ses serviteurs fondaient en larmes, le duc seul ne pleurait point : tant la religion inspire de courage à ceux qui ne désirent que les biens du ciel !

Mainfroi se montra un peu plus sensible, non qu'il regrettât sa femme dont le chagrin avait flétri la beauté, mais il s'était énamouré d'Iselle. Blanche, atteinte d'une maladie incurable, n'avait, disait-on, que peu de mois à vivre, et déjà le charitable tuteur songeait à épouser sa pupille en secondes noces.

La dame de Montmirey se chargea volontiers de la tutelle de sa cousine : elle se sentait défaillir et du moins une main amie lui fermerait les yeux. Persuadée que le voisinage de la merlui était nuisible, elle monta jusqu'à la région des bois (1), et s'établit sous une tente, à deux lieues de Nicolosi. Elle jouissait là d'un air pur et d'un spectacle enchanteur : la Sicile et ses fabuleux souvenirs, la féconde Hybla au doux miel (2), et le Symète dont Acis chérissait les bords. Assises à l'ombre des frênes et des caroubiers, parmi les cytises et les sassafras, Iselle et la comtesse passaient le temps à filer la soie, à broder des écharpes, à présider aux jeux des bergers et des bergères de l'Etna, qui dansent une torche à la main, et feignent de chercher la fille de Cérès. Le soir, à la veillée, un moine de saint Benoît leur narrait les terribles histoires du val des démons et les miracles du voile de sainte Agathe ; elles descendaient aussi quelquefois à Catane, bâtie par les Cyclopes, premiers habitants de Trinacrie [(a)].

Un matin qu'elles attendaient des nouvelles de Palestine, elles s'acheminèrent vers le port. La mer était houleuse. Un vaisseau grec qui avait touché sur des rescifs, venait enfin de gagner le rivage. Il en sortit un guerrier d'une stature élevée : son casque n'était que d'acier [(b)]; il portait dans son écu un lion lampassé de gueules. On jugeait à sa croix, ainsi qu'à ses éperons d'or, qu'il était un chevalier de Palestine. Il avait un noble maintien et des traits gracieux, quoique fiers. Il s'approcha des belles cousines, et parut frappé des charmes d'Iselle, qui éprouva elle-même un secret émoi [(c)]. Les dames le félicitèrent d'avoir échappé à un si grand péril. Le duc de Bavière, car c'était lui-même, les remercia d'un ton respectueux, et leur dit que le désir de parcourir l'Etna et d'admirer ses merveilles, l'attirait à Catane. Il les pria de lui permettre d'aller quelquefois leur rendre visite. Ses manières étaient si courtoises, que la comtesse lui octroya aisément ce qu'il requérait.

Blanche avait auprès d'elle un gai ménestrel, Hües de Braye-Selves, né vassal du comte de Montmirey. Nul trouvère n'était plus chéri des dames. Il avait la voix si douce, que les oiseaux voyageurs s'arrêtaient pour l'écouter : on croyait même qu'une fée amoureuse lui donnait des leçons de musique. Il excellait à composer des ballets

(a) Ancien nom de la Sicile.

(b) Les casques des empereurs et des rois étaient d'or, ceux des princes d'argent, ceux des chevaliers d'acier, ceux des écuyers de fer, etc., etc.

(c) On appelait alors *belles* cousines, *beaux* cousins, *beaux* fils, *beaux* neveux ; ceux et celles qui tenaient aux familles royales, ou qui étaient de très haut lignage.

de cour et des rondes villageoises. Il avait ajouté une corde à la vielle, et jouait gentiment du fretel et du rebec [a]. On s'arrachait ses tensons et ses pastorales. Sa verve animait les festins, et c'était toujours lui qui célébrait les preux et les belles. Le comte de Poitou lui avait fait don d'une lyre d'or, et Frédéric Barberousse lui témoignait l'affection la plus vive; mais fidèle à son suzerain, maître Hües avait suivi la comtesse de Montmirey à Nicolosi, où son bien-dire égayait la retraite de la châtelaine.

Deux jours après l'arrivée du chevalier de terre sainte, Hües de Braye-Selves le rencontra près de la région torride. Le duc, impatient de revoir Iselle, courait plutôt qu'il ne marchait vers le bois de Catane. Le ménestrel, qui avait été son maître de chant à Spire, se remit d'abord ses traits et le salua par son vrai nom. Le prince fut ravi de le retrouver : il lui avoua même, avec sa vivacité ordinaire, l'impression qu'Iselle avait faite sur son ame, et le pria de parler en sa faveur à la princesse. Ce singulier aveu étourdit le ménestrel, qui ouvrait des yeux ébaubis. Le duc de Bavière aimer la fille du margrave d'Autriche! c'était une de ces bizarreries que l'amour imagine dans ses jours de caprice. Maître Hües représenta donc au jeune prince toute la témérité d'une passion irréfléchie. Iselle ne lui pardonnerait jamais le désastre de sa famille ; il serait forcé plus tard de se découvrir, et son stratagème semblerait un nouvel outrage à la princesse. Le duc, d'un esprit aventureux, rejeta ces conseils salutaires ; Iselle, à l'entendre, serait touchée des prières d'un ennemi qui cessait de l'être, et qui voulait réparer tous ses torts. L'amour est ingénieux à s'abuser. Henri ne doutait presque

(a) *Fretel*, flûte ; *rebec*, violon.

point du succès de sa ruse, et le ménestrel, réduit à se taire, céda sans être convaincu.

Le jeune guerrier atteignit bientôt le canton des chênes. Iselle l'aperçut de loin et se hâta de rentrer. La comtesse, que la solitude ennuyait, le reçut d'un air gracieux. On lui servit des fruits glacés, des figues et du miel. On s'entretint de Jérusalem, de Saladin et du Vieux de la Montagne. Le chevalier cita les preux qui s'étaient distingués à Damas, à Maallé, à Bilbéis : il oublia ses propres exploits ; mais on jugeait, à ses récits pleins de feu, qu'il avait assisté, comme acteur, à ce grand drame de terre sainte. Sa modestie accrut l'estime que son enthousiasme inspirait.

Il retourna au bois de Catane le lendemain pour s'informer de l'état de la comtesse. Blanche fut touchée de cette preuve d'intérêt : les dames, moins gênées que la veille, lui adressèrent ce jour-là une ou deux questions. Henri convint qu'il était un chevalier pauvre et déshérité, et qu'il n'avait que son destrier, son armure et ses reliques. Iselle plaignit, en son cœur, une telle déconvenue, et fut fâchée d'être pauvre et déshéritée elle-même. Elle prit dès-lors des manières plus affables, de peur que le bon chevalier ne pensât qu'on le méprisait. L'intimité s'établit de la sorte, et le jeune guerrier ne quitta presque plus les dames alarmées des mugissements de l'Etna : il fixa même, de l'aveu de Blanche, son séjour à Nicolosi, afin d'être plus près d'elles, si quelque éruption éclatait. Le prince avait l'esprit cultivé; sa mémoire lui fournissait mille anecdotes curieuses. Le vieux bénédictin fut cassé aux gages, et Blanche lui déclara qu'il redoublait son mal. Ce moine avait le ton si monotone ! Elle s'extasiait au contraire dès que le duc ouvrait la bouche : le ménestrel aussi le louait sans cesse, et jamais Iselle n'avait trouvé tant d'esprit à maître Hües.

La comtesse, qui dépérissait à vue d'œil, gardait le lit depuis six semaines. Iselle était donc réduite à se promener avec ses femmes et le chevalier du Lion. Les caméristes étourdies se dispersaient au milieu du bois, tandis que le duc et la princesse devisaient sous un hêtre, à propos du temps passé, d'Artus et de sa table ronde, du roi Marc et de Bliombéris. Le duc de Bavière traitait parfois des questions d'amour, mais si fines et si délicates, que la modestie n'en était jamais blessée. La princesse ne concevait rien à ces discours subtils, et cependant un léger vermillon animait ses joues ; elle tombait dans une vague rêverie et regardait le chevalier d'un œil plus doux. Elle lui contait, à son tour, ses funestes aventures : c'était alors Henri qui rougissait. La fille du margrave traitait le duc de Bavière de fourbe et de larron. De si justes reproches navraient l'ame du prince ; le vent froid de la caverne de Neptune l'aurait moins glacé [a]. Il se ressouvenait trop tard des conseils de maître Hües et tremblait que la princesse ne devinât son secret.

L'étoile du soir les surprenait souvent à converser ainsi. Iselle, avertie par l'ombre, descendait de la montagne, sifflait ses dariolettes, et les grondait de l'avoir laissée seule [b]. La belle vierge, dont le sommeil n'était déjà plus si paisible, se levait maintenant à la pointe du jour. Elle aimait à respirer le parfum des cédrats et des pistachiers hu-

(a) La montagne où cette caverne est placée se nomme à présent *il monte sendecio*. Il en sort un vent si froid qu'il est difficile d'en approcher.

(b) *Dariolettes*, suivantes. On ne *sonnait* point alors, on *sifflait* ses gens.

mides de rosée. Le chevalier inconnu n'était pas moins curieux d'admirer la nature à son réveil, et toujours un heureux hasard le guidait vers les lieux que préférait Iselle : c'était ce même hasard qui l'amenait à la région des bois, quand, au lieu de la princesse, il y trouva maître Hües chantant l'ormel de Trémilli.

Iselle et ses femmes arrivèrent un instant après le duc : elles étaient plus pâles que leurs tuniques de lin blanc. Des signes certains présageaient une prochaine éruption. Elles avaient aperçu en outre la dame voilée qui recueillait la manne du tronc des frênes, pour composer peut-être quelque maléfice. Cette femme mystérieuse était toujours un objet de terreur ; elle changeait, disait-on, de forme à son gré : tantôt, aigle superbe, elle planait à la pointe d'un pic, et tantôt, couleuvre perfide, elle s'enlaçait autour d'un chêne ou d'un mûrier. La superstition semait ces bruits absurdes, que la peur accréditait.

L'humeur joyeuse de maître Hües et l'intrépidité du jeune guerrier dissipèrent peu à peu l'effroi des dames; et pendant que le gai ménestrel leur récitait le sermon de la Mère Folle, la princesse et le duc s'éloignèrent des rieuses. Déjà les rayons d'un jour plus vif avaient effacé la faible lueur des étoiles et la pure flamme de la voie lactée : le safran, l'aloès, le réséda d'Égypte mêlaient leur parfum à celui des fraxinelles et des cytises. Iselle et le chevalier gravirent la montagne jusqu'à la caverne des Chèvres. Un tableau magnifique se déroulait devant eux : la mer, ses îles et ses écueils ; l'Etna, cette colonne du ciel, entouré de ses trois ceintures [a] ; des plaines cul-

(a) De champs cultivés, de forêts et de glaces.

livées et des champs hérissés de laves que sépare une zône de verdure. A leurs pieds, tous les dons de Cérès ; plus haut, des neiges éternelles, le feu, la cendre, le chaos. Iselle et le jeune guerrier, accoutumés à ce spectacle, ne s'inquiétaient point des menaces du volcan. Ils récitèrent d'abord la prière du matin ; Iselle lut ensuite une vision de sainte Hildegarde : puis, le duc raconta les amours d'Angélique et de Médor. La peinture de ces amours naïves émerveillait la princesse, qui joignait les mains de ravissement. — C'était pourtant un simple berger, dit la vierge ingénue.

Reines et bergers sont égaux quand ils s'aiment, répondit le duc de Bavière.

Iselle feignit de rajuster une boucle de ses cheveux.

Que Médor fut heureux, poursuivit le prince ; Angélique médecina du moins sa blessure ! Un trait plus cuisant m'a percé, et je meurs faute de remède.

La belle vierge essaya de siffler, mais elle manqua de force et d'haleine.

N'avez-vous donc pitié, continua le duc, que d'un amour imaginaire ! Celle qui louait tant la reine du Cathai a-t-elle honte de ma défortune ! Ah ! si ma valeur languit loin du Jourdain, si mon harnais ici se rouille, n'est-ce pas vous qui m'enchaînez ! Nourri parmi les armes, je n'ai point l'éloquence des clercs : je sais férir un coup de lance, aimer Dieu, ma dame et l'honneur ! Ma bouche exprime mal sans doute un amour qu'à vos pieds......

Un effroyable éclat de rire coupa la voix au chevalier, et la montagne éprouva une forte secousse.

Iselle et le duc s'élancèrent hors de la caverne.

La dame voilée bondissait de roche en roche. Elle poussa un second éclat de rire plus affreux que le premier, et disparut comme un spectre que l'enfer rappelle.

Iselle se sauva tout éperdue, malgré les cris du chevalier, qui la conjurait de s'arrêter.

Mais elle eut bientôt un sujet plus réel de crainte. Le profond murmure de l'Etna redoublait; des flammes jaillissaient de son cratère. Les aigles abaissaient leur vol tremblant et lourd, et les cerfs, les sangliers, retournaient dans les bois la tête basse.

On savait que les habitants de Nicolosi avaient déjà quitté cette ville, et le duc voulait qu'on abattît les tentes à l'heure même, pour chercher un refuge à Catane; mais Blanche, accablée sous le poids de ses maux, différait à partir.

La nuit fut orageuse et sombre. Henri et le ménestrel ne se couchèrent point; ils demeurèrent près de la tente des dames, abrités par un vieux chêne. Iselle et la comtesse sortirent un peu avant tierce [a]. Le ciel ressemblait à une voûte de sépulcre éclairée par des lampes funèbres. Ce matin là n'eut point d'aube. Tout à coup un vent impétueux s'élève; d'épaisses colonnes de fumée s'échappent du cratère, s'affaissent et retombent sur les flancs de la montagne, telles qu'une large traînée de brouillards noirs. Iselle, glacée de crainte, regardait tour à tour ce ciel d'airain et son amant consterné : Blanche plus courageuse dissimulait son effroi.

Venez, beau sire, dit-elle à Henri, et si le Seigneur a compté nos jours, respectons son vouloir et mourons du moins sans nous plaindre.

(a) Huit heures et demie du matin.

Elle prit alors le bras du jeune guerrier, et, bien que souffrante et débile, précéda le ménestrel et la princesse.

Ils touchaient presque à la région des laves, lorsque la faible lumière qui les guidait s'éteignit subitement. D'innombrables tonnerres ébranlent la montagne ; leur bruit formidable retentit de nuages en nuages, répété par tous les échos de l'Etna, qui rugit dans tous ses abîmes. De fougueux tourbillons fracassent les amandiers, les pins, les mélèzes confondus pêle-mêle avec leurs fleurs et leurs fruits ; les oiseaux criaient, planaient, tournoyaient, chassés de leurs nids en poudre, et la terre se balançait comme un navire près d'échouer.

La comtesse et le chevalier, Iselle et maître Hües, séparés, désunis à chaque secousse, étaient roulés çà et là, ainsi que des marins ballotés par le tangage.

Je n'irai pas plus loin, dit la comtesse ; ma vie est à son terme. Adieu, mon Iselle ! Henri ! bon ménestrel, adieu !

La princesse, suffoquée par ses larmes, pressait Blanche contre son sein. Henri et maître Hües essayaient de leur rendre un espoir qu'ils n'avaient plus : ils appelèrent les valetons et les caméristes ; mais tous s'étaient enfuis vers la ville, où la plupart n'arrivèrent point.

Blanche était étendue sur un tronc déraciné, les yeux clos et la figure blême. Le chevalier alla puiser de l'eau à une source voisine ; mais elle était si amère et si imprégnée de bitume, que la comtesse ne put en boire une goutte. Cependant le péril croissait de minute en minute ; un mugissement souterrain, précurseur de la lave, répondait aux éclats de la foudre, au tumulte des vagues courroucées, qui battaient les murs de Catane.

Le duc avait la taille et la vigueur d'un athlète; il chargea la comtesse expirante sur ses épaules, et se remit en route avec toute l'énergie du désespoir. Il frayait lui-même le chemin, et s'ouvrait un passage à travers les arbres renversés et les laves durcies. Une plaine unie et grisâtre s'offre enfin à sa vue : il s'approche, le cœur plein d'un espoir trompeur; il croit poser le pied sur l'herbe sèche, et disparaît dans un lac couvert de cendres [a].

Le ménestrel et la princesse poussèrent un cri douloureux.

Le chevalier, contraint de lâcher son fardeau, descendit jusqu'aux entrailles de la terre. Blanche, que la fraîcheur de l'onde avait réveillée comme pour lui faire mieux savourer les affres de la mort, fut reportée rapidement à la surface du lac ; elle revit le jour et gémit, puis elle retomba pour jamais dans le gouffre.

Henri, plongeur intrépide, ne s'étonne point de sa chute : il regagne promptement la rive, et court à Iselle qu'il entraîne à demi-morte vers Hybla.

Ils avaient à peine parcouru un mille, qu'un long craquement les glaça de terreur. L'air chargé de vapeurs ardentes exhalait une odeur infecte de soufre. L'Etna gronde, se fend, et vomit une mer enflammée qui bouillonne, écume et se déploie en nappe de feu. Des fragments de rochers sont lancés vers le ciel avec un fracas horrible ; des avalanches de neige, de bitume et de sable, se précipitent de la région des glaces, et broient tout ce qui résiste à leur choc impétueux.

(a) Le comte de Borch, dans ses lettres sur la Sicile, parle aussi de ces marais qui trompent l'œil, et présentent un piége aux voyageurs.

Iselle, baignée de sueur et de pluie, les pieds sanglants et la tête échevelée, tâchait, par des efforts convulsifs, d'éviter un trépas certain ; mais ses jambes pliaient sous elle, et le duc, épuisé de forces à son tour, craignait qu'elle n'expirât de fatigue et de peur.

L'impitoyable lave les poursuivait lentement, il est vrai, mais obstinée et sûre de sa proie. Elle comblait les vallées et perçait les montagnes, s'enflait, moutonnait, se creusait en cavernes, s'arrondissait en collines, tarissant les lacs et consumant les bois, qu'on eût pris pour des torches funéraires allumées sur un vaste tombeau. Elle était près d'atteindre ses trois victimes ; mais par bonheur le terrain faisait là un détour brusque ; la pente se trouva plus rapide du côté d'Aci, et la lave se dirigea contre cette ville.

Il y avait en ce lieu un beau couvent de bénédictins. Ces pieux cénobites n'avaient rien négligé pour embellir leur paisible retraite. Les murs de l'église, enrichie de sculptures et de tableaux des meilleurs maîtres, étaient incrustés de marbre de Carrare. On voyait sur un autel d'argent ciselé un coffre garni de pierreries, qui renfermait le voile de sainte Agathe, l'une des plus précieuses reliques d'Italie. Le reste de l'édifice n'était pas moins somptueux. Les moines avaient tous des cellules meublées avec soin, et le pape leur avait permis la plume séculière [a] ; le réfectoire et surtout le cellier, rempli des meilleurs vins de Chypre et de Calabre, étaient d'une propreté qui charmait les pèlerins. Une forêt de cédrats et de pistachiers entourait le cloître et le mettait à l'abri des cha-

(a) On disait alors *plume séculière*, pour distinguer les lits des gens du monde de ceux des moines, qui n'étaient que de paille et de feuilles sèches.

leurs de l'été et du souffle des vents de mer. Mais plaignons l'infirmité humaine ! On ne peut nier que ces bons pères ne se soient un jour défiés de la Providence. Tous, et même Damp prieur, s'étaient sauvés dès la veille. Un frère lai seul n'avait point quitté le moutier : c'était un vrai pauvre d'esprit. Sa mémoire était si ingrate qu'il ne savait pas une ligne de son psautier ; et toutefois le Seigneur, dont les desseins sont impénétrables, se servit de ce moine ingénu pour manifester sa puissance. Déjà le fleuve embrasé inondait une partie des jardins ; le frère inspiré court lui opposer le saint voile : soudain l'affreux torrent qui menaçait Aci, s'éloigne en décrivant une courbe, et fond à droite sur le riant pays d'Hybla. Le monastère conservé reste debout, éternel monument de l'intercession de sainte Agathe [a].

Cette faveur inespérée du ciel préservait un couvent, mais elle allait peut-être coûter la vie à la princesse et à ses compagnons d'infortune. La funeste lave, qui les avait d'abord épargnés en se jetant à gauche, reprenait son premier cours, et s'avançait derrière eux de rechef, plus irritée et plus indomptable. Aveuglés par la fumée, assaillis par une grêle de pierres, étouffés par la cendre, ils ne se traînaient plus qu'à peine devant un ennemi dont rien n'arrêtait la furie.

Iselle à demi pâmée, tombait à chaque heurt, et ses amis, qui trébuchaient eux-mêmes, ne lui étaient déjà plus que d'un faible secours. Ils erraient donc à l'aventure, quand ils découvrirent, à la lueur des éclairs, un rocher, dernier asile que semblait leur réserver la bonté

(a) Brydone raconte qu'une vigne appartenant aux RR. PP. jésuites fut ainsi conservée en 1669.

divine ; mais il était raide et perpendiculaire : on aurait juré de loin qu'on l'avait taillé à pic jusqu'à la hauteur de seize palmes. Ce nouvel obstacle, bien loin de décourager le chevalier, ranima son cœur de lion ; mais le moyen de gravir ce mur lisse et d'atteindre l'esplanade ! On ne pouvait surtout exiger de la princesse un pareil effort. Le duc et maître Hües tinrent conseil, et la nécessité les rendit ingénieux. Un hêtre se trouvait par hasard près du rocher ; Henri grimpe à la cîme, mesure l'espace de l'œil, et d'un bond s'élance sur la plateforme. Le ménestrel, à son tour, brise un jeune sapin, le dresse contre le rocher, s'y attache avec sa ceinture, et serre dans ses bras Iselle évanouie : le jeune guerrier saisit de son poignet de fer le sapin par le bout, le tire à lui et l'enlève, comme un épervier eût enlevé un mince arbuste chargé de deux passereaux.

— Par la sainte épine ! dit Hües de Braye-Selves, voilà une noble dame qui se meurt. Iselle en effet avait l'air d'un lis arraché de sa tige ; le duc la contemplait avec une terreur muette, et ne pouvait retenir ses larmes. Il réchauffait de son haleine les mains glacées de la princesse, mais sans les effleurer de ses lèvres. Ranimée par des pleurs qui baignent son visage, Iselle entr'ouvre la paupière ; l'incarnat de la pudeur ravive un peu son teint ; elle soupire et cherche d'une main languissante son voile que l'aquilon a déchiré. Le jeune guerrier, à genoux auprès d'elle, épiait un murmure, une plainte, tout ce qui flatte une douleur crédule, tout ce qui rend une ombre d'espoir à un cœur facile à s'abuser. L'œil attaché sur ce qu'il adore, sourd aux fureurs de la tempête, il oublie cette lave obstinée, qui va ceindre de ses replis de feu l'unique asile qui lui reste : il oublie que la mort est debout devant lui.

Le ménestrel, qui n'avait point de mie avec laquelle il pût trépasser doucement, ne songeait qu'au péril dont il était menacé ; il examinait d'un air morne cette mer brûlante, insatiable, quand l'apparition d'un lugubre fantôme dissipa tout à coup sa sombre rêverie. La dame voilée, une torche à la main, considérait d'un œil irrité Iselle et son amant : des flammes jaillissaient de sa prunelle ardente, et perçaient le tissu délié qui couvrait son visage.

— La mort serait une faveur pour toi maintenant, murmura-t-elle d'une voix sépulcrale ; tu mourrais dans les bras du perfide, et par la creffe-Dieu ! ce n'est point là que tu dois mourir ! Vis encore pour ma haine ! ma vengeance serait perdue, si ton trépas n'était point mon ouvrage.

Elle dit, et secoua rudement le duc de Bavière, qui crut voir son mauvais ange.

Cette femme avait en effet quelque chose de mystérieux et de redoutable, on eût dit un esprit de ténèbres assistant à l'agonie de la Sicile.

Elle tira de son bourselot un flacon rempli d'une liqueur vermeille, et versa quelques gouttes de cet élixir sur les lèvres de la princesse, qui se ranima soudain, comme si une fée l'eût touchée de sa baguette. La dame voilée lui fit signe alors de la suivre dans une caverne dont l'ouverture était masquée par des broussailles et des lichens.

Iselle recula de frayeur à l'entrée de ce noir souterrain : elle ne put même retenir un faible cri ; mais bientôt, honteuse de sa faiblesse, elle descendit, appuyée sur le chevalier et sur le ménestrel, un escalier rompu formé de débris de laves. Elle trouva ensuite un chemin tortueux qui serpentait au travers d'une montagne artificielle, créée jadis par une éruption de l'Etna : il était si escarpé et tellement semé de scories, qu'il eût été impraticable pour tout autre que pour un cœur désespéré; la terre d'ailleurs continuait à trembler ; la montagne était remuée jusqu'en ses fondements, et des quartiers de lave, qui se détachaient de la voûte, menaçaient de tout écraser de leur vaste ruine.

Égarés au milieu de ce gouffre immense, les malheureux voyageurs n'apercevaient partout que des dangers inévitables. Il leur fallait franchir de larges crevasses, ou traverser des flaques d'eau bourbeuse. Ils découvraient, à la lumière de la torche, des loups et des sangliers cachés dans des recoins, et des couleuvres rampant sur les parois de la caverne. La dame voilée, qui ouvrait la marche d'un pas sûr et le front haut, regardait avec dédain ces objets de terreur. On arriva enfin dans une salle ronde, où des croix et des ossements épars témoignaient qu'elle avait servi de cimetière aux premiers habitants de l'île, contraints peut-être d'y chercher une retraite. Iselle et son chevalier s'assirent sur un banc de lave; la dame voilée s'accroupit sur un tas d'os secs.

La voix plaintive de Hües de Braye-Selves, qui était resté en arrière, et de sourds grondements ne leur permirent pas de goûter un long repos. Un ours d'une grandeur démesurée avait surpris le ménestrel et l'étreignait à l'étouffer : un câble l'eût serré moins fortement. Son psaltaire, qu'il avait conservé au milieu des périls de cette journée affreuse, était déjà en pièces ; ce psaltaire qu'un maître de la gaie science ne doit quitter qu'avec le jour.

Sitôt que la dame voilée entendit crier à l'aide, elle se précipita vers le lieu d'où partaient les cris. Empoigner l'ours par la crinière, arracher le poignard de la ceinture du ménestrel, le plonger jusqu'à la croisée dans le cœur de l'animal farouche, ce fut pour elle l'affaire d'un moment. Elle revint après, d'un air calme, reprendre son siége funèbre.

Une crainte superstitieuse s'empara soudain des trois voyageurs. Le duc, habitué aux croyances de l'Asie, se figurait que cette femme était une dive ; la princesse et le ménestrel la prenaient pour une sorcière, tous, au reste, étaient persuadés que leur salut ou leur perte dépendait de son caprice. Mais quelle fut leur surprise lorsqu'elle se signa tout à coup, et se montra vivement émue : un retentissement lointain avait frappé son oreille ; une clarté rougeâtre illuminait le fond de la caverne et pénétrait des lieux long-temps inaccessibles au jour : c'était la nouvelle lave qui commençait à fondre la montagne (3). A mesure que cette montagne s'abaissait dans l'abîme, les arbres, les rochers s'éboulaient avec un fracas épouvantable ; une nuée de hiboux et de chauve-souris, une armée de loups, de sangliers et de vipères, refoulés par la flamme, volaient, couraient, rampaient vers leur passage accoutumé ; car il y avait de ce côté-là une issue. A l'approche de cette masse vivante, la dame voilée s'enfuit, plus légère qu'une biche des Ardennes ; ses compagnons, à qui la peur donnait des ailes, ne la perdirent point de vue, et guidés par la lueur de sa torche, arrivèrent un peu après elle à la sortie de la montagne.

Mais la dame voilée avait déjà disparu.

CHAPITRE II.

LA RECONNAISSANCE.

Déja le fleuve de feu envahissait la région cultivée, malgré les statues des saints et les pieuses images. Il s'avançait à la lueur des flammes, aux cris d'un peuple éperdu. Tout à coup il franchit les murs de Catane, inonde les rues et les places, et repousse la mer épouvantée (1). Iselle, le duc et le ménestrel s'éloignèrent de cette cité fumante, et se réfugièrent à Tauromine [a]. Ils campèrent au milieu des ruines du vieux théâtre. Deux dariolettes [b] avaient seules échappé à ce désastre, mais elles étaient presque nues : il ne leur restait que des lambeaux de tunique à demi brûlés. La princesse elle-même n'avait sauvé que ses pierreries sur lesquelles un

(a) A présent *Taormina*.
(b) Suivantes.

bon Israélite lui prêta heureusement un millier de sequins à un honnête intérêt de juif.

On se figure aisément la désolation d'Iselle, que la fin tragique de Blanche privait d'une amie et d'un guide. Pour comble de malheur, le vieux duc d'Autriche périt à Damas, et l'on envoya sa tête à Noureddin. Le roi de Jérusalem racheta le chef du vénérable martyr et le concéda plus tard au patriarche Héraclius, qui le plaça dans la chapelle du saint sépulcre.

Iselle fut accablée de ce nouveau coup de foudre : trône, père et patrie, elle perdait tout à la fois, et nul espoir d'un meilleur avenir ne flattait sa douleur. Sa dernière ressource eût été de réclamer les biens de sa mère, que le vainqueur avait confisqués ; mais si le duc ou le ménestrel parlait de recourir à Henri de Bavière, qu'on disait généreux, Iselle indignée leur ordonnait de se taire. Il valait mieux mourir que d'implorer un ennemi superbe dont la pitié serait un nouvel outrage.

Ce superbe ennemi avait trouvé pourtant le chemin de son cœur ; elle s'était habituée à le voir, à l'entendre, et n'oubliait point qu'il l'avait sauvée du courroux de l'Etna ; enfin le mot d'amour ne l'effarouchait plus. Il est vrai que l'amour n'était pour elle que l'union des âmes. Si parfois l'idée de mariage lui souriait en songe, le réveil dissipait trop vite une douce et vaine illusion.

Le jeune guerrier rêvait aussi d'hymen. Il se flattait toujours que les soins, les respects du chevalier du Lion effaceraient les torts du duc de Bavière, et que la princesse consentirait à l'épouser ; il savait que l'amour est capable de tous les sacrifices, et les naïfs aveux d'Iselle achevaient de confirmer un espoir si décevant. Trop simple et trop ingénue pour s'effrayer du premier trouble de son cœur, elle ne se défiait point du charme qui la pénétrait peu à peu, et croyait presque ne ressentir qu'une affection fraternelle. Cachés au fond de la Sicile, tous deux semblaient oublier le reste de la terre : leur innocente félicité ne blessait pas du moins des yeux jaloux, et le calme d'une humble retraite suffisait à leurs vœux désabusés.

Il est vrai que ce bonheur devait être court. La fille du margrave ne pouvait rester long-temps seule à Tauromine. Instruit de la mort de sa femme, Mainfroi, selon toute apparence, ne tarderait point à venir chercher sa pupille, et la reine de Naples, dont le mari assiégeait Négrepont, informée qu'Iselle avait échappé à des périls si divers, ne manquerait point de l'appeler à Palerme.

Le duc, qui prévoyait une séparation inévitable, se hâtait de mettre à profit, pour plaire, des instants si rapides et si doux : il était rare qu'il s'éloignât de la princesse; quelquefois seulement il allait, suivi du gai ménestrel, chasser sur les monts Nébrodes qu'habitaient jadis Phaétuse et Lampétie, mais il craignait toujours d'être découvert par des pèlerins d'Asie ou d'Allemagne. Il cherchait donc les lieux les plus écartés, et, laissant courir sa meute, ne songeait plus à la chasse, et ne parlait à maître Hües que de ses amours.

Iselle avait recueilli plusieurs orphelines de Catane et d'Hybla; elle leur apprenait à filer, à coudre, à réciter des versets de l'Écriture qui préservent les pastourelles des mauvaises pensées. Elle coulait ainsi des jours tranquilles; mais hélas! il n'est rien de stable en ce monde.

Frédéric Barberousse avait publié qu'il tiendrait à Dole, vieille cité des Séquanes, une diète où l'on réglerait les affaires de l'empire. Tous les grands feudataires, les margraves et les saints évêques reçurent des lettres closes. Le duc de Bavière avait des fiefs à revendiquer ; et les lettres qu'on lui adressa, sous un nom supposé, à Catane, lui furent remises par Hües de Braye-Selves. Peu de jours après, un messager d'Asie apporta des dépêches du comte de Montmirey, qui prévenait Iselle de son retour. Cette nouvelle consterna les deux amants, mais elle aplanit l'obstacle le plus difficile à lever. Henri n'osait point avouer à la princesse qu'il était contraint de la quitter : il ne savait quel prétexte imaginer, car l'amour ne se paie point de frivoles excuses ; mais Iselle fut la première à le presser de partir, de peur que sa présence n'éveillât les soupçons de Mainfroi. Quelle profonde tristesse attendrit leurs adieux ! que de serments de s'aimer toujours et d'être à jamais fidèles ! L'espérance de se retrouver à Dole, où le chevalier du Lion devait rejoindre en secret la princesse, soutint seule leur courage. Henri se flattait d'ailleurs qu'Iselle, au milieu des ducs et des margraves, écouterait mieux la voix de la raison.

La princesse accompagna son bel ami jusqu'à l'écueil des Cyclopes, et déganta sa main qu'elle lui permit, pour la première fois, de baiser ; elle joignit à cette faveur le don d'une écharpe, et retourna ensuite à Tauromine, devenu désert. Le comte de Montmirey y débarqua le lendemain.

La princesse d'Autriche redoutait son tuteur. Mainfroi était d'un caractère sombre et dur ; mais il affectait un air bénin et des manières doucereuses : il ne manquait ni d'esprit ni de valeur. C'était, du reste, un fieffé larron, un vrai chevalier à la proie, qui pillait les moutiers et détroussait les pèlerins. Le voyage de terre sainte expia seul tant de sacriléges.

Le fin parler du comte avait gagné jadis le cœur de Blanche de Genève qui l'épousa malgré ses père et mère. Elle était déjà fiancée à Pierre de Cicon ; mais un fol amour aveuglait la jeune châtelaine. Elle se repentit bientôt d'un choix précipité ; son volage époux la délaissa même avant que la lune de miel fût écoulée. La pauvre dame tomba malade de chagrin, et Mainfroi mit à l'amende, l'un après l'autre, tous les fisiciens qui ne surent pas la guérir [a].

Le fourbe menait grand deuil lorsqu'il revint en Sicile. Ses chevaux étaient drapés, et ses écuyers, ses pages tout encourtinés de crespelines. Il feignait de regretter sa femme, bien que l'image d'Iselle occupât seule sa pensée. Toujours épris de la fille du margrave, il espérait que ses richesses et son titre de tuteur combleraient l'espace qui le séparait d'une fille de souverain ; mais il cachait sa secrète ardeur, ou ne l'exprimait que par des regards pleins d'une langueur amoureuse.

Impatient de quitter la Sicile, il profita d'un navire calabrois qu'un Juif de Marseille avait frêté. Il en coûtait à son orgueil de voyager avec un Juif ; il fut donc stipulé que l'Hébreux ne toucherait ni les habits ni les armes des chrétiens, qu'il leur parlerait nu-pieds, et toujours au-dessous du vent.

La traversée fut heureuse, et l'on aborda promptement à Marseille. Le comte et sa suite remontèrent le Rhône, et

(a) Le fisicien ou mire (médecin) qui ne guérissait pas son malade, était condamné à des dommages et intérêts. *Lindenbrog ; Springel* : Histoire de la médecine.

s'arrêtèrent à Lyon pour y visiter la chapelle d'une vierge miraculeuse. Dix jours après ils saluèrent le donjon de Montmirey et sa noble bannière.

Sainte Clotilde était née dans ce manoir, où le traître Gondebaud poignarda son frère Chilpéric. Ce vieux château est assis, ou plutôt enraciné sur un monticule aride. Tous les arbres du bois de la Serre ne rempliraient pas ses fossés. Des lierres et des capillaires tapissent ses tours noircies et serpentent à travers ses créneaux ; il a vu les Suèves, les Alains, les Vandales rouler à ses pieds leurs flots tumultueux ; il a vu le mont Guérin s'abaisser sous les pas de César ; vingt fois la fureur des barbares s'est brisée contre ses murs ; il domine une vaste plaine qu'entrecoupent des forêts et que baignent deux fleuves fertiles [a]. Les barres croisées d'une herse défendent la porte de ce redoutable manoir. Un casque de chevalier, des têtes de cerf et de renard sont cloués à cette porte garnie de lames de fer ; une triple chaîne ferme le pont-levis, protégé par un barbican ; un pennon, orné de la devise des comtes de Montmirey, *Je ne mire que le ciel*, annonce l'antique demeure d'un chevalier banneret (2).

A quelque distance du château sont les fourches patibulaires [b]. On y avait attaché la veille un loup du bois des Clefs, atteint et convaincu d'avoir étranglé la mule du curé de Frasnes (3). Quelle fut la surprise des spectateurs, quand ce loup, près d'expirer, reprit soudain une voix humaine, et déclara qu'il était le baron Eudes de Pesmes, coupable de plusieurs larcins et mort déconfès [c].

(a) La Saône et l'Ognon.

(b) En signe de pouvoir.

(c) Sans confession.

La fin de ce bon loup fut très édifiante ; il avoua tous ses péchés, remercia le bourrel, et chargea son arrière-petit-fils de restituer le bois des Clefs à la dame de Montrambert (4). L'arrière-petit-fils ne restitua rien. Il prétendit qu'un loup n'avait point qualité pour tester, et qu'une déclaration verbale, *in extremis*, n'équipollait point à un acte de tabellion. L'appelante fut déboutée de sa requête.

L'intérieur du château a l'air d'un vrai sépulcre. On n'y marche qu'à la lueur d'une espèce de crépuscule, tant l'étroit vitrail est blasonné d'images et de devises. Des voûtes enfumées plus sombres que des cavernes, des salles pleines d'armures et de bannières usées, des béliers, des balistes et des engins de guerre, tout à Montmirey saisit l'ame, et la pénètre de crainte et d'ennui.

La chapelle dédiée à saint Georges est remplie de calices et de ciboires, fruit du pillage de vingt églises. Le fond du chœur, peint à fresque, représente le meurtre de Chilpéric. Son frère, nouveau Caïn, repousse des deux bras une troupe de démons qui hurlent de joie. Plus loin, le roi des Francs, à la longue chevelure, déconfit les Germains à Tolbiac ; il montre à ses guerriers la croix triomphante, et bénit le Dieu de Clotilde. La statue de cette princesse s'élève à droite de l'autel ; la reine des Francs tient une quenouille d'or. On lit au bas de sa statue : *Oncques cy naistra plus accorte et plus saige.* Le pied du pèlerin foule à l'entrée de la chapelle la tombe du jeune d'Oisi, ce galant ménestrel que le doux baiser de la belle Marguerite aurait dû préserver du trépas.

La guaite, du haut de sa tourelle, aperçut la cavalcade qui descendait à Moissey, et soudain les tabours battirent la marche des Bourguignons[a]. Les pèlerins de Jérusalem excitaient toujours un pieux enthousiasme. Les tenanciers et les vavasseurs vinrent à leur rencontre, formés en bataillon d'élite. Le banneret avait ôté son capuce pluvial, et déployé son pennon à queue d'hirondelle. Un faucon becquetait sa main, armée d'un gantelet d'acier. Le signe des croisés brillait sur l'épaule des saints voyageurs, dont le peuple baisait à genoux le bourdon et la pannetière. La Serre résonnait du bruit des fanfares : on criait Noël ! Noël ! De belles processions débouchaient de tous les coins du bois ; on semait des roses et des lis devant les élus du Seigneur et les curés leur présentaient l'eau bénite. Une basterne, couverte de palmes et de lauriers, contenait les harnais de ceux qui avaient péri à la croisade. L'air était parfumé d'encens. Les pastourelles de chaque village offrirent un mouton à la princesse, qui arriva ainsi à Montmirey suivie d'un troupeau d'agnelets.

Iselle fut logée dans la tour de l'ouest, percée de deux verrières. Elle découvrait de là les riches coteaux de Pesmes, où mûrit un raisin délicieux, la royale cité de Dijon et le palais aérien de la reine Pédauque (5). Ce magique palais renferme une foule d'ombres radieuses : ce sont les ames de tous les grands ménestreux que Dijon doit produire un jour.

Grâce au désir que Mainfroi avait de plaire, la chambre d'Iselle fut meublée à neuf, et le châtelain consulta une fois le bon goût et la mode. Une tapisserie à ramages et des fauteuils de velours tanné remplacèrent la lourde boiserie de châtaignier et les chaises de simple cuir. On acheta d'un marchand de Venise un bénitier d'airain de Chypre,

(a) Les tambours s'appelèrent d'abord *tabours*.

un bahut de laque de la Chine et deux dressoirs chargés d'une riche orfévrerie.

Le lit de la princesse était de bois de cèdre et figurait la crèche de Bethléem ; huit personnes pouvaient y coucher à l'aise sur des matelas de laine de Lombardie et de plumes de perdrix [a].

Mainfroi ne s'écarta point d'abord de la règle qu'il s'était prescrite : il continuait à pleurer sa femme. Le Seigneur, disait-il, m'a trop visité ; je n'ai plus ni paix ni liesse. Son affliction toutefois ne l'empêchait pas de témoigner à sa pupille les égards les plus affectueux ; la douleur n'exclut point la courtoisie.

Les ames rêveuses aiment la solitude. Iselle s'accoutuma aisément à une vie retirée. Elle passa d'abord six semaines couchée sur son lit et revêtue de son mantel fourré de menu vair, avec chaperon et barbette [b]. Le deuil qui régnait autour d'elle nourrissait sa mélancolie. Elle se défiait d'ailleurs de ses nouvelles caméristes, et surtout de Gertrude de Moissey. Cette vieille dame, veuve de trois maris, avait accompagné Éléonore de Guienne à Jérusalem et lui avait rendu mille bons services. Louis VII faillit de la tuer un soir qu'elle essayait d'introduire Raymond de Poitiers chez la reine. Elle s'enfuit à Sidon auprès du comte de Montmirey, son suzerain, et ne lui fut pas moins utile qu'à la femme de Louis-le-Jeune.

Le comte ne tarda point à se lasser de son rôle muet. Il hasarda des demi-mots qu'on eut l'air de ne point comprendre ; mais bientôt il s'expliqua mieux. Il envoya un

(a) Qui préservent de mort subite.

(b) Étiquette de la cour de Bourgogne, quand une princesse avait perdu son père.

bouquet de thym à la princesse [a]. Iselle ne mit point le bouquet dans sa collerette ; elle attacha même des orties à sa quenouille [b]. Mainfroi, piqué au vif, déchargea son courroux sur des marchands lombards, et leur enleva vingt ballots de soie d'Italie, sous prétexte qu'ils n'avaient point payé le droit de passage sur ses terres.

Iselle fut alors fâchée d'avoir été si prompte. Elle se rappela l'histoire de Blanche de Genève, et frémit du péril où l'exposait un amour tyrannique. Elle réfléchit qu'elle dépendait d'un tuteur perfide, et que des murs impénétrables étoufferaient ses cris ; sa frayeur redoublait chaque jour. Nul clerc, nul pèlerin n'approchait de Montmirey ; les écuyers, les pages étaient taciturnes ; l'humeur commençait à gagner les caméristes, et la dame de Moissey boudait. Enfin, depuis quelques jours, maître Hües était allé à Trémilli, où le gai ménestrel établissait des *gieux* et des plaids d'amour. Iselle résolut donc de se taire et de ne montrer ni faiblesse ni dépit. Le comte fut la dupe de ce calme apparent ; il attribua la froideur de sa pupille à l'embarras d'un cœur novice, se plaignit sans aigreur de ses dédains, et s'efforça de l'éblouir par l'étalage d'un zèle outré. Il lui promit d'être son défenseur, de la conduire à la diète, et d'y citer le duc de Bavière. La princesse mesura si bien ses réponses, que le comte les interpréta toutes en sa faveur. C'était vouloir s'abuser, car Iselle pesait toutes ses paroles et s'exprimait avec une réserve extrême. La voix du comte ne frappait que son oreille ; une voix plus chère et mieux entendue parlait tout bas à son cœur.

Cependant accouraient à Dole une foule de princes et

(a) Aveu d'amour.

(b) Rigueur amoureuse.

de barons d'Allemagne, des palatins et des chevaliers qui avaient fiefs de Haubert, le vénérable abbé de Cluny, Pierre Lombard, mire du roi de France, les abbés de Luxeuil et de Lure, Gérard et Vienne de Mâcon, Albert l'Ours [a] et le duc de Bavière.

Albert, encore païen, guidait un hideux escadron de barbares : il campa sur la colline de Némont. Le duc s'établit près d'une fontaine, à l'extrémité du champ de Mars [b].

Ce prince, qui brûlait de revoir Iselle, s'empressa de revêtir le jacq d'un simple piquier, et s'achemina vers Montmirey après la quatrième veille [c]. La vue de ces tours inaccessibles lui causa un saisissement inexprimable. Là, vivait ignorée la souveraine de son cœur ; la moitié de lui-même était là captive. Il n'osait pas toutefois s'aventurer sous les murs du manoir, de peur qu'on ne le prît pour un espion. Il se bornait à examiner de loin les verrières fermées, et cherchait surtout à rencontrer Hües de Braye-Selves. Mais où trouver le ménestrel ? à qui se confier dans les domaines de Mainfroi ? Le duc se dépitait, grondait depuis une heure, lorsqu'il avisa une bergerette gardant ses moutons. Il lui dit qu'il était un piquier souffreteux, réduit à louer ses services, et demanda le nom du maître de ces tours. La pastourelle hocha la tête ; — Nenni, fit-elle, bon piquier, ne vous louez pas au châtelain. Mieux vaudrait servir un Juif qui a crucifié le Rédempteur. La petite, qui aimait à jaser, lui conta en détail que son seigneur n'avait ni foi ni loi, qu'il trompait toutes les jeunes

(a) Duc de Brandebourg.

(b) La fontaine de Gujans, autrefois consacrée à la lune. *Janæ gurges.*

(c) Entre cinq et six heures du matin.

filles, et que c'était pis que le loup du bois des Clefs. Il tâche même, ajouta-t-elle, d'enjôler sa pupille, une belle princesse d'Allemagne qui est allée se confesser à Dammartin, d'où elle reviendra tout à l'heure.

Le colloque finit là et le duc n'entendit rien de plus ; il se dépêcha de gagner un taillis que devait traverser Iselle, et se tapit au milieu d'un buisson, derrière une croix rustique.

La belle vierge, qui ne se pressait jamais de retourner à Montmirey, chevauchait lentement à la tête de ses femmes. Elle descendit de sa haquenée, s'agenouilla devant la croix et récita son rosaire. Les caméristes, moins pieuses, s'éparpillèrent dans le bois tout plein de fleurs, de fraises et de nids de fauvettes.

Henri aussitôt jette son cabasset [a], court à la princesse et tombe à ses pieds, les bras ouverts.

Iselle croit qu'un songe l'abuse et reste muette de joie et de surprise.

Au même instant paraît Mainfroi qui s'écrie : Le duc de Bavière !

Le duc de Bavière ! répète la princesse en se reculant, plus effrayée qu'une bergère dont le pied nu a pressé une couleuvre.

Ainsi, la paix est conclue, poursuivit le comte avec un souris forcé, et vous n'avez plus besoin de la Diète.

Le hasard seul..., murmura Iselle, dont la voix s'éteignit dans les larmes.

Le hasard !... repartit le châtelain irrité ; l'honneur n'admet point cette excuse. Est-ce encore le hasard qui disperse ces femmes, et qui amène ici un noble duc sous la casaque d'un vil piquier ?

(a) Casque de soldat.

Sous la bure comme sous l'hermine, répondit le prince d'un air fier, Henri de Bavière est toujours chevalier, et prêt à punir qui l'outrage. Ne l'oubliez pas, sire châtelain ; si quelqu'un a failli, c'est moi. La fille du margrave ne me connaissait pas, et le duc de Bavière n'était qu'un simple chevalier pour elle. Mais rassurez-vous, vigilant comte : je ne viens point ravir votre pupille ; je viens lui offrir ma foi, mon cœur et mes états.

Tous les serpents de la jalousie dévoraient le cœur du châtelain.

La foi qui se déguise est suspecte, reprit-il hors de lui-même, et les filles vertueuses ne se marient pas au coin d'un bois.

Il dit, et saute à terre, enflammé d'une aveugle fureur. Le duc tira sa courte épée, et Mainfroi dirigea contre lui son épieu de chasse.

Iselle éperdue se précipita entre ces superbes rivaux, car elle oyait déjà les piqueurs sonner de leur trompe, et les joyeux braquets crier.

— Quel champ-clos choisit votre haine ? Appelez donc vos serfs et vos valets ; punissez-moi d'avoir été crédule. Ah ! j'étais faible et non coupable ; j'ai des regrets et non des remords.

Ses forces soudain se ranimèrent, et son visage se colora d'une vive rougeur. Elle continua d'une voix solennelle :

Dieu, témoin de mes larmes, et vous, qui en jouissez peut-être, écoutez mon serment : Je jure à Dieu, à la vierge Marie, à l'ame bienheureuse de mon père, de n'épouser jamais ni Henri de Bavière qui m'a déçue, ni Mainfroi de Montmirey qui m'a honnie. Que Dieu maintenant m'aide à souffrir.

A ces mots, elle se rejette en selle, et retourne seule à Montmirey.

Il se fit un long silence après son départ ; le duc le rompit le premier :

Oui, je respecterai son vouloir : imitez-moi, sire châtelain. C'est la première fois qu'un Welf menacé ne combat point son ennemi à outrance ; mais songez que la princesse est notre belle cousine, et que le duc de Bavière, s'il n'est pas son époux, serait du moins son vengeur. On pourra la conduire un jour à l'autel ; mais tant que je respire, on ne l'y traînera jamais.

Il dit, laisse tomber sur Mainfroi un regard plein de hauteur, et s'éloigne lentement. Tel un lion, à qui sa proie échappe, gronde et secoue sa crinière.

Cependant l'énergie qu'Iselle avait montrée s'affaiblit avec son courroux ; la chaleur de ses esprits une fois calmée, elle comprit plus que jamais toute la rigueur de son sort. Fatiguée de l'éclat du jour, elle ferma l'huis et le vitrail de sa chambre, car elle aurait souhaité que cette nuit, moins sombre que son ame, fût éternelle. Réduite au désespoir, elle savourait, pour ainsi dire, l'amertume de ses pleurs, et goûtait un plaisir funeste à se rappeler le trépas de son père et la ruine de sa maison. Esclave d'un lâche tuteur, on exigeait encore que l'hymen consacrât les liens dont elle était chargée : le malheur n'avait donc plus de droit au respect, à la pitié même. Mais son chagrin le plus cuisant était d'avoir aimé le destructeur de sa famille. Elle avait peur et honte d'interroger son cœur ; et pour s'exciter à la colère, se figurait le cruel Bavarois tout sanglant au milieu de Vienne. Elle s'indignait alors d'avoir été sensible et s'accusait de trahison. Mais bientôt sa mémoire lui retraçait des souvenirs moins amers, lui rappelait ces bois de l'Etna, témoins de ses premiers soupirs , ces doux aveux, ces naïves tendresses, ces délices d'un amour si fidèle et si pur. Henri tout à l'heure même n'avait-il pas posé un sceptre à ses genoux !

L'agitation de son ame épuisa peu à peu ses forces ; elle fut atteinte d'une fièvre aiguë, qui mit ses jours en péril.

Dès qu'on la sut malade, le mire, le curé et le tabellion accoururent. Elle dit à maître Abbon qu'elle se médecinait seule ; à maître Alpin qu'elle n'avait rien à donner ; à maître Philibert qu'elle se confesserait plus tard. Ils s'en furent tous , mal édifiés, et semèrent le bruit qu'elle était folle [a].

La princesse guérit pourtant, mais sa prison lui devint odieuse. Les soins hypocrites de ses caméristes et le ton mielleux de dame Gertrude, à qui Mainfroi avait tout conté, l'indignaient. Le châtelain l'évitait maintenant; mais cette froideur née du dépit ne rassurait point Iselle. Lassée d'une captivité si dure, elle résolut de fuir un manoir détesté, et de se réfugier à Ounans jusqu'à l'arrivée de l'impératrice.

Saint Bernard avait fondé le moutier d'Ounans sur les ruines d'une chapelle votive, dédiée à la mémoire d'un damoisel victime d'un imprudent amour.

Le vénérable Hilaire, archevêque de Besançon, nous a conservé cette histoire :

« Cinq ou six siècles en çà, vivait à Clair-Vent un « riche homme de Bourgogne, qui joignait la déplai-

(a) A cette époque vivaient Abbon, médecin d'Arbois; Alpin, notaire de l'empereur, et Philibert, curé de Dole.

« sance à la fierté. Les tourelles de son château se « miraient dans le lac de Loüe (6). Il avait une fille belle « à ravir, et qui n'était pour tant mie glorieuse. Cette « jolie pucelle aimait un gent ménestreux de Mont- « barey ; mais Rainfroi, dur et chiche, ne voulait pas « qu'elle épousât le pauvre Philippe, et la vive Alicette « fut mise en étroite prison, malgré ses pleurs. Phi- « lippe alors creusa un chêne à l'aide du feu, et quand « la lune était à son décours, il traversait le lac, guidé par « un fanal qu'allumait la nourrice d'Alicette. Il baisait la « main de sa mie à travers les barreaux de la tour, et re- « venait content de sa soirée. Mais sa boursette s'épuisa « bien vite à payer la nourrice avaricieuse. La maudite « goyne souffla une nuit son cierge, et le canot mal dirigé « dévala tout à fond. Philippe se noya tristement. Peu de « jours après Rainfroi passa lui-même de vie à trépas, et « sa fille libre enfin jura de retrouver son amant mort ou « vif. Elle fit rompre à Perrecey la digue qui retenait « les eaux du lac, et l'on retrouva en effet à Chissey, où il « avait *chust*, Philippe déjà tout défiguré.

« Alicette garda de lui perpétuelle souvenance, et bâtit « la chapelle d'Ounans, où elle fut inhumée à côté de son « doux ami. Dieu ayt son ame ! Ainsi soit-il. »

Voilà ce que narraient les chastes bernardines, en confabulant au réfectoire.

C'était donc au moutier d'Ounans qu'Iselle voulait se retirer ; mais il n'était pas facile de s'échapper d'un manoir où veillaient tant de valetons et d'hommes d'armes. La belle captive y rêvait en vain nuit et jour. La première fois qu'elle revit Hües de Braye-Selves, elle lui confia son projet de fuite, et le ménestrel fut épouvanté d'un dessein si hardi. Comment tromper ou séduire cette foule d'écuyers et de caméristes ? comment assoupir ces yeux d'argus ? Iselle ne se rebuta point ; elle employa tour à tour les prières, les caresses, les larmes. Jamais cœur bien placé ne résiste à femme qui pleure. Maître Hües céda enfin ; et la princesse, pour exciter son zèle, lui donna un superbe reliquaire qui contenait un cheveu de la sainte Vierge.

CHAPITRE III.

LA MONTAGNE DE CAF.

On fut étonné de voir un jour, sur le cimetière de l'église de Saint-Martin (1), plusieurs tentes syriennes avec leurs boules dorées et leurs flammes. Quatre esclaves armés de cimeterres veillaient aux quatre coins d'une de ces tentes, sous laquelle était assise une femme couverte d'un long voile et le front ceint d'un riche diadème. Elle caressait un hibou, qui enflait ses plumes de joie et d'orgueil : des vases pleins de parfums, des branches de houx et des tiges de verveine, des manuscrits arabes, hébreux et syriens, des poignards et des chapelets, étaient semés pêle-mêle autour d'elle. Cette femme considérait d'un air sombre un vieillard demi-nu qui pilait un lézard et des racines de fougère, à la lueur d'un cierge noir, et levait tour à tour une de ses mains vers le ciel. Chaque fois qu'il levait la main on entendait un coup de tonnerre.

Arnaud de Bresse (c'était le nom de ce vieillard), avait cherché d'abord un asile en Helvétie contre le courroux du pape Eugène III (2) ; il rejoignit plus tard à Lyon la dame voilée, sous l'habit d'un jongleur. On l'accusait d'hérésie, et l'on disait en outre qu'un pacte exécrable le liait à l'esprit de ténèbres : ce moine était d'ailleurs le plus subtil des clercs. Il avait deviné l'influence des astres sur les destinées humaines, et le rapport des esprits de l'air avec les habitants du monde visible ; il savait tous les mystères de la cabale et toutes les incantations du grimoire. Mais ces redoutables secrets lui coûtaient la santé et le repos. Consumé par l'étude et les veilles, il ne lui restait ni cheveux, ni dents, et l'excès du travail avait fondu sa chair.

Il ne manque plus, dit-il, que l'hippomane (3), et je réponds après de ce boire magique. Si le nouvel amour du duc de Bavière n'est pas l'effet d'un charme, nous forcerons l'infidèle à reprendre ses premiers nœuds.

Des philtres ! des enchantements ! murmura la dame voilée. Quoi ! n'être aimée que par effort, et ne plaire qu'à l'aide d'un maléfice ! Il fut un temps où, parée de ses seuls attraits, Sybille exerçait un pouvoir aussi sûr et plus flatteur.

Le pilon échappa des mains du sorcier.

Voilà, dit-il, une étrange délicatesse, et j'avoue que je ne conçois rien à ces caprices. L'amour, quel qu'il soit, n'est-il pas l'effet d'un prestige ? Laissez-là tous ces scrupules vains ; je n'ai point étudié les fantaisies du cœur, mais j'ai honte de ses faiblesses.

La dame voilée resta morne et pensive.

Tu n'as donc point aimé ? reprit-elle après un long silence.

Non, répliqua le moine, d'un ton dur ; mais en revanche j'ai beaucoup haï.

Il accompagna ces paroles d'un sourire infernal ; une contraction nerveuse ridait profondément sa face blême.

La haine, poursuivit-il, est l'aliment de l'ame ; c'est elle à présent qui me soutient. Eh ! n'ai-je pas raison de haïr les hommes ? Ne sont-ils pas fourbes, ingrats ? Je leur apportais la liberté, ils ont préféré l'esclavage ; je leur présentais la lumière, ils l'ont cachée sous le boisseau. Grâce à leur lâcheté j'ai tout perdu, fors ma haine. Triomphe, apostole de Rome [a] ! triomphe ! je fuis devant toi.

Le hibou perché sur le poing de Sybille poussa un cri lamentable, et le cierge fut près de s'éteindre. Neuf heures sonnèrent à l'église de Saint-Martin, et neuf gouttes de sang jaillirent d'une cicatrice que le moine avait à la joue droite.

Déjà ! dit le sorcier, d'une voix creuse : Maître, tu comptes bien, et moi seul j'oubliais le terme.

Quel terme ? s'écria Sybille, frappée de la pâleur subite d'Arnaud de Bresse. Pour qui ce sang a-t-il coulé ? Je n'avais point remarqué ce terrible stigmate qu'on croirait imprimé avec un sceau de feu.

Ce sceau brûle en effet, répliqua le moine, toujours plus troublé et plus pâle ; et celui qui l'imprime ne souffre jamais qu'il s'efface.

Les genoux du sorcier fléchirent sous lui, et ses membres frémirent d'une horreur invincible.

(a) On appelait ainsi le pape.

Tu veux savoir, continua-t-il, pour qui ce sang a coulé. Une simple charmeresse ose sonder les secrets de l'abîme. Femme ! ne crains-tu pas que ta moëlle ne se dessèche de terreur ?

— Sorcier, touche ma main, et tu verras si cette main tremble. Crois-tu que mon cœur soit plus faible que le tien ? Élève des Péris, disciple de Manès, je sais que deux principes rivaux se combattent sans cesse ; que le ciel est à Dieu et l'enfer à ton maître. Pourquoi donc t'agiter ainsi, ne l'as-tu pas nommé ton maître ?

Le moine étouffa un profond soupir.

Je n'adore ni ne crains celui que tu sers, poursuivit la dame voilée. Le pouvoir que j'ai perdu ne venait point de l'esprit impur, il venait des génies qui m'ont instruite dans la sainte montagne de Caf. Je suis chrétienne, quoique pécheresse, et n'ai point acheté au prix de mon salut les secrets dont tu parles et qu'on te vend si cher ; j'espère encore avoir merci du ciel, et je compte qu'un bon prêtre daignera m'absoudre. Mais j'ai une rivale à punir ; et si ma vengeance est un péché de plus, je le laverai avec tous les autres.

Sybille baisa son reliquaire, et le moine leva les épaules.

Que signifie ce geste dédaigneux, demanda la fière charmeresse ? Qui t'a donné le droit de mépriser Sybille ? Attends, pour la juger, qu'elle t'ait dévoilé son ame, et n'oublie pas que cette reine déchue exerça sur les éléments un pouvoir plus absolu que le tien ? Tu t'étonnais naguère de ce long deuil et des noirs soucis qui me rongent ; tu m'as vue tour à tour menaçante ou plaintive, maudire ou regretter l'erreur qui m'a séduite, détester un perfide et conjurer le ciel de ramener à mes pieds l'ingrat. J'ai cherché dans la magie un remède à mes maux, j'ai appelé la religion à mon aide, mes pleurs ont invoqué l'esprit invisible de la montagne Bleue (4), et les saints confesseurs que révère la Séquanie ; j'ai cueilli moi-même sur la côte des Fées [a] ces herbes que tu broies, et qui ne guérissent point les blessures du cœur.

Le sorcier secoua la tête, et versa le philtre dans un flacon de cristal de Tyr.

Non, non, répéta Sybille émue, l'enfer n'a point de baume qui guérisse les cœurs blessés.

Elle ferma les yeux un instant, comme pour renouer le fil de ses souvenirs, et reprit d'un ton plus calme :

« Tu m'as souvent pressée de te raconter mon histoire,
« mais je différais toujours ce fatal récit ; je craignais de
« rouvrir une plaie trop vive et trop prompte à saigner.
« J'avais honte d'avouer tant de faiblesse, et de m'exposer
« à subir une pitié injurieuse. Ecoute maintenant, et ne
« m'interromps pas : blâme-moi, si tu veux, mais garde-
« toi de me plaindre.

« Ma mère ne vivait plus ; et la fin terrible de mon père,
« Guillaume III, comte suprême d'Arles et de Bourgogne,
« avait épouvanté le monde. Mon frère était tombé sous
« le poignard de ses barons rebelles. Son oncle Raynaud
« lui succéda. Ce prince avait épousé Agathe de Lor-
« raine, l'une des plus belles femmes de son temps, et
« n'eut d'elle que Béatrix de Dole, à présent impératrice
« et reine. On me trouvait alors quelques attraits, et la
« comtesse en devint jalouse. Elle me jura une haine im-
« placable ; et sous prétexte que j'étais hautaine et capri-

(a) Près des Verrières de *Joux*, une des frontières de la Suisse.

« cieuse, on me relégua dans le manoir de mon père, « vieux palais habité par des larves et des spectres ven- « geurs. Quelle retraite pour une jeune fille qui arrivait « de Paris, tout éblouie de la splendeur de cette superbe « ville et du faste de la cour de Louis-le-Jeune ! Il est « vrai qu'à Paris même, un espoir abusé.... Ah ! l'es- « poir m'a toujours déçue ; j'ai bu trop jeune à la coupe « du malheur, et la main des ingrats..... Je m'attendris, « je crois.

« Je n'allais au palais que le dimanche, et la comtesse « feignait toujours de frémir à ma vue. Les bouffons de « sa cour imitaient leur souveraine, et le peuple stupide « me nommait la *fille du damné*. Je n'étais point d'hu- « meur à souffrir des outrages, et j'ordonnai un jour « qu'on noyât dans le creux Fernel (5), trois vilains et « leurs femmes qui m'avaient insultée. Cette leçon rendit « les autres plus sages, mais ils dirent que j'étais cruelle, « tant ils sont difficiles à gouverner ! Le comte Raynaud « lui-même, prévenu par sa femme, affecta de blâmer « cet acte de justice. Je me retirai alors chez les vierges « de Carnon [a], sur les rives de la Seille ; mais le silence « et l'ombre d'un monastère ne convenaient point à l'ar- « deur de mes désirs. J'étouffais dans cette triste de- « meure où l'air et la liberté me manquaient. Cet amas « de pratiques monotones mettait mes vœux à la gêne. « Partout un cloître est si étroit ! Je ne rêvais d'ailleurs « que de gloire et de chevalerie ; l'image de Sion tour- « mentait mon sommeil, et mon ame qui brûlait de s'é- « lancer vers Solyme, haletait de la soif des combats. « Mon oncle Étienne à son tour m'apparaissait en songe,

(a) Château-Chalon.

« et me montrait Ramla où son sang avait coulé [a]. Je « me figurais alors que j'avais des ailes, et je m'élançais « de mon lit, pour essayer mon vol à travers les cieux ; « mais c'était toujours vers l'antique manoir de Charle- « magne que mes premiers pas se dirigeaient à mon ré- « veil, et la majesté de ces vieilles tours sur lesquelles « plane encore, après trois siècles, l'ombre d'un prince « magnanime, achevait d'exalter mes esprits. Saisie d'un « enthousiasme belliqueux, je repeuplais à mon gré ces « murs déserts. Mon délire évoquait Marphise, Brada- « mante, et tous ces paladins d'éternelle mémoire dont « les ménestreux racontent les exploits. J'entendais hennir « leurs coursiers et sonner leurs buccines ; j'entendais leur « sainte voix m'appeler à la Croisade ; et digne peut-être « de les suivre, je brisais ma quenouille et mes fuseaux, « impatiente du joug et des devoirs de mon sexe timide.

« Lasse enfin de cette vie oisive, je voulus voir à tout « prix ces *grosses guerres* des Sarrasins et visiter les saints « lieux. C'était l'unique moyen d'échapper à la tutelle « du comte, de fuir sa femme que je détestais, et d'aller « ensevelir au-delà des mers la honte que m'avait léguée « un père coupable. Ce voyage d'ailleurs souriait à mon « humeur aventurière. L'abbé de Cluny approuva mon « dessein, et Raynaud, charmé de mon départ, consentit « avec joie à ce pèlerinage. Pierre-le-Vénérable me « donna la panetière et le bourdon, et je pris la route « d'Arles, suivie de mes écuyers et de mes caméristes.

« Je ne m'arrêtai point dans cette ville, qui avait « appartenu à mon père, car les princes sans dia-

(a) Le comte Étienne de Bourgogne, fils de Guillaume-le-Grand, fut [illegible] Palestine.

« dême n'ont plus d'amis. Je m'embarquai à Marseille, « et cinglai vers l'île de Chypre, où j'arrivai, grâce à « mes saints patrons, après une traversée de quinze « jours.

« Cette île, consacrée jadis au culte de Vénus, ne ré- « veilla en moi que des souvenirs pénibles. Un fol amour « m'avait déjà trompée, et ce n'étaient pas de nouveaux « fers que je venais chercher si loin de la France. Je me « hâtai donc de gagner Antioche.

« Tous mes chagrins se calmèrent à l'aspect de cette « reine de l'Orient, de cette fille aînée de Sion, où les dis- « ciples de Jésus prirent pour la première fois le nom de « chrétiens. Cette cité fameuse était d'ailleurs la patrie de « Luc et de Chrysostôme, et l'évêque Babylas y fit taire « des dieux menteurs. L'image de Godefroi de Bouil- « lon se mêlait à ces grandes figures. Mes yeux voyaient « enfin la place où les croisés, conduits par ce héros et « soutenus par des légions célestes, triomphèrent des « sultans d'Alep et de Damas. J'admirais ces hauts « murs, ces tours indestructibles, ces somptueux palais « bâtis sur quatre collines, que défend une citadelle « imprenable. Raymond de Poitiers, comte d'Antioche, « vint me recevoir à la tête de ses barons : c'était un « prince affable et généreux, mais d'un caractère iras- « cible. Il joignait un doux parler à un noble maintien : « le bruit courait, toutefois, que sa femme Constance « lui préférait déjà Renaud de Châtillon, qu'elle va « épouser.

« On me logea dans le palais de Séleucus, habité par « Anne Comnène qui écrivait l'histoire de son père (7). « Cette princesse n'était plus jeune, mais elle conservait

« des restes de beauté, et disait elle-même que le temps « l'oubliait. Son esprit n'avait rien perdu de sa vigueur, « ni son style du feu qui anima ses premiers écrits. Elle « menait une vie retirée à Antioche, et ne se montrait « presque jamais à la cour. L'étude suffisait à cette ame « active, mais désabusée. Anne Comnène ne se ressou- « venait plus qu'elle avait disputé le trône à son frère. Le « caractère énergique de cette femme me plut : je ne « tardai point à gagner moi-même son affection, et nous « fûmes bientôt inséparables. Nous chassâmes du palais « les jongleurs, les ménestrels, et tous ceux qui cul- « tivent des arts futiles ; nous passions les nuits à lire la « Bible et le Talmud, à pénétrer le sens des livres ca- « balistiques et des vingt-huit lettres obscures ou lumi- « neuses ; j'appris à interpréter les songes, à compter « les maisons de la lune, mais je ne touchai point au « grimoire. »

Garde-toi d'y toucher jamais, interrompit le moine, et songe que le diable emporta ton père.

Sybille s'aperçut que la terre avait tremblé ; mais elle continua son récit, sans témoigner ni crainte ni surprise :

« Ce genre de vie acheva d'échauffer mon imagina- « tion, et je perdis l'appétit et le sommeil. Il se passait en « moi quelque chose de surnaturel, d'ineffable ; mon ame « enfin fut inondée de la lumière sacrée du Thabor (8). « Je me mis à prêcher sur les places, et mêlai utilement « les maximes de la religion chrétienne aux principes « des bracmanes de l'Inde (9). Mes sermons attirèrent « la foule, et j'eus bientôt des disciples fervents et nom- « breux. Quelques prêtres latins se plaignirent seuls de

« ma doctrine, car ils n'en comprenaient point la subli-
« mité. Mais j'avais mission d'en haut. Je prêchai à Tyr,
« à Sidon, à Damas, et la parole de vie ne tomba point
« sur une terre ingrate.

« Un jour que je revenais d'Apamée, Anne Comnène
« me tint ce discours :

« Tu sais, ma fille, tout ce que nos livres peuvent en-
« seigner; mais il est des secrets que se réservent les
« Génies. Va donc sous la montagne de Caf, entre le Pont-
« Euxin et la mer Caspienne, prier ces purs esprits d'a-
« chever de t'instruire. Pars demain à la grâce de Dieu !
« Mais, avant de partir, affermis ton ame et ton bras,
« ceins-toi de force et de courage. Quiconque cède à la
« peur n'est pas digne de visiter le temple des Génies.
« Ton étoile que j'observais hier, brille toujours du
« même éclat. N'attends donc point qu'elle pâlisse, et
« suis l'astre qui règle ton sort.

« Entendre, c'est obéir, dis-je à la princesse, qui me
« donna sa bénédiction. Nous récitâmes ensuite le sym-
« bole de Nicée, et nous lûmes un chapitre du Zend-
« Avesta. Je coupai mes longs cheveux, dont une partie
« fut consacrée à saint Étienne et l'autre à Féridoün,
« ami des Génies; puis, vêtue à la manière des Arabes,
« je pris la route d'Édesse, au point du jour.

« L'aspect de cette malheureuse cité qui fumait encore,
« me pénétra de douleur et de pitié. Ces murs que le
« dernier des Josselins n'avait pas su défendre, n'étaient
« plus qu'un amas de décombres : partout de noirs débris
« et des traces de sang attestaient les efforts désespérés
« des vaincus, et l'impitoyable fureur des Gazis [a].

(a) Des vainqueurs.

« Je me hâtai de quitter cette veuve en deuil, et de « gagner Tigranocerte qu'on découvre de loin assise « sur une montagne, comme une reine sur son trône. « Je me baignai dans le Nicéphorius, et continuai ma « course à travers cette riche Arménie, où Dieu avait « placé le Paradis terrestre, et dont les champs fertiles « me rappelaient l'heureux Éden. La terre que foulaient « mes pas avait été le théâtre de mille combats fameux. « Mon cœur palpitait au souvenir d'Antoine et de Lu- « cullus, et mes yeux suivaient le vol des aigles ro- « maines.

« Je m'arrêtai trois jours à Artaxate, bâtie par Anni- « bal et détruite par Corbulon.

« Enfin, j'atteignis l'Ibérie, pays barbare qui confine à « la Colchide, noir repaire des dives et des goules, que « révèrent en tremblant les peuples d'Artanisse et de « Zalissa.

« Les astres me dirigeaient seuls au milieu de ces dé- « serts immenses. Je ne vivais que de racines et de fruits « sauvages. Un Arabe que je rencontrai daigna partager « avec moi le peu d'eau qui lui restait. Chaque nuit, le « rugissement des dives, échappées du pic des Démons, « troublait mon sommeil : je distinguais même les voix « confuses des enfants de Gog et de Magog, par-delà le « mur de fer et de cuivre qu'ils essayaient de rompre (10). « Une fois, les goules allumèrent les genevriers et les « herbes sèches dont se hérissent les plaines où je mar- « chais à l'aventure, et l'incendie tout à coup me ferma « le chemin. J'étais environnée d'un tourbillon de flammes « qui fouettaient les airs avec un bruit pareil à celui des « vagues courroucées. Des légions de cérastes, d'énydres

« et de vipères sifflaient à mes oreilles ; le feu et la fu-
« mée me suffoquaient. Enfin j'aperçus la sainte mon-
« tagne de Caf, que le vulgaire appelle Caucase. Ce mont
« des monts entoure l'univers. Il est fondé sur une seule
« émeraude dont le firmament réfléchit la couleur : les
« génies qui l'habitent y gardent les cendres du roi Sa-
« lomon, et les Parsis, toujours fidèles au culte de Mi-
« thra, y conservent le feu sacré, le même que leur ont
« transmis les Guèbres, le même qui brûlait du temps de
« Zoroastre (11).

« J'attachai mon cheval à un palmier, et m'avançai vers
« la montagne sur des cailloux pointus et parmi des buis-
« sons d'acacias épineux. Je me prosternai la face contre
« le sable, et brûlant des parfums, je conjurai les Génies
« par la pierre Sakhrat, et les Dives par le Pentacle (12).
« Soudain une porte de bronze, jusque-là invisible, et
« chargée de caractères talismaniques, s'ouvrit devant
« moi. Je pénétrai dans une caverne obscure, malgré
« un vent impétueux qui me repoussait. Étouffée par des
« vapeurs infectes, j'éprouvais des défaillances et des
« vertiges : il me semblait même que je roulais dans le
« vide, et que des spectres, des lémures, des larves gé-
« missants m'effleuraient de leurs ailes de chauves-souris.
« J'entrevoyais des monstres bizarres à la lueur d'un
« essaim de feux follets qui cherchaient à m'égarer, et
« je m'entendais menacer à voix basse. On m'appelait
« impie et sacrilége, et l'on tentait de me retenir par les
« cheveux.

J'écartai tous ces vains fantômes. Il n'est point de
« périls pour quiconque ose les braver. Tour à tour
« je chantais des hymnes de l'église, ou je récitais des

« vers sybillins et des passages du Védam et des Bé-
« das [a].

« Je cheminais ainsi depuis douze heures, sans éprouver « ni faim, ni soif, ni lassitude, lorsque j'aperçus une ri- « vière tiède et muette, qui coulait à l'ombre des « cyprès et rendait un sourd et long murmure. C'était « le fleuve des Larmes, composé de tous les pleurs que « les amants trahis ont versés. Les miens devaient gros- « sir plus tard cette onde douloureuse. Par-delà cette ri- « vière funeste que je traversai sur un pont étroit, était « le tombeau du fils de David.

« Moine, il me faudrait une voix plus qu'humaine « pour décrire l'effroyable vision qui s'offrit tout à coup « à mes yeux ! je ne sais même si, tout sorcier que tu es, « il m'est permis de te raconter les secrets qui dorment « dans ce gouffre impénétrable. Figure-toi une salle im- « mense, et dont la voûte d'airain touchait presque aux « cieux ; une espèce de lune rougeâtre y répandait une « clarté livide, qui luttait à regret contre les ténèbres ; « d'innombrables éclairs mêlaient par intervalle un jour « affreux à cette lumière décolorée ; de rapides secousses « ébranlaient la terre, et les murs sillonnés par la foudre « menaçaient de s'écrouler ; des cris, des hurlements « s'unissaient à un bruit continu de tonnerre, et des « dragons cornus, des harpies me couvraient de flammes « et de fumée.

« Six géants armés de toutes pièces et la massue levée, « entouraient un tombeau de marbre noir. Une femme « d'une figure hideuse était assise sur ce tombeau ; des « aspics couronnaient sa tête, des vipères ceignaient ses

(a) Livres des Brames.

« flancs et le monstre Ouranbad rugissait à ses côtés [a].
« Elle tenait entre ses dents des clefs de fer rouge :
« c'étaient celles d'un coffre de cèdre qui renfermait
« les manuscrits de Salomon.

« J'hésitai un instant, je l'avoue, et mon sang reflua
« vers mon cœur : mais Éblis lui-même ne m'aurait pas
« fait reculer. Le désespoir me rendit mon courage. J'a-
« dressai une courte prière à saint Georges, et me préci-
« pitant sur la Dive, je lui arrachai ses clefs de feu. »

(a) Espèce de Cerbère de la montagne de Caf.

CHAPITRE IV.

LA DAME AUX JAMBES D'OR.

« Le charme enfin venait de se rompre : fleuve, tom-
« beau, géants, tout s'était évanoui, et je me trouvai au
« milieu d'un jardin magnifique. Un clair ruisseau ser-
« pentait à mes pieds , une douce lumière caressait mes
« yeux, de frais zéphyrs se jouaient dans ma ceinture, et
« mille oiseaux m'égayaient par d'amoureux concerts :
« j'étais enivrée de parfums et d'harmonie. Une foule de
« Génies, de Fées et de Péris m'environnaient, des palmes
« à la main (1). Je reconnus Mélusine, qui n'était plus
« couleuvre, et la tante Arie, qui m'avait appris à filer (2) :
« leurs fronts brillaient d'une éternelle jeunesse. Ils
« avaient tous des colliers de saphirs, et des signes cé-
« lestes étaient peints sur leurs chlamydes d'un bleu d'a-
« zur. Tout à coup ils commencèrent la ronde des Fées,

« plus agiles et plus vifs que les almés d'Égypte et les « bayadères de l'Inde. Je me croyais ravie au bienheureux « séjour. Leur voix, qui publiait mes louanges, se mêlait « à des lyres aériennes, et mon ame s'abreuvait de leurs « chastes accords, pénétrée d'une joie ineffable.

« Les Fées et les Péris luttèrent ensuite avec une légè- « reté, une grâce infinie ; puis des courses de char, des « jeux guerriers, des marches triomphales signalèrent la « force et l'adresse de ces enfants de l'air, de la terre et « du feu.

« On me revêtit d'une robe nuancée de sept couleurs ; « on y joignit le sceptre et le tage [(a)], et huit licornes « blanches, qui avaient des ailes de papillon, me condui- « sirent en un clin d'œil au palais d'Aherman, séjour des « Génies (3).

« J'y passai neuf jours dans les fêtes, et le dixième, lors- « que la pleine lune de Regeb [(b)] se leva derrière la mon- « tagne de Caf, d'invisibles mains me portèrent sur le « parvis d'un temple superbe, mais d'une majesté som- « bre. Ce vaste édifice sert de prison au Dadgial [(c)]. On y « garde le bouclier du roi des Génies, le cimeterre avec « lequel Mahomet fendit la lune, et trois plumes du « griffon religieux qui parle toutes sortes de langues (4).

« J'aperçus, à travers un léger nuage de parfums, une « créature céleste d'une beauté admirable, et dont les « ailes étaient parsemées d'yeux vivants. Ce séraphin se « nommait Raziel. Ce fut lui qui chassa le père des hu-

(a) Couronne des anciens rois de Perse.

(b) Troisième mois de l'année arabique, réputé sacré par les anciens Arabes du gentilisme.

(c) L'Antechrist.

« mains du Paradis terrestre : mais, pour le consoler, il « lui enseigna la cabale [a]. Je lui présentai à genoux les « clefs du coffre de cèdre. Il en tira deux manuscrits que « Morgane se chargea de m'expliquer. Cette belle Fée ne « pouvait oublier le prince Ziliant, et nourrissait depuis « quatre siècles un incurable amour. Je la surprenais « parfois à répandre des larmes, les seules que l'on ver- « sât dans ce séjour d'éternelle paix : je n'avais du reste « qu'à me louer de ses soins et de son zèle.

« On abrégea le temps de mon épreuve, soit que je « fusse assez instruite, soit que mon caractère un peu « inquiet déplût aux Génies. On me déclara qu'il fallait « quitter leur auguste demeure ; et deux jours après je fus « tout à coup réveillée par un bruit de guerre.

« Je m'imaginai que j'étais le jouet d'un songe, mais « les hennissements d'un coursier et l'éclat d'un écu atta- « ché à un pin, me prouvèrent bientôt que je n'habitais « plus le palais des esprits de la terre : je crus même « reconnaître une montagne de Pamphilie. J'étais d'ail- « leurs armée de pied en cap, et le destrier tout sellé bon- « dissait près de moi : ainsi, les Péris daignaient encore « me fournir les moyens d'exercer mon humeur belli- « queuse. La montagne voisine était hérissée de piques et « de dards qui réfléchissaient les rayons de l'aurore, et je « distinguais les sons entrecoupés de nos buccines et le « bruit aigu des cymbales syriennes. Les Turcs entou- « raient l'armée de Louis-le-Jeune (5). Une attaque im- « prévue avait jeté le désordre parmi les Français qui « resserrés dans un étroit ravin ne pouvaient ni fuir, ni « combattre. La mêlée me parut horrible : prêtres, chefs

(a) Rêveries des rabbins.

« et soldats mouraient sans gloire, les yeux tournés vers la « cité sainte. Pénétrée de douleur et de colère, j'embras- « sai mon écu et sautai sur mon destrier, qui partit plus « prompt que la tempête, et gravit la montagne avec une « telle vitesse, que j'avais peine à respirer. J'arrivai à « l'instant où le roi, adossé contre un arbre, résistait à « toute une armée. Son haubert était rompu, son sang « coulait par vingt blessures, et le templier Desbarres res- « tait seul debout près de lui. Animée d'une ardeur divine, « je pousse mon cri de guerre, *Saint Étienne et Bour-* « *gogne*, et me précipite au milieu des ennemis. Mon écu « flamboyant, mon armet couronné d'éclairs, mon fou- « gueux coursier, dont le chanfrein étincelle, glacent les « Turcs de terreur. Ils crurent voir Éblis lui-même, et « leurs profondes masses reculèrent (6). Louis délivré, « gagna la Pisidie et rejoignit plus tard la reine à An- « tioche.

« La renommée publia cet exploit par toute la Syrie, « et l'archevêque de Tyr en parla dans son histoire. Ces « éloges redoublèrent mon enthousiasme. Je levai une « troupe d'amazones, et, Marpésie nouvelle, j'allai guer- « royer chez les Sarrasins (7) : Alep, Tripoli, Césarée, « les champs d'Ascalon et les plaines qu'arrose l'Eu- « phrate, furent le théâtre de ma sainte et sanglante « mission. J'annonçais partout le baptême ou la mort. « Dieu bénit ces rigueurs salutaires ; son esprit descendit « sur moi, et j'opérai des miracles.

« Devenue ainsi thaumaturge et charmeresse, je con- « tinuai à servir le Seigneur, à cultiver l'art magique, « à prédire par la hache, le cristal et le miroir (8) : j'ac- « compagnai Baudouin III à Damas, où le fils aîné d'Ayoub

« tomba sous ma lance. Heureuse si, du même coup, son « frère Saladin !... Mais la femme de Louis retenait alors « dans ses chaînes ce jeune lion qu'elle avait su dompter.

« La chute de ce guerrier dont l'étendard jaune fut « placé sur le saint Sépulcre, mit le sceau à ma gloire, « et l'empereur Conrad se déclara mon chevalier. Les rois « de France et de Jérusalem se parèrent de mes couleurs : « je fus proclamée la plus vaillante, et, je crois... la plus « belle ! J'avais une chaussure dorée : on me nomma la « dame *aux jambes d'or* (9).

« Plût à Dieu que ce jour eût été le dernier de ma vie, « qu'Azraël m'eût frappée sous ces lauriers ingrats qui « ne m'ont point préservée de la foudre [a] ! »

Sybille parcourut sa tente d'un air égaré ; elle balbutiait des mots inintelligibles. Enfin, elle se rejeta sur son siége, et recouvra peu à peu la parole :

« Les débris de l'armée d'Allemagne formaient l'arrière-« garde des croisés qui assiégeaient Damas. De tous les « chevaliers de l'empereur Conrad, Henri-le-Lion, duc de « Bavière, était le plus brave et le plus magnifique. Je le « rencontrais toujours au milieu des hasards, et j'admirais « trop son courage. Il était le seul des croisés dont la va-« leur ne me causât point d'envie ; j'avais même un secret « plaisir à le louer. Il vantait aussi mes prouesses, et moi, « qui crains la flatterie, je ne m'alarmais point de ses « discours flatteurs. Eh ! pourquoi m'en serais-je alar-« mée ? Pouvais-je soupçonner que mon cœur redevien-« drait sensible ? Ce cœur, trompé dans ses premiers sou-« pirs, devait se croire à l'abri de toutes les faiblesses. « Que dis-je, hélas ! fille imprudente ! voilà, voilà,

(b) *Azraël*, l'ange de la Mort.

« ce qui m'a perdue ! Est-ce donc parce qu'on fut blessée, « qu'il faut se croire invulnérable ?

« La peste ravageait l'ost des croisés. Le duc de Ba-« vière en fut atteint et l'on désespéra bientôt de ses « jours. Je sentis alors qu'il m'était cher : il fallait le sau-« ver par un charme ou par un miracle. Jéhovah n'est « point le dieu des amants, il eût rejeté ma prière. Je « m'adressai donc aux Génies.

« Ils m'indiquèrent des herbes enchantées que je mêlai « au dictame, et le duc guérit à l'heure même. Chacun « me félicita de cette cure inespérée : le jeune guerrier « surtout me remercia en des termes si vifs, que je restai « confuse et muette. Je tâchais de garder une dignité « froide, mais cette superbe Sybille n'était déjà plus « qu'une faible femme qui se cachait sous un reste de « fierté : le duc d'ailleurs se montrait si respectueux, « que j'avais presque regret d'affecter cette indifférence. « A compter de ce jour mon chiffre orna toutes ses « bannières. Il attacha, en guise de volet, à son casque « un voile que j'avais ouvré, et mit dans son reliquaire « une tresse de mes cheveux [a].

« Je m'accoutumai peu à peu à ses visites, et quand il « tardait à venir, j'éprouvais un dépit involontaire. Je ne « le cherchais point sans doute, mais je ne sais pour-« quoi je me trouvais toujours auprès de lui. Nous com-« battions ensemble sur la brêche ; il écartait de moi le « fer des infidèles, et j'ai souvent paré les coups qu'on « lui portait.

« L'arrivée d'une armée de Curdes, l'incapacité des « barons de Syrie, la disette et la soif nous forcèrent à

(a) Volet, ruban très large qui pendait derrière le casque.

« lever le siége. Un échec si honteux nous présageait « déjà les malheurs de Solyme. Je repris donc la route « d'Antioche avec Raymond de Poitiers, le duc de Ba- « vière et Louis VII, chargé du double affront fait à ses « armes et à son lit, car *on ne disait pas tout bien de la* « *Reine*. Quant à la femme de Raymond, elle ne songeait « plus à son mari ; elle était affolée d'un chevalier Fran- « comtois, le sire de Ray, neveu du duc d'Athènes, et son « palais rempli de jongleurs et de jongleresses, ne réson- « nait que du bruit des psaltaires et des flûtes : chaque « matin de nouvelles fêtes semblaient éclore avec le « jour. La reine de France, Maurille de Roussy, les « comtesses de Blois et de Toulouse étaient l'ame de ces « fêtes qui indignaient toute la Syrie. L'imprudente « Éléonore oubliait trop qu'elle avait reçu la croix des « mains du saint abbé Bernard. Le chevalier de Pesmes « avait été d'abord son serf d'amour, et maintenant elle « lui préférait Saladin, jeune Arabe plein de valeur et « de courtoisie. Bientôt son oncle Raymond lui-même « essaya de la séduire. Ce prince qui convoitait Alep « et Césarée, espérait que sa nièce déciderait Louis-le- « Jeune à former le siége de ces deux places, boulevards « des Sarrasins. Tout était donc intrigue à la cour d'An- « tioche.

« Anne Comnène avait quitté cette ville, dont les « mœurs répugnaient à sa vertu sévère. Ainsi le ciel « obstiné à me nuire m'avait déjà ravi sainte Hildegarde « à la cour de France.

« Je me retirai dans le faubourg de Daphné, retraite « paisible et délicieuse où l'on menait une si douce vie « que son charme avait passé en proverbe : *vivre comme à*

« *Daphné* [a]. Raymond me céda le palais de Constantin, « vaste édifice baigné par l'Oronte (10) ; je n'y recevais « que des cabalistes et des sages, car je hais les oisifs, et « le peuple qui me craint a soin de m'éviter. Que n'ai-je « évité de même !.... Mais je n'osais déjà plus sonder la « plaie de mon cœur. Triste, lassée de tout, j'inter- « rompis mes lectures et négligeai mon coursier et mes « armes. Il me fâchait de voir arriver le duc à Daphné, « et je me sentais inquiète lorsqu'il n'arrivait pas. J'a- « vais peur qu'il ne me parlât d'amour... J'étais piquée « de son silence. Il le rompit enfin, et sa perfide adresse... « Ah ! le ciel aussi m'a déçue ! Ce jour-là me parut serein, « et c'était l'aurore de l'enfer.

« Le duc me donna sa foi et reçut la mienne : cet « anneau fut le gage de ses serments fallacieux. Détes- « table union ! fatal hyménée !.... Mais j'étais amante « et crédule ; la raison ne me gouvernait plus, et les Fées « m'ont en vain avertie. Chaque nuit, j'entendais gémir « les sources de la montagne des Eaux [b]. Un soir même, « j'aperçus Mélusine tout en larmes... Je l'ai vue ! Par- « donnez, Anges et Péris !

« Moine, ce lien était mal tissu. Mon époux ne comptait « déclarer son mariage qu'en Europe, et moi-même, hon- « teuse de m'être démentie, je ne voulais point qu'on cé- « lébrât mon hymen à Antioche. Je cachai donc mes « nouveaux nœuds, et pour tromper les yeux jaloux, « Henri acheta un manoir qui touchait au palais de Cons- « tantin. Il y avait près de la fontaine de Daphné, consa-

(a) *Moribus Daphne vivere.*

(b) Cette montagne, peu éloignée d'Antioche, s'appelle tantôt la montagne des Eaux à cause de ses sources, tantôt la montagne Noire à cause de ses forêts.

« crée jadis à Diane, un bois touffu de sycomores : ce « bois, où j'allais consulter les Génies, chaque lune, « était interdit à tout profane, et c'est là que le duc « et moi, nous échappions aux regards curieux : là « s'écoulaient mes heures, rapides, voluptueuses, mais « agitées ; car le ciel ne me fit jamais un loisir du- « rable ; jamais un long repos ne me délassa tout-à- « fait. Le duc m'avait inspiré une passion insensée ; « juge donc si la courte ivresse du plaisir pouvait « racheter les tourments assidus, les soupçons et les « craintes inséparables d'un amour extrême ! Non : je « ne conçois pas ce qu'ils appellent bonheur tranquille ; « Henri peut-être le goûtait, car son ame ne répondait « point à la mienne : il était froid quand je brûlais. « Cette froideur me rendit jalouse ; ses baisers me sem- « blaient faux, parce qu'ils n'étaient point tout de « flamme : des baisers qui ne consument pas, ne sont « que des baisers trompeurs. Le duc, quoique d'un ca- « ractère fougueux, ne témoignait nulle impatience ; « son courroux m'aurait mieux rassurée. Si je lui repro- « chais sa langueur, il se plaignait de mon injustice et « me parlait de ses combats, de ses voyages ; il était près « de moi, et me parlait de lui !.... Ah ! ce n'est pas ainsi « qu'on aime !

« J'eus bientôt des sujets plus réels de crainte. Son « humeur changea tout à coup, et devint capricieuse et « sombre. Instruit que le comte d'Antioche avait pu- « blié une fête d'armes, le duc saisit ce prétexte pour « reparaître à la cour. J'y retournai bientôt moi- « même ; mais quelle contrainte ! quel ennui ! Je ne « voyais dans cette foule qu'un seul homme. En proie

« à de honteux soupçons, j'épiais un mot, un regard ; « je frissonnais d'un geste, je me mourais d'un coup « d'œil, et, pour comble de tourments, il fallait dévorer « mes larmes.

« Ces tournois et ces jeux me causaient un dégoût in- « vincible. Sion penchait vers sa ruine, et les barons de « Syrie, énervés de mollesse, ne songeaient qu'à varier « leurs plaisirs. Raymond qui chancelait sur un débris de « trône, se berçait toujours de l'espoir de conquérir Alep. « Louis était morne et pensif ; il se doutait de sa honte, « et voulait emmener sa femme à Jérusalem. La reine « refusait de le suivre ; et Raymond, épris de sa nièce, « jurait de la retenir en dépit d'un monarque et d'un « époux irrité (11).

« Le duc de Bavière embrassa le parti d'Éléonore. « Cette imprudence m'ouvrit les yeux. Le traître enfin « s'était dévoilé, et je connus mon ennemie ; je songeais « même à la punir, quand soudain éclata l'orage.

« Le son lugubre du beffroi me réveilla une nuit en « sursaut. Mes femmes accoururent toutes consternées, « et m'armèrent à la hâte. Elles tremblaient que Nou- « reddin n'eût surpris la ville ; mais moi qui avais promis « à Dieu d'exterminer Noureddin, je remerciais le Sei- « gneur de me livrer ma victime. Je sortis à cheval, et « fermant ma visière, je me dirigeai vers le palais des « empereurs. Des hallebardiers en gardaient les portes : « quelques chevaliers français, Alphonse de Saint-Gilles, « Yves de Soissons et le sire de Couci, tentaient de frayer « un chemin à Louis-le-Jeune, cerné de tous côtés. La « reine, une torche à la main, passait la tête à travers « une verrière, et conjurait le peuple de la secourir.

« L'armée du roi qui campait hors des murs, avertie du « péril de son maître, traversait le pont au pas de charge, « et menaçait d'escalader les remparts : des milliers de « flambeaux éclairaient cette scène tumultueuse. Je de- « mandai la cause d'une alerte si vive. On me dit que le « roi s'apprêtait à partir, mais que la reine, décidée à « braver son époux, s'était barricadée dans son oratoire. « Raymond, à son tour, ne ménageait plus rien ; il osait « arrêter les pas d'un roi de France pour lui ravir sa « femme. Spectacle inoui et bien digne de cette cour « dépravée ! Quant à mon infidèle, il feignait de servir le « comte, et ne servait qu'un indigne amour. Non : il n'y « a plus de bonne foi sur la terre !

« Cependant la mêlée s'échauffait par degrés ; déjà sif- « flaient les dards et se croisaient les piques. L'escadron « des chevaliers avait percé la foule, et le redoutable Al- « phonse de Saint-Gilles renversait tout de sa massue ; un « long ruisseau de sang marquait le passage du comte de « Soissons et du sire de Couci ; les hallebardiers serrés « repoussaient le peuple et marchaient, leurs boucliers en « tortue, sous une grêle de tuiles et de pierres, qui pleu- « vaient des verrières et des toits. Raymond et le duc de « Bavière fondaient tantôt sur eux et tantôt sur les che- « valiers. Henri-le-Lion avait défié le sire de Couci, et le « comte d'Antioche s'attachait à Saint-Gilles : c'était « une lutte de géants. Leurs écus se heurtaient avec fra- « cas, leurs armures rendaient un son affreux, et leurs « épées traçaient, à la lueur des flambeaux, de rapides sil- « lons de lumière ; les imprécations du peuple, les cris « des femmes et des blessés, les hurlements de l'armée « qui sapait les murailles, le flux et le reflux de cette

« masse flottante poussée et repoussée vingt fois, tout « présentait l'image d'une ville saccagée.

« Mais voici que soudain l'escadron des chevaliers s'en- « tr'ouvre ; le peuple et les soldats s'arrêtent. Archambaud « de Bourbon déploie l'oriflamme, et les saints évêques « d'Arras et de Lisieux descendent du palais, précédés de « la croix et revêtus de leurs habits pontificaux. Ils chan- « taient le pseaume « Béni soit celui qui vient au nom du « Seigneur ! » Louis paraissait ensuite, le front ceint du « diadême ; on portait devant lui son sceptre et son bour- « don fleurdelysés. Il montait un vigoureux coursier, et « tenait dans ses bras la reine évanouie : le calme de ses « traits, la gravité de son maintien, la justice de ses « droits imposaient à cette foule égarée, et Raymond « lui-même baissait les yeux de confusion. J'ignore par « quelle fatalité le duc de Bavière fit seul un mouvement « vers Louis. Je crus qu'il voulait ressaisir.... je crus.... « hélas ! que sais-je ? J'aimais, j'étais jalouse !.... Je me « jetai donc furieuse entre ma rivale et le traître, et je lui « assénai un coup si terrible de mon marteau d'armes, « qu'il vida rudement les arçons.

« Ce coup était retombé sur mon cœur. A peine eus-je « frappé que ma main se glaça ; mes yeux soudain se voi- « lèrent, et je perdis l'usage de mes sens.

« Je ne recouvrai mes esprits que le soir ; mais la dou- « leur m'attendait au réveil. J'appris que le roi poursui- « vait tranquillement sa route, et qu'on n'avait aucune « nouvelle du duc de Bavière.

« Je m'élançai de mon lit malgré mes femmes, et je « courus, à pied et demi-nue, jusqu'au lieu où s'était li- « vré le combat. On avait déjà enlevé les morts, et je ne

« vis à la clarté des cierges que des armes brisées et du « sang. J'errai toute la nuit sous les arbres épais qui om- « bragent les rues d'Antioche [a].

« Livrée au plus affreux désespoir, j'appelais le duc à « grands cris, et publiais ainsi ma honte, car l'esprit « de sagesse m'avait abandonnée. Je rentrai au palais, « épuisée de forces et l'ame brisée de douleur ; j'avais la « fièvre et le frisson. Il m'eût été facile d'y trouver un « remède, mais le fardeau de la vie me pesait : mes jours « ne valaient plus la peine d'être disputés au cruel Ari- « mane, et je me livrai en aveugle à mon destin. Je « dépêchai pourtant un de mes pages à Jérusalem et « j'appris que le duc était à Jaffa : l'infidèle se préparait « donc à reprendre seul le chemin de sa patrie ! mais il « délaissait aussi la reine. Grand Dieu ! me serais-je « abusée !

« Mon malheur n'était que trop certain ; Henri avait « quitté l'Asie.

« J'ordonnai qu'on le suivît pas à pas, puis j'allai m'é- « tablir à Édesse, qui n'était plus qu'un tas de ruines (12) ; « mais ce lieu dévasté convenait à mon deuil. Là, je n'en- « tendais plus ce bruit de voix humaines qui essayaient « de me consoler. Là, du moins, les tombeaux, les « décombres, tout avec moi se lamentait : je n'étais qu'un « débris de plus couché parmi des ruines. Mes rêves « de bonheur et de gloire s'effacèrent de mon esprit « pour jamais. J'oubliai même les intérêts du ciel et les « bienfaits des Génies. Mon seul plaisir était d'affronter « le désert, ses piéges, ses périls, sa solitude immense ;

(a) On croit, dit la Roque, en voyant Antioche, voir une ville dans une forêt et une forêt dans une ville.

« de m'asseoir sous les saules de l'Euphrate, pour pleurer « au lieu même où jadis pleurait Israël.

« Enfin, au bout de deux mois un de mes pages revint « de Sicile, et me conta que le duc de Bavière était re- « tenu à Catane, par les charmes d'Iselle, fille de ce « même margrave d'Autriche qu'il avait vaincu et dé- « pouillé ; que cette jeune princesse, privée de son père « et de son héritage, vivait dans une des régions de l'Etna « auprès de la comtesse de Montmirey, sa cousine ; que « le duc ne prenait en Sicile que le simple titre de che- « valier du Lion, et qu'Iselle ne se doutait point qu'elle « aimait l'implacable ennemi de son père.

« Moine, moine, tu es vagabond et proscrit ; le pape « Eugène t'a chassé de Rome ; l'outrage et l'anathème « ont été partout ton salaire ; tu seras peut-être brûlé « vif, et le diable emportera ton ame. Eh bien ! tout ce « que tu as souffert, tout ce que tu dois encore souffrir, « n'approche point des tourments de mon cœur à cette « exécrable nouvelle. Non, tu n'as pas l'idée de cette « épouvantable agonie. Mes larmes tout à coup tarirent, « et depuis n'ont jamais coulé ; une nuit suffit pour rider « mon visage et pour blanchir mes cheveux ; j'éprouvai « en une nuit les supplices de vingt siècles et les tortures « de mille enfers. Ma vue s'était éteinte, ma langue s'é- « tait collée à mon palais, mes pieds s'étaient cloués à la « terre. Mes écuyers sonnèrent de la trompette, et je « n'entendis point la trompette sonner. Tout était mort « en moi, ma douleur seule était vivante. Cette crise dura « jusqu'au jour. Mais quand je recouvrai la mémoire, « quand je me rappelai mon amour trahi et ma gloire « flétrie, rien n'est capable de peindre l'horreur de mon

« désespoir. Je m'échappai de ma tente, plus furieuse « qu'une lionne qui cherche ses petits; je bondissais à « travers les ruines d'Édesse; je me roulais sur sa cendre à « peine refroidie. Je maudissais les Génies et les Saints : « je fus près de maudire Dieu même. Ses traits ne pou- « vaient plus m'atteindre, la foudre en vain frappe un « tombeau. Je perdais en un jour la faveur des Péris, les « dons du ciel, ma propre estime, et jusqu'à cet amour à « qui j'avais tout sacrifié: passé, présent, avenir, tout me « manquait. La nature succomba enfin, mon pouls cessa « presque de battre, et la froide haleine du Sarfar roidit « mes membres glacés [a].

« Il y avait près des rives de l'Euphrate un charitable « ermite, que révéraient également les chrétiens et les in- « fidèles. Le farouche Zengui l'avait épargné dans le sac « d'Édesse, et lui avait permis de se réfugier à Turbessel [b]: « c'est là que Sergius pleurait la désolation de sa patrie. « Le seigneur, qui avait pitié de mon ame, lui révéla mes « fautes et mon châtiment, et le bon ermite se hâta d'ac- « courir. Je n'avais plus qu'un souffle de vie : déjà mes « caméristes récitaient les prières des agonisants. L'ermite « s'approcha de mon lit, me ranima d'un signe de croix et « ne me parla que de la bonté de Dieu. Puis, soudain « étendant le bras vers un objet invisible, il eut l'air de « conjurer un fantôme qui lui répondait d'une voix sourde « et lugubre : le saint ermite faisait pour moi une trêve « avec l'ange de la mort. Les prières de saint Gilles avaient « obtenu jadis la même trêve en faveur du comte de Tou- « louse.

(a) Le vent de la mort.

(b) Maison de plaisance des comtes d'Édesse.

« Je fus guérie sans autre secours, mais Sergius exigea « qu'on lui remît tous mes talismans : c'était mon dernier « sacrifice. A l'instant où ma bouche abjura le culte des « Génies, des soupirs et des plaintes frappèrent mon « oreille, et mon cœur ingrat fut brisé. Adieu donc ! m'é« criai-je, Fées et Péris ; adieu ! chères compagnes de mes « veilles laborieuses ; adieu ! science incertaine qui ne « m'aviez point appris à démêler un piége, à sonder les « replis d'un cœur faux et parjure ; adieu pour jamais ! »

Sybille accablée sous le poids de ses souvenirs, interrompit un moment sa douloureuse histoire.

Après ! dit le moine.

« Sergius me confessa sans m'absoudre, car je ne pou« vais ni oublier ni pardonner mon injure ; et cependant « j'ai besoin de merci : l'inexorable Sybille ira demander « grâce tout à l'heure ! »

La comtesse humiliée tourna vers le ciel un regard de dépit et de reproche.

« Je brûlais de voir une rivale qu'on disait si belle, et « de juger par moi-même de ses appas. Je quittai donc « secrètement Édesse, et gagnai le port Saint-Siméon, « où je trouvai un vaisseau qui appareillait pour l'Italie. « Nous comptions relâcher à Malte, mais une tempête « affreuse nous accueillit à la hauteur de cette île. Notre « navire roulait sur l'abîme avec ses voiles déchirées et « ses mâts rompus. L'équipage à genoux priait notre Dame « de Bon Secours : moi seule je ne priais plus ; il me tar« dait qu'un écueil brisât notre nef fragile, et terminât le « cours d'une vie plus orageuse que ces ondes soulevées « et ces vents tumultueux. J'essayai toutefois, par pitié « pour mes femmes, de dompter ces flots si long-temps

« soumis. Vaines incantations! charmes inutiles! rien « n'obéit à Sybille déchue. Je cessai donc de fatiguer les « Génies, et me résignai à mon sort.

« Enfin les vagues s'apaisèrent d'elles-mêmes, et nous « abordâmes le rivage de Malte. J'y laissai mes femmes « et mes écuyers ; puis cinglant vers la Sicile, j'arrivai à « Catane, et gravis le mont Etna jusqu'à la tour d'Empé- « docle.

« Je choisis de préférence cette tour inaccessible. Ce « temple de Vulcain, dont les ruines avaient abrité jadis « un sage, me recevait à mon tour méprisée, fugitive, « perdue d'amour et de fureur. Un écuyer déguisé m'ap- « portait des vivres le soir. Quelques pâtres d'Aci me « rencontrèrent cachée sous mon voile et crurent que j'é- « tais une Lamie. On m'avait appelée *la dame aux jam- « bes d'or* chez les Syriens, on m'appela en Sicile *la dame « voilée.*

« Les rapports de mon page étaient fidèles. Le chevalier « du Lion habitait Nicolosi, mais il montait chaque jour « à la région des bois, où s'étaient retirées la fille du mar- « grave et la comtesse de Montmirey qui se mourait. « Blanche de Genève avait l'esprit faible, Iselle était cré- « dule et vaine, il fut aisé de se jouer d'elles.

« Je connus enfin mon ennemie. On n'avait point exa- « géré ses attraits. Elle pâlit à ma vue, et ma présence « étonna le traître, qui était loin pourtant de soup- « çonner la vérité. Je m'appliquai dès-lors à troubler leurs « amours, à les fatiguer de mon aspect sinistre. Je surpris « une fois le perfide aux pieds de son amante ; il lui ju- « rait... J'éclatai de rire, mais c'était le rire des démons. « Je m'enfuis tout éperdue ; j'atteignis en un clin d'œil

« la cîme de l'Etna, et me plongeai dans le cratère. Il « n'était pas assez profond ; j'étais trop près du jour, de « ce jour que je haïssais! Je demeurai là jusqu'à minuit, « suffoquée, haletante, privée d'air. La soif et le besoin « de respirer m'obligèrent enfin à quitter ce gouffre, et « j'errai long-temps au milieu des ténèbres. Des nuages « jaunes couvraient les cieux. Le vent sifflait à travers « cette multitude de collines dont l'Etna est hérissé. Une « gerbe de feu qui jaillit tout à coup du cratère, illumina « le golfe de Messine et la mer de Tyrhênes : c'était le « signal d'une éruption. Une homicide joie s'empara de « mon ame; tout allait périr avec moi. Je hâtais de mes « vœux cette flamme vengeresse, je lui désignais ses vic- « times, je lui traçais du doigt le chemin : l'Etna me ser- « vait donc à défaut de la foudre. Je courus, je bondis du « haut de la montagne, je voulais les voir expirer... Je « n'en eus pas la force.... Il était là.... mourant, et je ne « songeai plus qu'il m'avait trahie. Il tenait dans ses bras « Iselle pâmée : Iselle, ô Dieu ! allait donc goûter la mort « dans ses bras, et leur dernier soupir allait se confondre ! « Cette idée sauva ma rivale. Il y avait près de nous un long « souterrain de laves qui descendait jusqu'à la région culti- « vée ; je leur indiquai cette issue pour échapper au trépas.

« Peu de temps après le comte de Montmirey revint « de Syrie, où le vieux duc d'Autriche avait succombé à « sa misère. Blanche de Genève n'était plus, et la fille « du margrave passa ainsi sous la tutelle de Mainfroi, qui « s'obstine à vouloir l'épouser. Le duc de Bavière est ar- « rivé hier à Dole ; l'espoir de retrouver Iselle l'amène ici « plus que l'ordre de Barberousse : mais malheur à l'in- « grat ! je l'ai devancé d'un jour. »

« Moine, juge à présent si ce boire amoureux soula-
« gerait ma peine. Je m'en étais flattée d'abord ; c'était
« trop présumer d'un art stérile. Qui, moi ! m'abaisser à
« feindre, mentir à mon propre cœur, et ne devoir qu'à
« des prestiges une illusion qui même ne m'abuserait
« pas ! »

Puis, considérant d'un air sombre l'anneau du duc de Bavière :

« Cet anneau, si je veux... mais non, non : plus d'hy-
« men !... du sang ! sorcier ! du sang ! celui de mon enne-
« mie ! »

Le sang pourrait crier, répondit Arnaud de Bresse, le sang laisse après lui des traces. Il est d'autres moyens de venger ses affronts ; il faut.... — Eh bien ! Il faut.... — L'envoûter, dit le moine, dont les lèvres sifflèrent comme la langue d'un aspic [(a)].

La surprise et l'horreur se peignirent sur le front de Sybille... Un maléfice ! s'écria-t-elle avec effroi, recourir à la sorcellerie !

La haine n'y regarde pas de si près, continua vivement Arnaud de Bresse ; on rit d'un courroux qui s'exhale en paroles. Finissons... Le temps presse : mon astre aussi penche vers son déclin.

Les traits et les yeux du sorcier se retournèrent ; ses veines étaient gonflées et tous ses nerfs frissonnaient : il avait l'attitude d'un coupable qui attend son juge.

L'heure suprême arrive, poursuivit le moine, et le marteau a retenti neuf fois. Profitons du délai qu'on me laisse ; encore neuf jours et l'on vient me chercher, ces neuf gouttes de sang me l'annoncent.

(a) *Envoûter*, faire un *volt*, un maléfice. Voyez la préface.

Le sang du réprouvé coula de rechef, et chaque goutte, en tombant, pétillait.

Il est facile de gagner un prêtre, poursuivit Arnaud de Bresse. N'avons-nous pas le Diacre Requiem qui, pour quelques besants d'or, baptisera la figurine : le saint-chrême d'ailleurs sera bientôt prêt. Femme, ne tarde pas davantage! ton pouvoir a cessé, et le mien touche à son terme.

La comtesse de Bourgogne soupira, et le moine s'aperçut qu'elle était ébranlée.

Quel plaisir, ajouta-t-il, de tenir dans sa main les jours d'une rivale, de les compter, de les peser! quelle joie d'attiser le feu qui la consume, de lui filer la douleur et la mort! Conçois-tu ces terreurs, ces larmes, ces regrets amers de la vie? Un bonheur que t'envierait le ciel même, es-tu digne de le savourer?

J'y songerai, dit la comtesse.

CHAPITRE V.

L'ERMITE.

Iselle se leva de bonne heure et s'habilla sans le secours de ses femmes. Elle avait besoin plus que jamais d'être seule, car elle sentait combien il lui serait difficile de cacher son inquiétude, et ne se flattait point d'être à la fin d'une si rude épreuve. Elle ouvrit sa fenêtre, et vit que l'aube blanchissait peu à peu le ciel derrière le bois de la Serre, mais elle assistait froidement à ce réveil de la nature. Tout renaît, disait-elle, tout se ranime, mon cœur seul ne se ranime plus. Tout reprend la vie et peut-être le bonheur ; moi seule, j'ai perdu jusqu'à l'espoir d'être heureuse ; moi seule, je n'ai point d'illusion qui m'abuse, point de rêve qui me console, et l'amour lui-même, si fécond en prestiges, m'a désenchanté l'avenir ; et l'on veut que j'aime encore ! N'est-ce point assez, grand Dieu ! d'égarer ses vœux une fois ! non, non, point d'hymen et plus d'amour, mais l'éternel silence d'une sainte retraite, mais un cloître où s'ensevelissent mes chagrins et ma honte, et la fatale erreur que je crains encore de chérir.

Elle se hâta de refermer ses verrières, mais elle avait jeté malgré elle un douloureux regard sur le bois de Dammartin, où le duc de Bavière s'était offert à ses yeux pour la dernière fois. Ses caméristes furent surprises de la trouver debout et déjà parée. On lui apprit que Mainfroi était allé à Dramelay régler un droit de préséance, et que ce grave débat l'y retiendrait quatre ou cinq jours. La princesse écouta d'un air indifférent cette nouvelle qui la comblait de joie ; elle prévoyait que les écuyers et les valetons ne feraient plus si bonne garde, et se relâcheraient de leur surveillance habituelle.

Hües de Braye-Selves arriva un instant après les dariolettes. Il avait reçu de Toulouse un sirvente de Pierre Raimond (1), et les tablettes qui contenaient ces vers étaient ornées de belles enluminures. La dame de Moissey, dont l'âge avait affaibli la vue, s'approcha d'une fenêtre pour les examiner plus à l'aise, et toutes les curieuses la suivirent. Le ménestrel saisit cet instant favorable : à onze heures, dans la chapelle, dit-il tout bas à la princesse. Un léger signe de tête lui prouva qu'on l'avait compris.

Maître Hües donna ensuite à Iselle une leçon de gai-savoir. Il chanta plusieurs airs de Guillaume IX, comte de Poitou (2), et finit par le lai de la départie du pèlerin :

Le baron a quitté sa tour
Au premier chant de l'alouette ;
Cette nuit, je pars à mon tour :

Adieu donc, adieu ! ma miette.
Prends ces deux baisers d'amourette,
Tu me les rendras au retour.

Le baron a quitté sa tour :
Adieu faut dire à l'amourette ;
Cette nuit, je pars à mon tour.
Conserve bien, ô ma miette,
Ces baisers reçus en cachette :
Tu me les rendras au retour.

Le reste de la journée parut à la princesse d'une longueur extrême. Elle tâchait en vain de se contraindre ; tout décelait l'agitation de ses esprits. Elle était distraite, impatiente, et prenait tour à tour ses fuseaux, son psaltaire et ses heures. Ses femmes attribuaient cette humeur au caprice : elles étaient loin de s'imaginer que la belle captive pût même concevoir l'idée de s'enfuir. Iselle craignant de se trahir à la veillée, pria le chapelain de conter des histoires. C'était un vieux prieur de prémontrés, que ses moines avaient battu et chassé du moutier, parce qu'il voulait leur retrancher un plat sur neuf. Le bon père avait cherché un asile à Montmirey, où il disait la messe, récitait le *Benedicite*, et narrait, après boire, les miracles des saints du mois.

Les dames s'assirent sur une litière d'herbes fraîches, les yeux à demi-fermés, pour ne rien perdre de ses paroles [a]. Le respectable prémontré toussa, éternua, et commença ainsi :

C'était sous le règne de Guillaume-le-Grand, dit *Tête de mule* (3)...—Tête hardie, s'il vous plaît, mon père, interrompit la dame de Moissey ; les Juifs seuls le nommaient

(a) On ne se servait alors de tapis qu'aux jours de fêtes et de grande réception.

tête de mule. Je tiens ce fait de ma grand'mère, qui le tenait elle-même de son oncle Bazin, panetier de Guillaume, lequel Bazin ou Bazut fut empalé à Ramla par les Ayoubites.

Je crois que vous avez raison, dame Gertrude, répondit le prieur ; mais tête de mule ou tête hardie, il est sûr et certain que ce prince avait une bonne tête. Ce fut donc sous son règne que se passa l'aventure..., et ceci vous apprendra, jeunes bachelettes, ce que l'on gagne avec les friquets dont le fin parler vous englue, ni plus ni moins qu'oiselets pris à la pipée. Que de larmes ces tromperies ont déjà coûtées à la sainte Vierge !

Ici la dame de Moissey et Jaqueline de Byarne, qui avaient souvenance du passé, essuyèrent du doigt leur paupière.

C'était donc bien, continua le prieur, sous le règne de Tête hardie, que vivait à Dole Éveline de Crissey, la plus aimable jouvencelle de la contrée d'Amaous [a]. Elle descendait de Mélusine par les Vergy...—Par les Poitiers, sage prieur, dit à son tour Mahaut d'Arbois ; mon père Luc de Voiteur, qui servait la lance à monseigneur Philibert de Poitiers, m'a souvent répété que ce baron était issu de Mélusine, et que cette pauvre Fée revenait chaque nuit larmoyer sur le donjon du manoir de Vadans (4).

Le saint moine n'était pas heureux en citations. Il s'humilia de rechef, et convint qu'il avait tort.

— Éveline était de haut lignage ; mais son père, qui s'en fut guerroyer outre-mer, la laissa toute jeune livrée à elle-même. Les orphelines sont bien à plaindre, surtout celles qui savent écrire et qui perdent leurs billets doux... Le

(a) *Crissey*, tour à tour appelé *Crescens Isis* ou *Chrysoreis*, parce que l'on y recueillait des paillettes d'or que roulait le Doubs.

rouge monta soudain à la figure de Suzanne de Longwy, et jamais vermillon plus vif ne colora joues de pucelle. Ne vous fâchez pas, bonne Suzanne, continua le chapelain sans s'émouvoir ; il y a plus d'une pécheresse en paradis.

Les ris malins qu'excita l'ingénuité du prieur, achevèrent de décontenancer Suzanne, qui étouffait de colère.

Où en étais-je? reprit l'imperturbable moine... Ah!... Éveline, privée de ses parents, menait une vie dissipée et mondaine ; elle n'assistait à la messe que le dimanche, et préférait le bal au sermon. La modestie d'ailleurs ne présidait point à sa parure, mais elle voulait plaire à Philippe de Brémen, neveu de Welf-le-Noir... (5) Qui parle ici de Welf-le-Noir, s'écria soudain la princesse réveillée par ce funeste nom? Welf-le-Noir! ô Dieu!... Elle ne put achever, et les sanglots lui coupèrent la voix.

Il faut avouer, mon père, reprit aigrement la dame de Moissey, que vous êtes ce soir d'une maladresse!... vous avez déjà prêché ce matin tout de travers. Ignorez-vous que Welf-le-Noir est l'ennemi déclaré de la maison d'Autriche, qu'il est l'oncle de ce païen qu'on appelle Henri-le-Lion, et qu'on devrait appeler Henri-le-Tigre, car un tigre seul était capable de ravir les biens de cette noble héritière? Ne savez-vous pas qu'elle déteste l'oncle et le neveu, et qu'elle a chassé naguère de sa présence ce duc infernal, qui lui apportait quelque maléfice de Syrie?

Le moine bénin plia les épaules et ne répliqua point. Il alluma tranquillement son cierge, salua la princesse et ses femmes qui lui tournèrent le dos, alla se coucher, et rêva qu'il était le premier prédicateur du monde, et que le pape lui envoyait la barette de cardinal.

Iselle excédée d'ennui congédia ses caméristes. Son

cœur s'était serré, quand dame Gertrude avait proféré le nom du duc de Bavière. Elle avait résolu d'oublier un trompeur, mais il lui fâchait qu'on le traitât de païen et de tigre ; il lui semblait qu'elle seule avait le droit de l'accuser et de se plaindre.

Dès qu'elle fut débarrassée de dame Gertrude et de sa suite, elle s'enveloppa d'une cape de laine brune et couvrit ses blonds cheveux d'un chaperon de pèlerine ; elle conjura ensuite la Vierge et tous les saints de l'aider à sortir de ce fatal manoir, et de redoubler l'épaisseur de l'ombre. Jamais la pieuse fille n'avait prié d'une ame plus fervente; le cœur lui battait au moindre bruit : une feuille de saule est moins agitée. Elle se figurait mille obstacles qu'elle n'avait point prévus et frémissait maintenant à l'idée d'une fuite si téméraire. Pâle et debout derrière le vitrail, elle examinait le ciel d'un air morne ou comptait les pas d'une sentinelle placée sur un bastion voisin. Le sable qui marquait les heures, coulait ce matin trop lentement, et ce soir, il coulait trop vite. Ce fut pour elle un pénible travail que d'ouvrir la porte et de la rendre muette. Enfin, à l'heure indiquée, elle se glissa le long d'un corridor qui conduisait à la chapelle : l'excès de sa frayeur lui permettait à peine de reconnaître des lieux qu'elle avait parcourus vingt fois. Elle marchait sur la pointe du pied, retenant son haleine, tâtant les murs et sondant les ténèbres. Elle arriva de la sorte à cette chapelle si désirée, et se tapit derrière la statue de sainte Clotilde.

Hües de Braye-Selves, qui avait devancé la princesse, était venu à bout de scier un barreau d'une verrière de la sacristie. Il passa le premier, et s'apprêtait à recevoir Iselle dans ses bras, lorsque le chien du concierge aboya tout à coup. Mais à peine le braquet eut-il flairé le ménestrel, qu'il remua la queue et se tut, car maître Hües était l'ami du concierge et plus encore celui de sa femme, selon les us des époux bien unis. Une patrouille qui rentrait accourut soudain, et le ménestrel n'eut que le temps de se blottir sous des noisetiers dont les murailles de cette cour intérieure étaient garnies. Les hallebardiers, de mauvaise humeur, battirent le chien et s'en retournèrent. Je jurerais pourtant, dit l'un d'eux à son chef, que tout à l'heure un bruit aigu... C'était le cri d'une girouette, répondit celui-ci d'un ton brusque, et la patrouille acheva sa ronde. La princesse, plus morte que vive, descendit à son tour par la croisée qui était presque à fleur de terre. Ses jambes glacées et roides avaient peine à la soutenir : c'était l'instant de la crise. Il fallait traverser la cour en face du corps-de-garde, sous l'œil d'une douzaine d'archers jeunes et des plus alertes. Il est vrai que, depuis le départ de Mainfroi, tous ces gens d'armes s'étaient relâchés de leur consigne : ils jouaient donc aux dés sur le lit de camp et se disputaient pour une maille. La sentinelle qui avait quitté son poste, regardait jouer ses camarades.

Rafle de six, s'écria un archer, en sautant de joie ; rafle de six, répétèrent les autres d'un air consterné : quoi ! toujours le même point, les dés sont pipés sans doute. A ces mots, une querelle s'engage, les gourmades succèdent aux injures ; et tandis qu'on se mêle, les fugitifs s'échappent à la faveur du tumulte et de la nuit.

Il leur fut aisé de gagner ensuite la tour de l'est, dont le ménestrel avait escamoté la clef à la femme du concierge, et la princesse recouvra enfin sa liberté.

Le premier mouvement d'Iselle fut de se jeter à genoux,

et de remercier Dieu de l'avoir délivrée d'une captivité si dure ; puis, elle se dirigea vers l'ermitage de la Serre, précédée de maître Hües, qui s'était muni d'une lanterne. L'espoir et la prière avaient ranimé les forces de cette généreuse fille. Elle eut d'abord peine à s'arracher d'un pré marécageux ; mais une fois dégagée de cette fondrière, elle atteignit assez promptement une colline boisée qu'elle gravit à l'aide du ménestrel. Une nuit profonde régnait sous ces arbres humides, dont les rameaux bas et cintrés interceptaient, même en plein midi, la clarté du jour. On voyait seulement briller par intervalles quelque chose à travers les halliers, mais Hües de Braye-Selves se gardait bien de dire à la princesse que c'étaient des yeux de loup. Nos voyageurs suivaient un sentier tout hérissé de pierres pointues : ils étaient alors si près du village de Moissey, qu'ils entendaient japper les chiens et siffler les pâtres. Ils tournèrent ce village, où Mainfroi avait un château, et parvinrent heureusement à l'ermitage, après la seconde veille [a].

C'était une cellule étroite, creusée dans un bloc de pierre de meulière, qu'ombrageaient des arbres touffus. Le silence de ce lieu paisible n'était troublé que par le murmure d'un faible ruisseau. Là, jamais la cognée du bûcheron n'outrageait les vieux châtaigniers, jamais le son du cor n'effrayait le lièvre timide, et l'innocente tourterelle n'y redoutait point les piéges de l'oiseleur. Une croix rustique placée sur la cabane, annonçait qu'un chrétien fatigué achevait là son dernier voyage.

L'ermite actuel, Simon-le-Prédestiné, était un beau vieillard qui habitait depuis six mois cette humble chau-

(a) Après minuit.

mière, où, loin de la foule indiscrète, il se livrait aux douceurs de la vie contemplative. Il n'avait aucune des infirmités d'un long âge. Ses discours étaient d'une extrême simplicité, mais sa voix s'insinuait jusqu'au fond de l'âme, toujours caressante et persuasive. Chacun s'empressait de fournir à ses besoins ; et, chose inconcevable! on retrouvait le matin, devant sa cellule, le lait, les œufs, les fruits, tels qu'on les y avait déposés la veille. On sut enfin qu'un pigeon le nourrissait. Des bergères en état de grâce aperçurent un matin ce merveilleux pigeon qui avait les pattes bleues, les plumes vertes et le bec rouge. Ainsi donc la princesse et le ménestrel se trompaient, quand ils crurent voir frère Simon cacher à leur approche une outre et un pâté sous son grabat.

Maître Huës se hâta d'instruire le Prédestiné du motif qui l'amenait si tard à l'ermitage ; il le pria de conduire Iselle au moutier d'Ounans (6) et de servir de guide à cette chaste fille. Simon se chargea volontiers d'accompagner la princesse, mais il ferma les yeux et soupira saintement. Le vrai sage n'est point présomptueux, et se défie toujours de sa vertu fragile. Iselle s'assit sur une ânesse docile et bien dressée, qu'une charitable veuve avait prêtée à Simon, et l'ermite prit son bâton de sureau coupé la veille de la Toussaint [a]. Le ménestrel, pressé de rentrer au manoir, baisa la main de la princesse et se dépêcha de retourner à Montmirey.

La lune s'était levée depuis un quart d'heure, mais pâle et voilée ; le vent bruyait à travers le feuillage, où les oiseaux de la nuit traînaient leur voix plaintive. Ces sons lugubres épouvantaient Iselle que l'ermite tâchait

(a) Afin d'écarter les vipères.

de rassurer. Les voies de Dieu sont impénétrables, lui disait-il, et l'homme souvent s'afflige de ce qui devrait le réjouir ; mais l'ombre du siècle et du péché dérobe à ses yeux la lumière. Voyez, ma fille, combien est grande la miséricorde de Dieu sur vous ! bénissez avec moi cette Providence cachée qui vous mène par la main, telle qu'une tendre mère, vers cet heureux rivage où la vertu ne craint plus d'échouer. Vous êtes née sur les marches du trône, et le sceptre s'est brisé entre vos mains ; vous avez brillé sous l'hermine et la pourpre, et maintenant vous cheminez sous la bure, à côté d'un débile vieillard. Mais voici le terme de la course ; encore un pas, généreuse pèlerine, et vous trouverez la paix qui vous fuit. Ce n'est qu'en Dieu, ma chère fille, qu'un cœur agité se repose.

Iselle édifiée ne se lassait point d'ouïr cette voix onctueuse. Il lui tardait d'être dans le moutier, séparée pour jamais du monde, et d'oublier à la fois les chimères de la grandeur et les trahisons de l'amour. Simon l'encourageait à profiter de ces inspirations de la grâce ; il lui citait les saintes filles dont le courage et la foi avaient triomphé de l'humaine faiblesse ; il entremêlait ses réflexions de proverbes tirés de l'Écriture, de textes de sermons et de passages des Pères de l'église. De pieuses larmes coulaient des yeux de la princesse, que l'ermite papelard regardait avec une tendre ferveur.

Enfin, après mille détours, après une marche longue et pénible, Iselle et le Prédestiné découvrirent le frais vallon où la rivière du Doubs s'égare. Ils trouvèrent un peu plus loin une croix votive dont l'aspect parut attrister l'ermite. Cette croix, dit-il à la princesse, me remémore une tragique aventure. Ici repose une imprudente pastourelle qui n'eut pas, ainsi que vous, ma fille, la sagesse de rompre d'indignes liens.

Ce grave début piqua la curiosité d'Iselle, et Simon poursuivit en ces termes :

Catherine de Châtenois était une fille douce et laborieuse ; elle savait nuer l'or et la soie sur les habits de chœur des évêques et des abbés. Le curé Anselme lui témoignait un amour paternel ; il la chargeait toujours de porter le gonfanon de la Vierge et de chanter les litanies des saints. Catherine était d'ailleurs d'une figure charmante ; elle avait, comme vous, des yeux pers [a], une bouche vermeille. Ah !... L'extase de l'ermite déplut à la princesse ; mais le Prédestiné ne remarqua point sa rougeur, il avait l'ame trop candide. Elle était donc très jolie, continua le bon père ; elle avait une voix mélodieuse, une véritable voix de paradis. Sa taille souple, élégante... — Assez, interrompit la princesse, tous ces détails sont superflus.—Non, non, ma fille, répliqua le saint homme ; il n'est pas défendu de savoir qu'on est belle, pourvu qu'on ne s'en glorifie jamais.

Catherine menait donc une vie exemplaire, lorsqu'un fisicien, nommé Mathieu, revint du Caire à Châtenois, son pays natal. Le retour de ce mire, qu'on croyait massolé en Égypte, alarma tout le village, car il avait *grand bruit de mauvais renom*, et ne se plaisait qu'à diffamer les gens de bien. Sa figure était ignoble et repoussante. On le disait du reste habile en *clergie ;* on était même persuadé qu'il pouvait transmuer les métaux, mais qu'il restait souffreteux par malice, pour ne point payer le

(a) D'un bleu céleste.

quint et la dîme. Il s'occupait sans cesse à dessiner des figures bizarres, et les clercs ne doutaient pas qu'il n'eût acheté quelque grimoire chez les Sarrasins. Il avait une vielle *fériée* qui forçait à danser les pastourelles, et les diacres eux-mêmes cédaient parfois à ce charme irrésistible. Le jour de la fête de monseigneur saint Vincent [a], Mathieu distribua plusieurs cruches de vin aux serfs de Châtenois, et le bruit courut après que la cave du prieur de la Loye était vide.

Catherine, soit que le mire l'eût ensorcelée, soit que son amour fût l'effet d'un aveugle caprice, conçut la passion la plus vive pour ce fisicien déplaisant ; elle perdit dès-lors ces manières affables qui lui avaient gagné tous les cœurs.

Père Anselme eut beau l'avertir qu'elle trouverait un jour chape chute, que Mathieu fuyait les églises, qu'il cueillait, au clair de la lune, des herbes sur le cimetière, qu'il se signait de la main gauche et disparaissait de sa maison à minuit précis, la bergère obstinée traitait de fables ces avis salutaires. Elle négligeait le soin de son salut, cousait, filait tous les jours de la semaine, sans songer que la sainte Vierge pleure lorsque l'on coud le samedi. Catherine se moquait de ces saintes croyances. Elle n'avait pas votre foi, ma chère fille, ajouta l'ermite, en serrant la main d'Iselle, qui le repoussa d'un front sévère.

Père Anselme, poursuivit le serviteur de Dieu, ne se rebuta point, et redoubla d'austérités et de prières. Inutile souci ! larmes infructueuses ! la pastourelle n'en buvait pas moins dans la coupe du péché. Sa fatale ivresse

(a) Fête patronale de Châtenois.

dura tout l'automne ; elle ne quittait presque plus son séducteur, et se promettait une longue et douce vie ; mais ses jours étaient comptés, et le Seigneur se lassait d'attendre.

La veille de Noël, la bergère et Mathieu se promenaient le soir, tête-à-tête, selon leur coupable habitude. Le ciel était serein et l'air moins froid que de coutume. Ils oublièrent la messe de minuit, et s'avancèrent jusqu'au lieu où vous êtes : ils s'assirent sous l'arbre même qui vous abrite.

La princesse tressaillit malgré elle, pénétrée d'un secret effroi.

Ils ne rêvaient, hélas ! que de plaisir et d'amour, continua l'ermite ; ils se juraient mille serments qu'ils ne devaient pas tenir : crédules, ils se berçaient d'espoir et de mensonges. Tout les rappelait cependant à des idées plus graves et plus religieuses. La majesté de cette nuit sainte, le calme respectueux des vents et de l'onde, cette joie de la terre qui enfantait son Sauveur, saisissaient peu à peu le cœur de la pastourelle. Catherine avait été longtemps dévote, et la dévotion n'est que l'amour épuré par la grâce. Mathieu paraissait ému lui-même, quand tout à coup un coq chanta trois fois. Une invincible horreur s'empare soudain de la bergère, et le mire pousse un cri terrible : Minuit ! O ciel ! Ai-je oublié !.... Minuit ! Et le malheureux reste immobile, l'air effaré et la bouche béante.

Catherine éperdue se soutenait à peine ; il lui semblait que la main de Mathieu devenait une griffe et lui déchirait la poitrine. Par un dernier effort elle tourne vers lui un œil mourant : ô vision épouvantable ! le visage du réprouvé n'est plus une face d'homme, c'est un affreux museau de loup, une large gueule pleine de sang et d'écume. L'infortunée se pâme, et sur son cou d'ivoire une dent meurtrière.... On trouva le lendemain des os, des cheveux et une cape à la place où s'était assise Catherine.

Simon se précipita, tout en pleurs, au pied de la croix : sa prière était si ardente, qu'Iselle eut honte d'avoir soupçonné ce vieillard séraphique.

Elle se mit donc à genoux, et dit, en regardant la fosse :

Fille crédule et trop sensible,
Qu'un aveugle amour égara,
Tu dors sur ta couche paisible,
Ton sommeil long-temps durera.

L'ERMITE LISANT.

Dies iræ, dies illa.

La fleur qui charme la prairie
De sa tige aussi tombera ;
Le passant la verra flétrie
Et sous ses pieds la foulera.

L'ERMITE.

Solvet sæclum in favillâ.

La lumière qui t'est ravie,
Dieu l'a faite et Dieu l'éteindra ;
Mais la clarté de l'autre vie,
Sans fin à tes yeux brillera.

L'ERMITE.

Teste David cum sybillâ.

Quel spectacle plus digne des regards du ciel ! Deux voyageurs égarés, l'un rassasié de jours, l'autre essayant la vie, pleurent, en passant, sur une fosse, devant celui qui, toujours immuable, sème les heures et garde pour soi l'éternité [a].

(a) Un jongleur de Châtenois avait fait sur les loups-garous une complainte que maître Huës de Braye-Selves a conservée, et dont voici la traduction libre. C'est un bon moine qui instruit des bergerettes.

LE MOINE.

Quand, le soir, un berger vous guette,
Rentrez et mettez le verrou;
Ce franc larron qui vous muguette,
Mes enfants, est un loup-garou.
Voyez!... tout son corps étincelle:
Crie au loup, faible jouvencelle!
La mort de près suivrait l'hymen.

LES BERGÈRES.

Au loup! au loup!

LE MOINE.

C'est bien. *Amen.*

LE MOINE.

Couvert de ses brillantes armes
Un preux qui vient on ne sait d'où,
Paraît ébloui de vos charmes,
Ah! c'est encore un loup-garou.
Son air séduit, sa voix caresse,
Mais craignez sa perfide adresse:
La mort de près suivrait l'hymen.

LES BERGÈRES.

Au loup! Au loup!

LE MOINE.

C'est bien. *Amen.*

LE MOINE.

Plaignez, hélas! le sort d'Alise;
Elle aimait ce grand homme roux
Qui n'allait jamais à l'église;
C'était le roi des loups-garous.
Il épousa la bergerette
Malgré sa mère, et la pauvrette
Criait, une heure après l'hymen:

LES BERGÈRES.

Au loup!

LE MOINE.

C'était trop tard. *Amen.*

Le *De profundis* achevé, la princesse et Simon se remirent en route ; ils tirèrent à droite et traversèrent le Doubs au gué de Brevans.

Ils aperçurent enfin un vaste moutier sur la lisière d'une forêt épaisse. Les murs de ce moutier étaient crénelés, car il est d'usage de fortifier ces saintes retraites pour les mettre à l'abri des larrons. L'ermite frappa trois coups à la porte, et frère Barigoule se présenta, d'un air rébarbatif, le capuchon baissé et les bras croisés sous le scapulaire. Simon lui parla un instant à l'écart et la princesse fut introduite.

La première et la seconde cour étaient remplies de catapultes, de pertuisanes, de carreaux et de traits. Cet appareil de guerre étonna la princesse qui néanmoins dissimula sa surprise. Elle monta un escalier à vis, et s'arrêta toute tremblante sur les premiers degrés. Un cliquetis de bouteilles se mêlait à des chants discords. Mon père, dit-elle à l'ermite, voilà un bruit étrange ; n'est-ce pas aujourd'hui vigile et jeûne ? Ce sont les enfants de chœur qui accordent leurs psaltaires, répondit frère Barigoule.

Iselle continua de monter et s'arrêta de rechef.

Elle était sûre d'entendre ces paroles :

Chantons *lætamini !*
Le carême est fini.
Gloria tibi, Domine !

Que signifie ce refrain, s'écria la princesse ; est-ce donc là le plain-chant des bernardines ?

C'est une hymne du bon clerc Gerland, répliqua le moine effronté ; on la répète pour la fête de Monseigneur saint Étienne.

Iselle était confondue, mais elle faillit à se trouver mal, lorsque les mêmes voix répétèrent :

Lætamini ! Lætamini !
Buvons ! le carême est fini.
Gloria tibi, Domine !
Apportez faisans et perdrix,
Nul de nous n'en sera repris
In confessione.

Cum puellis jubilemus !
Coulez, bons vins ! *Gaudeamus !*
Jeûne qui voudra,
Soit sage qui pourra,
Alleluia (7) !

Où suis-je, hélas ! murmura la pauvre Iselle, où suis-je ? au nom de la Vierge Marie !....

L'ermite éclata de rire ; son capuce et sa barbe tombèrent, et la princesse vit un gars bien découplé, à l'œil noir, au teint brun, à l'air querelleur. Vous êtes, lui dit-il, dans la sainte maison des chevaliers du Temple, maison d'abstinence et de prière.... L'impudent n'acheva point, car Iselle s'était évanouie.

CHAPITRE VI.

LA PROPHÉTIE.

Ce faux ermite était frère de Cicon, le plus décrié des templiers; Pierre Lombard, son premier maître, lui prédit un jour qu'il serait l'opprobre de sa race et qu'il ternirait l'éclat de son vieux blason [a]. Le chevalier de Cicon avait pourtant l'esprit vif et cultivé; il savait mieux la Bible qu'un clerc, et parlait avec grâce, léger ou sérieux, selon qu'il voulait plaire ou persuader : il avait surtout le secret d'amuser les dames, contait aux vieilles des miracles qui les édifiaient, et aux jeunes des histoires galantes qui les faisaient rire; mais, hélas! plus d'une châtelaine pleura ensuite de l'avoir écouté. Il dissipa tout son patrimoine, et se sauva en Syrie, criblé de dettes. Là, chargé par Renaud de Châtillon de la dé-

(a) Pierre Lombard, évêque de Paris, dit *le Maître des sentences*.

fense de Carac, sur les confins de l'Arabie et de la Palestine, il pillait également les chrétiens et les infidèles. Il surprit un matin la sultane Rachimé qui allait à la Mecque, et lui vola tous ses diamants. Saladin furieux jura de le faire empaler, et Cicon effrayé s'évada sous les habits d'un esclave. Il revint droit à Rome, baisa les pieds du pape, prit l'habit de templier, et partit pour Dole, où régnait madame Béatrix qui épousa depuis Frédéric de Souabe (1).

Les templiers possédaient, à une lieue de cette ville, un superbe manoir que cette princesse avait habité après la mort de son père (2).

Cicon vécut dans ce moutier comme il avait vécu parmi les infidèles ; il buvait à pleins brocs, passait les nuits au jeu, et trompait toutes les filles des vavasseurs et des serfs.

Le grand-maître, irrité de cette malice opiniâtre, condamna l'indigne chevalier à une prison perpétuelle ; mais peu à peu Bertrand de Blanquefort se laissa fléchir, et le coupable en fut quitte pour l'exil au désert. Frère de Cicon sentit qu'il fallait plier sous l'orage ; il versa des larmes hypocrites et confessa quelques péchés. Il choisit pour retraite l'ermitage de la Serre, couvrit son chef d'un large capuce, mit une longue barbe grise et ne marcha plus que le cou tors et les mains jointes : on eût dit un saint vieillard accablé de pieuses fatigues. Naturellement disert, il aimait à prêcher, et peignait, avec une suavité merveilleuse, les douceurs de la grâce et le tranquille bonheur d'une ame religieuse. Le peuple s'imaginait qu'il vivait d'un pain céleste ; mais les dames de Chevigny et de Frasnes lui fournissaient en cachette des pâtés de venaison et du vin cuit.

Le chaste ermite s'occupa ainsi de son salut tout le temps que Hugues de Champagne dirigea la maison de Dole ; mais ce redoutable grand-prieur étant devenu paralytique, Cicon se hâta de rejoindre ses confrères, aussi joyeux que lui d'échapper à une si rude tutelle. Il allait donc quitter sa cellule quand la princesse d'Autriche arriva de nuit à l'ermitage. Le traître se rappela soudain que Blanche de Genève lui avait préféré le seigneur de Montmirey, et bénit l'heureux hasard qui lui livrait la maîtresse de son ancien rival. Les attraits d'Iselle l'éblouirent d'abord, mais il se garda bien de brusquer l'aventure ; on a vu qu'il craignait d'effaroucher cette belle vierge dont l'extrême retenue lui imposait, car un simple voile de gaze défend mieux une femme vertueuse, qu'une armure d'acier fin ne défend un chevalier. Un coup-d'œil, un mot plus sévère déconcertait le perfide, qui reprenait bien vite son air mielleux pour ne point alarmer la princesse, qu'une secrète voix semblait avertir de se défier d'une charité excessive. Iselle cependant était loin de se douter d'une trahison si noire : l'âge, le caractère, et surtout le capuchon de l'homme de Dieu, la rassuraient. Quelles furent donc sa surprise et sa crainte, quand l'ermite effronté lui apprit tout à coup qu'elle était à la merci des soldats du Temple !

Cette milice dégénérée n'était plus digne en effet de ses illustres fondateurs ; elle avait oublié les salutaires instructions et les pieux exemples de Hugues de Payens et de Geoffroi de Saint-Aumer : le luxe et les richesses avaient éteint la foi et corrompu les mœurs de ces chevaliers naguère si pieux, si rigides. On les accusait d'avarice et d'orgueil ; on les soupçonnait même d'étudier la cabale, d'exercer l'art magique, et leur conduite irréligieuse semblait justifier des soupçons peut-être injustes : déjà plus d'une fois leurs querelles avec les hospitaliers avaient ensanglanté les murs de Sion. Ce n'était plus qu'à Jérusalem, sous les yeux du Grand-Maître, qu'on observait la règle ; partout ailleurs les trois vœux étaient méprisés ; on se moquait des préceptes du saint abbé Bernard et des statuts qui prescrivaient l'humilité et l'abstinence ; on éludait jusqu'aux brefs du pape.

Les templiers d'Europe avaient pour ainsi dire rompu le frein des lois. Ils montraient un superbe dédain pour les princes, et se raillaient surtout des diacres et des moines, ce pur froment du Seigneur. Ceux qui s'appelaient naguère *les pauvres de la cité sainte*, étalaient maintenant un faste d'émir ; leurs moutiers étaient pleins de palefrois, de gerfauts et de concubines : tant les meilleures institutions peuvent s'altérer quand l'esprit de Dieu se retire !

Les templiers de Dole étaient peut-être les moins réguliers de tous. Il ne leur restait des antiques vertus de leurs prédécesseurs qu'un courage indomptable. Les barons du voisinage avaient tour à tour assiégé leur manoir, mais ils s'étaient bientôt lassés de cette croisade inutile. Tout pliait sous ces moines superbes, qui, du haut de leur vaste donjon, insultaient à leurs adversaires, et ne rougissaient pas de tourner contre les chrétiens des armes qui ne devaient être teintes que du sang des infidèles.

Bertrand de Blanquefort apprit enfin la honte de ses frères. Pénétré d'un juste courroux, il chargea le grand-prieur d'Aquitaine de visiter la maison de péché et d'y rétablir les statuts sévères de l'ordre.

Nul ne pouvait mieux s'acquitter de cette mission que Hugues de Champagne, le même qui déshérita son fils Eudes, donna tous ses biens à son neveu, le comte de Chartres, et prit l'habit de templier (3).

L'ordre n'avait point de sujet plus dévoué ni plus brave; mais le grand-prieur, d'un caractère sombre et dur, ne connut pas le prix de l'amitié fidèle ni l'attrait d'un amour, même légitime. Son cœur était demeuré froid aux appas d'Élisabeth, sa femme, aux caresses de son fils, à tout ce que l'hymen et la nature ont de charme et de douceur. Le comte pratiquait le devoir dans toute son austérité, et regardait l'indulgence comme une faiblesse. Persuadé que l'homme doit macérer sa chair, et que le chemin du ciel est une voie douloureuse, il ne quitta jamais cette croix qu'il avait embrassée, et le plus cher de ses vœux était de mériter la palme du martyre.

Le vieil Hugues de Champagne, tel qu'on vient de le peindre, arriva donc à Dole, décidé à punir et le front rouge de colère; tout annonçait en lui un juge inflexible: ainsi parut Nathan aux yeux de David effrayé. Il convoqua un chapitre où les templiers se tinrent debout, revêtus de simples tuniques de laine. Le comte qui ne voyait en eux que des moines rebelles, ne leur épargna ni les reproches ni les menaces. Les plus coupables furent enfermés et soumis à un long jeûne. On vendit les beaux palefrois, on tua les faucons et les chiens de chasse; quelques braquets boiteux furent seulement distribués aux vilains [a]. Sept ou huit jeunes filles qui étaient venues selon l'usage voir leurs doux amis, furent disciplinées sans

(a) Les vilains ne pouvaient alors se servir, pour chasser, que de chiens estropiés.

miséricorde ; le grand-prieur, qui comptait les coups sur son rosaire, ne fut touché ni de leurs attraits ni de leurs larmes.

Après cet acte de justice rigoureuse, le comte entonna le *Miserere*, et les chevaliers ne surent que répondre, ce qui redoubla sa sainte fureur. Le bruit inusité des cloches avait attiré la foule à l'église, et chacun riait de la piteuse mine des templiers qui se mussaient sous leurs chaperons, tout honteux d'avoir oublié leurs pâtenôtres.

Mais cette réforme ne dura que deux ans. Les fatigues de la guerre avaient ruiné la santé du comte, une fièvre lente le minait ; ses blessures s'étaient rouvertes, et jamais on ne put le décider à consulter les mires. Son seul remède était parfois un grand verre d'eau bénite. Il continuait pourtant à suivre les exercices du chœur, ce qui le réduisit à un tel état de faiblesse, qu'il tomba en léthargie. On se garda bien de troubler un sommeil si paisible, de peur, disaient les bons chevaliers, de réveiller ses souffrances.

Dès que les templiers le virent cloué sur son grabat, ils recommencèrent leur joyeux train de vie. On se dépêcha de remplir les tonnes vides ; le maître queux ressuscita le premier ; les valentines accoururent plus fraîches et plus vermeilles [a], suivies des jongleurs et des plaisantins qu'on invitait à toutes les fêtes.

Les templiers étaient à table dès la veille, lorsque frère de Cicon amena la princesse au moutier. Ils avaient salué, le verre en main, l'aube naissante ; leurs yeux à demi-fermés nageaient entre l'ivresse et le sommeil. Couchés

(a) *Valentines*, courtisanes, filles de joie.

sur des divans de drap d'Égypte, ils juraient de toujours aimer et boire ; mais l'amour qui passait avec les heures riait de leurs légers serments. Les belles et les chevaliers mêlaient leurs soupirs et leurs caresses ; de douces larmes brillaient sous leurs paupières humides.

Que signifie cette langueur, s'écria tout à coup Roger de la Balme ; sommes-nous dans un harem de Sarrasins? Vive Dieu ! il ne nous manque plus que le sorbet et les glaces. Du vin ! par le saint temple ! ou je vais réveiller le vieux loup de Champagne, et j'apporte ici son squelette.

Cette brusque apostrophe tira les templiers de leur amoureuse extase. On apprêta un second festin ; des parfums plus exquis embaumèrent la salle ; on se para de nouvelles fleurs, et les coupes circulèrent de rechef à la ronde, aux cris des valentines et des jongleurs. C'était ce long tapage qui avait si fort épouvanté la princesse.

Il serait dur, par la sainte épine ! dit Manassès de Poitiers, en vidant d'un seul trait une cruche de vin de Gaza, que Saladin nous enlevât un pays où croissent de si bonnes vignes ! le païen serait capable de les arracher.

Dieu ne permettrait pas un tel sacrilége, répondit frère de Montagu ; c'est bien assez qu'il livre l'Asie à des buveurs d'eau, car les affaires vont mal en Palestine : l'inexpérience de Conrad et de Louis-le-Jeune a tout perdu. C'étaient pourtant deux nobles princes ! Te souvient-il, Manassès, de ce géant maudit qui défia Conrad sous les murs de Damas ? Croix de Dieu ! quel coup d'épée lui asséna l'empereur ! Le Goliath fut pourfendu jusqu'à la ceinture, et les Sarrasins en hurlèrent de rage et de peur (4).

Oui, oui, ce fut un beau coup d'épée, répliqua frère

de Poitiers d'un ton brusque ; mais il n'en fallut pas moins lever le siége, et Damas nous convenait si bien ! Ézéchiel vantait déjà ses vins exquis : c'est la plus touchante de ses prophéties.

Il est sûr, repartit frère de Montagu, que Saladin achèvera l'œuvre de son père. Édesse n'est plus qu'un tas de ruines ; Damas nous échappe, et les Grecs, plus méchants que les Juifs, renient la croix du Sauveur. Manuel, ce mauvais larron, pille à la fois les chrétiens et les infidèles ; les Assissins ont poignardé le comte de Tripoli, et l'on assure qu'un mire de Syrie a empoisonné le roi de Jérusalem.

Qu'il aille à tous les diables, lui et sa couronne d'épines, s'écria frère de Rougemont ; je voudrais que le pigeon de Mahomet nichât demain dans le Saint-Sépulcre. Oui, pardieu, je le voudrais, ne fût-ce que pour voir la mine de ces chiens d'hospitaliers, du patriarche Héraclius, et de Pâques de Riveri, sa goyne (5) : il n'est pas un seul de ces Judas de terre sainte qui vaille un denier de cuivre.

Il est vrai, ajouta Guy de Pesmes, qu'il n'y a plus que des horions à gagner en Palestine. Les premiers venus ont tout moissonné ! à eux le grain ! à nous la paille ! Le bon temps des croisades est passé. Vive Dieu ! saint amour[a] ! il fallait voir jadis Antioche, sous Raymond de Poitiers ; c'était une autre Palmyre : les bals et les festins dans le palais de Daphné, les jeux et les tournois sur les rives de l'Oronte. Tout respirait la joie et le plaisir ; les heures s'écoulaient rapides, mais délicieuses ; on oubliait, au sein des amours, et Noureddin et ses conquêtes ; on perdait du moins gaiement la terre sainte. Ma foi, vive Raymond et

(a) Jurement des templiers.

sa cour voluptueuse! Sa cour qu'embellissait.... Le chevalier ne prononça point un nom qui errait sur ses lèvres, mais il eut peine à cacher son trouble et soupira malgré lui.

Achève donc, frère énamouré, reprit en riant Claude d'Arguel, qu'embellissait Éléonore de Guienne ? Oui, sans doute elle charmait tous les cœurs, elle effaçait même Talqueri de Bouillon et Sybille de Bourgogne. L'Asie n'avait point de Péri plus ravissante ; mais qu'elle savait bien allier la dévotion et la tendresse ! Elle a ma foi paré d'un riche diadême le front de son royal époux.

Sire d'Arguel ! s'écria vivement Guy de Pesmes.

Calme-toi, beau neveu, continua d'Arguel, d'un air railleur; est-ce ma faute, à moi, si Raymond a mugueté sa nièce? Toute la Syrie en fut témoin, cela ne scandalisait personne.

Le chevalier de Pesmes brisa de courroux son hanap [a], et porta la main sur la croisée de son épée.

Et Saladin ! poursuivit d'Arguel piqué de ce geste menaçant, n'aurait-il pas levé à son tour la dîme sarrasine sur la belle ? Ils content là-bas qu'Éléonore fut près de le suivre chez les Ayoubites.

Ceux qui ont imaginé cette fable, s'écria Guy de Pesmes, mentent par leur gorge. La reine de France fut toujours chaste et pure ; j'ai porté ses couleurs, et je les défendrai ainsi que sa gloire.

Il dit, et resta debout, l'œil étincelant et le front pâle.

Frère d'Arguel fronça le sourcil, mais il réprima sa colère, et se ressouvint que le sire de Pesmes était le second fils de sa sœur.

(a) Verre à pied.

Voilà, dit le commandeur d'Amaous, une sotte querelle. Est-ce qu'on doit se fâcher à table ? c'est la trêve de Dieu qu'un festin ! Laissons-là les rois et les reines et tous les momons de cour ! J'ai reçu un coup de lance au passage du Lycus, deux coups d'épée en Pisidie, et cette balâfre à Bilbéis ; j'ai eu besoin de quelques besants d'or, et ni barons ni princes n'ont voulu me prêter une maille ; ils m'ont réduit à mettre ma barbe en gage chez un Juif de Césarée [a]. Croix de Dieu ! je brûlerais plutôt le temple et la crêche, que de laisser ma barbe à ce circoncis.

Tandis que d'Amaous exhalait ainsi son humeur, un jeune bachelier leva la portière. Un chapel d'or fin couvrait ses blonds cheveux, et sur sa tunique, plus blanche que la neige, éclatait une riche broderie. A son air d'enthousiasme on reconnaissait un maître du gai-savoir : c'était le fameux Bernard de Ventadour (6). Son arrivée soudaine excita une joie unanime, et tous les templiers burent à sa bienvenue. Les valentines admiraient sa taille élégante et ses traits gracieux. Émirette de Quingey, cette belle rose du val d'Amour, détacha sa couronne de jasmin, et la mit sur le front du galant bachelier.

Eh bien ! gent troubadour, dit le chevalier de Ray, n'avez-vous pas quelque virelai dans vos tablettes ? Agnès de Montluçon a dû vous inspirer ; mais les ménestrels d'Occitanie sont discrets, ils ne se vantent point des faveurs de leurs dames.

Cette raillerie était d'autant plus amère, que le comte Èbles, mari d'Agnès, venait de chasser de son manoir

(a) On mettait alors sa barbe en gage, et c'était une honte de ne la point retirer. Les Égyptiens mettaient aussi en gage les momies de leurs pères.

Bernard, qui n'avait point su cacher sa flamme amoureuse.

Tous les regards se fixèrent sur le beau troubadour, que trahit sa rougeur subite.

Je n'ai point fait de vers pour madame Agnès, répondit-il d'un ton sec ; mais j'ai fait l'épithalame de la comtesse d'Antioche, qui épouse le sire de Châtillon (7).

Cette nouvelle imprévue pétrifia le chevalier de Ray. Une pâleur mortelle couvrit son visage ; des larmes coulèrent de ses yeux, et sa bouche murmura le mot *infidèle !*

Les templiers ne revenaient point eux-mêmes de leur surprise. Pouvait-on croire, en effet, que la veuve de Raymond, d'un prince souverain, épousât un guerrier de si petit lignage ? Mais Bernard de Ventadour, piqué au jeu, conta de point en point tous les détails de ce bizarre hyménée, et montra des lettres de Syrie qui confirmaient son récit. Frère de Ray l'écoutait d'une oreille avide : le dépit, l'amour et la jalousie se combattaient dans son ame ; un long rêve de bonheur venait de s'évanouir pour jamais : il perdait l'illusion qui avait bercé si doucement sa vie. Le cœur serré de douleur et de honte, il déchira le voile qu'il avait reçu de Constance, et rompit le cycle d'or rivé à son bras droit en signe d'amoureux servage.

Voilà bien les femmes ! s'écria le fort de Cambaron [a] ; toujours volages et trompeuses ! soyez donc leur esclave et débiteur d'amour ! J'ai retiré, grâce à Dieu ! mon cœur et mes ailes de leurs gluaux : il n'y a de fidèles que mon verre et mon épée ; ceux-là du moins ne m'ont jamais trahi. Bois donc, frère de Ray, et nargue de l'a-

(a) *Force de Cambaron.* — Adage de famille.

mour ! Vrai Dieu ! tu as l'air d'une idole à qui l'on présente une coupe. Mais que veut le frère sacristain ?

Il venait savoir s'il fallait sonner les matines.

Sonne, de par tous les diables, répondit Cambaron ; sonne l'angelus et les matines ! tu les chanteras avec les valetons. Tu sais... l'habit de chœur... le capuchon baissé... une large mouche sur l'œil du machicot [a], ce vieux jongleur qui joue de la vielle ; puis tu diras aux vilains que tout le reste est en retraite. Bon voyage !

Maintenant que le service divin est réglé, à toi, gent troubadour ! Un lai, sang-Dieu ! un lai d'Occitanie, et répétons tous le refrain.

Bernard prit une clef d'or qui pendait sur sa poitrine ; il accorda sa lyre et chanta ce virelai :

Au banquet où l'amour m'invite,
Dès le matin je viens m'asseoir ;
L'aube est hélas ! si près du soir,
Et les beaux jours passent si vite !
L'aube est hélas ! si près du soir.

A boire ! à boire ! qu'on apporte
Des fleurs, des fruits et du vin vieux ;
Entrez amours, plaisirs joyeux,
Que l'ennui seul reste à la porte !
Entrez amours, plaisirs joyeux.

Du temps qui fuit irréparable,
Le vol léger......

Un bruit de voix confuses fit taire le troubadour, et les valentines coururent aux verrières.

Bonté de Dieu ! dit Émirette de Quingey, quelle cohue !

(a) *Machicot*, chantre d'église.

C'était la procession des fous qui s'avançait vers le moutier (8).

Baissez le pont-levis, s'écria le commandeur ; ouvrez la porte à deux battants, défoncez vite les tonnes, saluez tous le père fol, joyeux enfants de la folie !

Ce vénérable pére, appelé *Requiem*, s'avançait, couronné d'ache et de persil, sur un âne coiffé d'un chaperon doctoral : il était d'une laideur amère. Deux loupes lui surnaissaient au front, et son épaisse chevelure ressemblait à la crinière d'un lion de Numidie ; il avait en outre les cuisses grêles, les genoux cagneux et un pied bot. Des clercs semaient autour de lui des chardons et des dragées. Il avait pour sceptre une marotte, et de nombreux grelots pendaient à sa casaque de velours vert. Sa tête roulait appesantie par les fumées du vin. Fils d'un Juif de Césarée, il avait été rabbin à Bethléem, faquir à Visapour, iman à Bagdad et diacre à Rome, où, conduit par la grâce, il abjura trois religions. Deux mois après, il suivit à Dole le curé Philibert, qui le chargea d'assister ceux qu'on menait pendre. Il fut tour à tour mire, astrologue et souffleur ; il copiait les chartes, enluminait les missels, écrivait des billets doux qu'il remettait lui-même à leur adresse : bref, c'était un joyeux compagnon, et bien digne de présider la société des fous, qui l'avaient choisi pour chef d'un suffrage unanime.

Le bruit des crécelles et des sambuques se mêlait à la voix des jongleurs et des jongleresses qui jappaient, hurlaient, meuglaient d'une manière effroyable.

L'évêque des fous venait ensuite avec sa mître et sa crosse, sur un char bigarré, plein de pâtés et de reliques. Une foule innombrable de clercs, de prêtres, de diacres masqués ou barbouillés de lie, couraient après l'évêque pour avoir sa bénédiction. Les uns, en chappes retournées, récitaient des prières burlesques qu'ils accompagnaient d'affreuses grimaces; d'autres encensaient le prélat qu'aveuglait une fumée infecte. Ils sifflaient, gloussaient, bramaient, se roulaient dans l'herbe, froissés, meurtris, confondus pêle-mêle. Ils souffletaient un juif affublé de sa *rouelle* et de sa corne [(a)]. Un bouffon déguisé en lépreux agitait au-dessous du vent sa tartarelle, et les clercs lui jetaient des noix et de la boue.

Une chevauchée de moines habillés en filles fermait la marche. Tous portaient des quenouilles et des poupées d'enfançons. Ils escortaient une femme qui battait son mari, et le piquait de sa forcolle [(b)].

La procession pénétra ainsi dans le moutier. Émirette complimenta le père fol et l'évêque. On avait dressé au milieu de la cour une table immense, où se placèrent les dignitaires; ils furent servis par les chevaliers, en mémoire des saturnales. Le vin et la cervoise coulaient à longs flots; les plats se succédaient sans intervalle, et le maître queux ne se lassait point de charger la table de poisson et de gibier.

Le prélat qui se piquait de courtoisie, voulut boire à la santé du précepteur; mais il avait la langue trop épaisse, et fut contraint de se rasseoir.

L'évêque a les dents un peu mêlées, dit Requiem; c'est donc à moi, dignes templiers.... Mais le bon père laissa tomber son verre de honte et de surprise, car le

(a) Signes que les Juifs portaient pour qu'on les reconnût.

(b) *Forcolle*, fourchette de bois. *Chevauchée de l'âne*, Lyon, Guillaume *Testefort*, 1566, pages 8 et 20.

chevalier d'Avanne venait de couper la nappe devant lui (9).

A cet affront imprévu, la troupe folle éclata en murmures ; mais le dépit de ces vilains amusait les chevaliers. Frère de Mailley affectait une pieuse colère [a] : Un prêtre ivre dans la maison de Dieu ! quel opprobre ! quel scandale !... Cicon levait les mains au ciel, et frère de Rupt se signa deux fois avec la croisée de son épée. Les fous indignés de ces momeries, hurlaient à tête fendre ; c'étaient des cris, des menaces, des éclats de rire, quand soudain le son des buccines couvrit ce tumulte effroyable, et les chevaliers crurent entendre la trompette du dernier jour.

Une porte de bronze s'ouvrit lentement et laissa voir une troupe nombreuse d'archers et de piquiers, la visière baissée et le trait sur l'arbalète. Des écuyers armés de pied en cap précédaient frère de Reinfeld qui tenait le livre où les statuts de l'ordre et la règle de saint Bernard sont inscrits ; puis apparut sur un brancard une espèce de cadavre souillé de cendre et d'une maigreur hideuse : tout ce qui lui restait de vie s'était retiré dans ses yeux, qui brillaient du fond de leur orbite comme deux cierges funèbres à travers les fentes d'un tombeau.

C'était Hugues de Champagne lui-même, qui, réveillé par frère de Reinfeld, avait secoué son sommeil léthargique. Les fous, à son approche, se cachèrent sous la table, et les templiers s'inclinèrent, pénétrés d'une terreur muette. Le vieil Hugues avançait toujours ; son drap était déroulé, et son sein tailladé n'offrait à la vue que des cicatrices sanglantes. Un lourd cilice pressait ses reins meurtris, et les pointes d'une ceinture de clous perçaient

(a) *Momerie de Mailley.* Sobriquet.

la chair vive. Sa figure, qui reprenait une teinte rougeâtre, avait l'air d'une tête de mort colorée de fard.

Ainsi, s'écria-t-il navré d'une douleur inexprimable, vous faites un cloaque de la maison du Seigneur ! Qu'est devenu cet ordre si fameux, si long-temps revêtu de sagesse et de gloire ? Il s'éteint comme une lampe de la veille qui ne se ranimera plus. Vous aviez juré d'être sobres, et les mets les plus délicats irritent votre appétit insatiable ! vous aviez juré d'être pauvres, et des pierres précieuses enrichissent vos armes, et les soies de la Sérique brillent sur vos habits fastueux ! vous aviez juré d'être chastes, et l'on ne respire ici que l'odeur du vice et la senteur infecte du péché. Ceux qui ont épousé la croix forment des liens adultères, et le paradis infame de Mahon ne suffirait plus même à leur brutalité monstrueuse. Vous reniez la foi de vos pères, vous désertez la tombe du Sauveur, et demain vous crierez Allah ! peut-être. Loin d'ici ces faux chevaliers, la dérision des Juifs et le mépris des infidèles ! Leur bras est énervé, leur glaive est inutile, et l'épée de Gédéon n'est plus entre leurs mains que le fuseau de Sardanapale !...

Le tonnerre était tombé sur les templiers, et leurs fronts s'abaissaient dans la poussière.

Le comte semblait pénétré d'une sainte horreur ; une légère flamme circulait autour de sa tête, et la majesté du Très-Haut resplendissait sur sa face.

Le temps, continua-t-il, a fini pour moi ; mon ame enfin déploie ses ailes, mon œil plonge dans l'avenir, et je vois passer tous les siècles.

Il s'arrêta un instant, accablé sous l'esprit de Dieu qui l'agitait. Puis il reprit d'un ton prophétique :

Quel est ce cadavre de roi roulé par les flots du Cydnus [a]? D'où vient que ces deux lions ne rugissent plus en Palestine [b] ? Quel martyr couronné expire sur la cendre à Tunis [c] ? Les héros et les saints disparaissent. Pleurez, murs de Sion ! pleurez vos rois captifs et vos palmes à jamais flétries ! La tombe du fils de Dieu est livrée à l'Arabe perfide, et le coursier syrien hennit dans le sacré berceau. Le Seigneur a tiré l'épée flamboyante, et le feu de sa colère a desséché le Cédron. Jérusalem n'est plus qu'un amas de décombres, et le Jourdain ne roule que des morts !

Les larmes étouffèrent la voix du grand-prieur ; il ressemblait à une statue de la désolation pleurant sur des ruines. Ainsi Jérémie lamentait autrefois ses sublimes douleurs. — Mais d'où partent ces cris affreux qu'arrache la torture ? Où menez-vous ces martyrs chargés de fers ? Pourquoi ces chevalets, ces brasiers, ces tenailles et cet appareil de tourments ? Écoutez !... c'est le bruit des os qu'on brise. Ciel ! un grand-maître sur le bûcher [d] ! Mais la flamme monte avec les cantiques ; mêlez tous vos concerts à l'hymne éternel. L'holocauste a purifié le temple ; Dieu accepte la victime, et le sang du juste a tout racheté.

Il dit, retombe, expire, et confirme par sa mort la vérité de ses prédictions.

Les templiers se précipitèrent sur son corps qui exhalait un parfum suave. Tout le reste prit la fuite, sans oser même tourner la tête.

(a) Frédéric Barberousse.

(b) Philippe-Auguste et Richard Cœur-de-lion.

(c) Saint Louis.

(d) Jacques de Molay, dernier grand-maître des templiers, et fils de Jean de Longwy. Il était né au château de Rahon, près Dole.

CHAPITRE VII.

LA DÉGRADATION.

Iselle, revenue à elle-même, vit au pied de son lit un chevalier vénérable qui épiait son retour à la vie, et dont elle crut démêler les traits. La belle barbe *florie* et les cheveux blancs de ce pieux guerrier annonçaient un long âge, mais sa verte vieillesse conservait cette vigueur que maintiennent la paix de l'ame et la régularité des mœurs : c'était frère de Reinfeld, né sujet du margrave d'Autriche. Il achevait sa ronde du matin, entre prime et tierce [a], quand l'ermite était arrivé avec la noble fugitive. Témoin de l'effroi d'Iselle, il l'avait secourue sans la connaître ; mais lorsqu'il sut que cette femme évanouie était la fille de son souverain, et qu'on n'avait pas même respecté une si grande infortune, il fut pénétré d'indignation, et courut vers

(a) Dix heures et demie.

Hugues de Champagne, qu'il tira de sa léthargie à force de cris et de secousses. Le comte aux abois rouvrit un œil déjà noyé dans l'ombre, et recouvra peu à peu l'usage de ses sens. Reinfeld alors lui apprit en bref la ruse infame de Cicon et les honteux excès qui signalaient son retour. Les cheveux du grand-prieur se dressaient sur sa tête ; le zèle et le courroux réchauffèrent son cœur presque glacé. Le reste de sa voix tonna sur les pécheurs, et son dernier soupir couronna dignement la fin d'une carrière si pleine de mérites et de gloire.

La princesse, à son réveil, était couchée dans le superbe lit de Madame Béatrix et plusieurs femmes lui prodiguaient des soins empressés[a]. Le vieux Reinfeld considérait d'un air respectueux ce frêle débris d'une illustre maison, jeté par le sort sur cette couche étrangère. Iselle lui tendit la main qu'il mouilla de ses larmes, et la princesse y mêla les siennes. Elle lui conta le départ de son père pour la terre sainte, la mort prématurée de Blanche, l'indigne amour du sire de Montmirey et la trahison du lâche ermite ; mais elle ne lui parla point d'un autre trompeur. Reinfeld l'instruisit à son tour des prophéties du grand-prieur et de la consternation qu'elles avaient répandue parmi ses frères. Iselle n'avait plus rien à redouter. Le silence et le deuil régnaient parmi ces chevaliers si superbes, que les dernières paroles du comte accablaient. Hugues de Champagne avait prédit, d'une manière si claire, la destruction de Jérusalem, la ruine de l'ordre et le supplice d'un grand-maître, que ces sombres images troublaient ces moines altiers mais crédules : ils étaient d'ailleurs persuadés que Dieu déroule l'avenir aux yeux d'un mourant ; et leur esprit, imbu de ces

(a) La princesse Béatrix avait habité le Temple.

idées superstitieuses, ne se présageait qu'une longue suite de revers. Leur fermeté toutefois ne se démentit point, car ils étaient toujours sans peur, s'ils n'étaient plus sans reproche.

Mais les menaces du ciel leur inspirèrent du moins des réflexions salutaires. Les valentines et les jongleurs furent congédiés, et l'on ne retint que Bernard de Ventadour. Le chapitre décida en outre qu'on rétablirait la règle un peu plus tard.

Le commandeur de Beaujeu interrompit l'entretien d'Iselle et du vieux chevalier. Il venait de la part du chapitre assurer la princesse que les soldats du Temple ne la livreraient jamais à Mainfroi, et que le moutier serait son asile inviolable jusqu'à l'arrivée de l'impératrice.

C'était par politique, plus que par grandeur d'ame, que les chevaliers montraient cette courtoisie. Le chapitre avait fortement blâmé frère de Cicon. L'aventure d'Iselle, qu'on eût trouvée délicieuse avec une simple bergerette, pouvait avoir de fâcheuses suites avec la fille d'un margrave, et confirmer des bruits qui n'étaient pas à la gloire du Temple. Les chevaliers craignaient les réprimandes de Frédéric, et surtout celles du cardinal-légat qui était près d'arriver, muni des pleins pouvoirs du pape Adrien. Il fut donc décidé qu'Iselle serait traitée en souveraine, qu'on feindrait de croire qu'elle était venue d'elle-même réclamer l'appui du saint ordre, et que, cloître pour cloître, elle avait préféré un couvent de moines belliqueux à un moutier de faibles bernardines.

Iselle respirait enfin de ses longues traverses ; on l'entourait de respects et d'hommages, et l'on prévenait ses moindres désirs ; on s'efforçait surtout de lui persuader qu'elle n'était point captive. Cicon ne s'offrait jamais à sa vue. Quelques vieux chevaliers, Bernard de Ventadour et les dames de Nenon et de Falletans, composaient sa cour peu nombreuse, mais choisie : elle avait même un jardin, à l'écart, tout plein de fleurs et d'herbes médicinales, tout garni d'arbres fruitiers, qui formaient des figures de mathématique [a]. Le soir, quand l'ombre brunissait le bocage, quand tout se taisait excepté la raine et le grillon, elle descendait sur la rive du fleuve qui s'éloigne à regret des prés *Gaudard*, où les bons chevaliers vont se gaudir à la vesprée. Bernard y soupirait les chants de la belle Occitanie. Iselle se plaisait à l'écouter, soit qu'il célébrât la gloire des preux, soit qu'une raillerie moqueuse aiguisât ses syrventes, soit que la douce image d'Agnès de Luçon attendrît sa lyre fidèle. Mais s'il exprimait les regrets de l'absence et l'espoir d'un prochain retour, Iselle essuyait une larme et s'affligeait de n'espérer plus. Quelquefois aussi, la princesse montait seule sur le donjon, pour suivre de l'œil la course incertaine du Doubs, qui, las de sillonner un vallon étroit, déploie sa nappe d'azur sous les murs de Dole, et va baigner, de son onde élargie, les fertiles guérets de Peseux et de Champd'hivers, que semaient jadis les légions romaines.

Tandis qu'Iselle goûtait ainsi un instant de repos, une scène tragique se passait à Montmirey. Le comte s'y livrait à tous les transports d'une fureur jalouse. Outré de la fuite de sa pupille, il accablait d'injures la dame de Moissey, et lui reprochait sans pitié d'avoir déjà servi les amours adultères de la femme de Louis-le-Jeune. La bonne dame, qui ne songeait plus à ces peccadilles, se pâmait de honte

(a) Peut-être un *quinconce*.

et de dépit. Le châtelain courroucé ne s'en tint pas aux invectives : il fit pendre les sentinelles et mettre à la question plusieurs serfs ; on vendit cinq ou six caméristes (1), et le digne prieur des prémontrés fut tout ébahi de voir qu'on ne le régalait plus que de pois et de lentilles.

Mainfroi n'épargna que Hües de Braye-Selves, nouvelle preuve de la sagacité des princes ! Il est vrai que le ménestrel feignait d'être plus irrité contre la princesse que le châtelain lui-même ; il courait, furetait partout, interrogeait les voyageurs, et battait l'estrade dès le point du jour avec les écuyers et les pages : au reste, il savait déjà qu'Iselle et l'ermite n'avaient point paru à Ounans. Ce long retard inquiétait maître Hües. L'homme de Dieu avait-il eu quelque malencontre ? Le ménestrel, pour éclaircir ce doute, traversa le bois de la Serre, depuis Archelange, où l'on révère la fontaine miraculeuse de saint Marcou [(a)], jusqu'à Saligney, où Mahaut-la-Rousse fait son purgatoire.

Un voyageur qui rapportait d'Asie un superbe rubis, s'était arrêté un soir chez cette châtelaine. Mahaut le poignarda dans son lit pour lui ravir ce précieux bijou, que le pèlerin eut l'adresse d'avaler, à sa dernière heure, ce qui priva la Rousse du fruit de son crime. Dieu condamna Mahaut à chercher mille ans et plus la fatale escarboucle. Le manoir dès-lors devint inhabitable. On oyait, à minuit, la purgatorienne se douloir et clamer, fouiller la terre et saper les murailles, qui ne furent bientôt plus qu'un tas de ruines.

Le ménestrel marcha ensuite à l'est, tira vers Châtenois, et coucha aux ruines du temple d'Hébé [(b)]. Il y avait

(a) La fontaine de saint Marcou, à Archelange, guérit des écrouelles.

(b) Aujourd'hui *la grange d'Hèbes*.

jadis, au milieu de ces ruines, une fontaine qui rajeunissait les femmes, pourvu qu'elles eussent été fidèles un an et un jour à leurs maris. Cette source était un sujet de scandale, et de sages matrones la comblèrent en haine du paganisme.

Après quelques heures de repos, Hües de Braye-Selves gagna Étrepigney, fameux par ses vases d'argile qu'on préférait à ceux d'Étrurie, si l'on en croit une lettre de Jules-César à Pompilius.

Il s'apprêtait à parcourir la forêt de Chaux, plus redoutable que celle des Ardennes. C'est là que des prêtres barbares criaient *au gui, l'an neuf*, et sacrifiaient des victimes humaines à leurs dieux impitoyables : là, partout le sang a coulé sur le tronc des vieux chênes et sur la pierre druidique. L'aspect de ces arbres moussus qui cachèrent de sacrés homicides, inspire encore une terreur secrète. Cette forêt sans limites n'est qu'un labyrinthe semé d'embûches et de périls : les croix mêmes qu'on y rencontre sont de funeste augure ; la croix qui console ailleurs, afflige ici et décourage ; elle marque toujours la fosse d'un voyageur assassiné. Cependant, quelquefois au milieu de l'hiver, l'aquilon tout à coup s'apaise ; les arbres reprennent leurs feuilles, les ruisseaux leurs caprices, et les palombes leurs doux gémissements ; des flots de lumière se jouent et se brisent à travers les branches fleuries. Mélusine alors interrompt ses plaintes ; elle déroule les anneaux de sa queue ondoyante, et femme depuis la ceinture, étale un sein d'albâtre que voilent à demi ses blonds cheveux ; les roses de son teint se raniment et sa bouche vermeille sourit ; sa voix éclate enfin, vive, pure, mélodieuse. Le petit roi de féerie cesse alors de poursuivre le chevreuil timide, et les dames blanches qui l'accompagnent tournent vers lui des yeux pleins de langueur ; la forêt soupire et s'incline et les hêtres les ensevelissent sous leurs rameaux mystérieux (2).

Le ménestrel, avant de pénétrer dans ces bois sombres, récita l'oraison du pèlerin, puis il chanta un lai à sa dame.

Que tes attraits, ma bergerette,
Sur mon cœur avaient de pouvoir !
Tout me charmait dans Euriette,
J'étais heureux rien qu'à la voir.
Reine du ciel, sainte Marie !
Préservez-la de tout péril ;
Écoutez ma voix qui vous prie !
Ainsi soit-il.

Dans un moutier mon Euriette
A caché ses appas naissants ;
C'est l'humble et chaste violette
Qui se cache à l'œil des passants.
Protégez-la, sainte Marie !
Le vieux dragon est si subtil ;
Veillez sur cette fleur chérie,
Ainsi soit-il.

Quand vient le soir, sage Euriette,
Clos ton vitrail, ferme ton huis;
Le tentateur sur ta couchette
Irait peser au sein des nuits:
Il pourrait même, en sa furie,
De tes beaux jours trancher le fil.
Secourez-la, vierge Marie !
Ainsi soit-il.

Heureux siècle ! où l'amour s'allie si bien à la dévotion, où l'on sert ensemble Dieu et les belles !

Ses prières finies, l'intrépide ménestrel se plongea tête baissée sous ces dômes humides ; il se frayait lentement un passage au travers des bois fourrés, parmi les halliers et les ronces. Quelques pinçons égarés gazouillaient à peine dans les clairières ; on n'entendait ailleurs que glapir des renards, hurler des loups affamés et siffler des couleuvres ; le son des olifants [(a)] se mêlait parfois à ces bruits sinistres. Alors, la meute invisible du Chasseur sauvage passait tout près de maître Hües, et des ombres de chasseresses glissaient avec la dame verte sur les mousses et sur les fougères [(b)] : souvent un magique château apparaissait au loin, flanqué de ses tours aériennes.

Ces obstacles ne rebutaient point le hardi voyageur : il se décida même à visiter Osselle, où de malins farfadets avaient peut-être attiré la princesse. Il fallait, pour visiter Osselle, avoir un cœur armé d'airain [(c)].

Non loin de ce village si fécond en prestiges, est une grotte inaccessible à la clarté du jour ; on disait qu'un dragon y dévorait tout vifs ceux qui avaient la témérité d'y descendre. Hües de Braye-Selves méprisa ces contes de jongleurs ; il alluma un cierge de poing, et se coula par une fissure étroite dans cette caverne formidable. Il chemina long-temps sur un sable muet, sans que le bruit de ses pas réveillât des échos assoupis depuis tant de siècles. Mais la caverne s'étant élargie, un spectacle magnifique frappa ses yeux éblouis. Il aperçut un vestibule suivi de vingt salles dont les murs semblaient incrustés de

(a) Des cors.

(b) Le Chasseur sauvage habite ordinairement la vallée d'Otten-Rotten, en Alsace ; mais il chasse aussi dans le voisinage. Il a ses sonneurs, ses piqueurs, sa meute invisible. *D. Monnier.*

(c) Osselle, village fameux par ses grottes.

topazes et de saphirs ; d'innombrables colonnes unies ou cannelées, et plus blanches que le marbre de Carare, soutenaient des voûtes lumineuses, d'où jaillissaient des milliers d'étincelles ; la nature, sublime en son désordre même, avait semé partout une multitude d'objets gracieux ou terribles, des palmiers, des statues et des monstres difformes ; ici, la tombe fastueuse d'un châtelain, là, l'humble berceau d'une pastourelle.

Le ménestrel sonda tous les recoins de cette grotte merveilleuse ; il trouvait à chaque pas des ruisseaux ou des abîmes, et foulait des débris d'ours monstrueux étouffés par les eaux du déluge (3). Il appelait Iselle à grands cris, mais un faible murmure, un sourd battement d'ailes répondaient seuls à sa voix. Il revit enfin la lumière des cieux, prit sa route vers le sud, erra toute la nuit dans des bois perfides, et remercia Dieu du fond de l'ame, quand à la lueur du crépuscule il découvrit les Nouvelles Loges [a].

La Loue, qui sape ses rivages, baigne ce rendez-vous de chasse des comtes d'Amaous et le vieux manoir de Guillaume Tête-Hardie [b].

Cette fille errante des montagnes arrose un vallon délicieux. Sa source est un fleuve tout entier, qui jaillit d'un rocher creusé en voûte, et surmonté d'un bois touffu pareil à un dais de verdure un peu sombre. *Le Moine à genoux*, statue informe, immense, sculptée par la nature, garde cette source impétueuse. La foudre a creusé les rides qui sillonnent sa face : il a l'air de prier

(a) La grande Loye ou *Loge*.

(b) Il y avait à la grande Loye un château bâti par Guillaume dit Tête-Hardie.

pour le village de Lod chancelant sur l'éboulis d'une montagne éraillée.

Nul n'est assez grand clerc pour nombrer et décrire les merveilles de ce val d'Amour si plaisant, si bien nommé. Qui les voit un instant se rappelle à jamais ses grottes, ses ombrages, ses fleurs, ses parfums, ses concerts. Imaginez tout ce que la nature a de plus sévère et de plus riant, des jardins, des vergers, des champs fertiles sous des rochers noirs et déserts ; des sources qui gémissent et des torrents qui grondent ; des manoirs somptueux et de modestes cabanes tapissées de pampre et de lierre ; un fleuve qui roule ses eaux tumultueuses, et des ruisseaux ridés par des brises légères et par le souffle des Eurus. Partout l'or des moissons, le pourpre des raisins, la verdure des prés-bois où butine l'abeille, où paît la brebis paresseuse, à l'ombre des aulnes et des cerisiers.

Le moutier d'Ounans fut le terme du voyage de maître Hües : ces nonnes exilées du monde n'avaient pas même ouï parler de la princesse. Elles étaient, ainsi que leurs saints fondateurs, disciples *des chênes* et *des hêtres*. Les vains bruits du siècle expiraient à l'entrée de leur paisible retraite ; elles ignoraient le nom des rois de la terre, et savaient seulement qu'on doit prier pour eux.

Le ménestrel revint donc sur ses pas, confus et dépité de sa recherche infructueuse. Il avait perdu tout-à-fait la trace de la princesse, et ne concevait rien à cette bizarre aventure ; il se figurait parfois qu'un chevalier couard avait enlevé Iselle, et peut-être occis le vieux moine. Assailli par ces idées lugubres, il retournait à Montmirey, las et recru, lorsqu'il vit près de Falletans un petit chevrier qui sifflait sous un buisson d'épines.

Ce pastoureau lui conta qu'une gente pucelle et son ânesse, dont un saint ermite tenait le licou, étaient entrées depuis vingt jours chez les bons chevaliers, et que frère Barigoule avait fermé l'huis sur la pèlerine.

Qu'on juge de l'effroi du zélé serviteur à cette nouvelle inattendue. Iselle au pouvoir des templiers ! Iselle si chaste et si timide ! Était-ce un effet du hasard ou une perfidie de l'ermite ? Mille pensées contraires agitaient le ménestrel ; il ne savait que résoudre et passait d'un soupçon à l'autre, sans espoir de délivrer la princesse. Frédéric n'arrivait point encore : le sire de Montmirey, quoique haut baron, n'était pas de taille à se mesurer avec la milice du Temple : le remède d'ailleurs eût été pire que le mal. On pouvait compter, il est vrai, sur le duc de Bavière, mais Hües de Braye-Selves craignait son humeur irascible, et ce n'était là qu'une dernière ressource.

Le ménestrel rôda plus d'une heure à l'entour du manoir, et ne vit que des archers qui lui tirèrent deux ou trois flèches. Ce charitable accueil refroidit sa curiosité ; il s'éloigna bien vite et courut à Dole acheter un bourdon et une panetière. Il revint le soir sous un habit de pèlerin, et heurta doucement à la porte.

—Que veut, dit frère Barigoule, ce ladre vagabond qui croit lever ici la dîme ? Tu mériterais mieux la hart qu'un bon dîner, maudit écumeur de réfectoire ! ne sais-tu pas que la grêle a ruiné le moutier, et que nos frères meurent de faim et de soif sans se plaindre. On se prive pour toi du nécessaire. A ces mots, il lui jeta par le guichet un petit pain de seigle qui restait du past des chiens.

Il fallut donc recourir à l'amoureux Henri et lui révéler

ce secret funeste. Prenez tous les pinceaux, broyez toutes les couleurs, et tâchez, s'il se peut, de rendre la surprise et le courroux du duc de Bavière. Il écoutait Hües de Braye-Selves d'un air hagard et stupide ; il ressemblait à un homme foudroyé, mais dont la vie n'est pas tout éteinte. Un noir frisson parcourait ses veines, et la jalousie, plus froide qu'un aspic, lui glaçait le cœur ; mais l'orage éclatant tout à coup, il jette un cri terrible, et pousse son destrier à bride avalée, vers le Temple. Le coursier qu'excite un éperon sanglant, dévore la plaine, franchit le Doubs à la nage, et bondit sous les murs du moutier, couvert de sueur et d'écume.

Le son menaçant du cor annonça qu'un chevalier ennemi défiait les gardiens du Temple ; un bruit rauque de buccines annonça que le défi était accepté. On baissa le pont-levis, et la porte roula sur ses gonds massifs. Frères d'Avanne et de Scey vinrent recevoir avec une politesse dédaigneuse le duc qui les regardait de travers.

Le sénéchal de Montjoie présidait ce jour-là un chapitre. Il venait de Jérusalem, où le sang des Sarrasins avait plus d'une fois rougi son épée. Son teint brûlé par le soleil d'Asie, son visage maigre et ses cheveux rares, attestaient son passage sur la terre des martyrs.

Le duc fut introduit dans une salle pavoisée d'écussons et de drapeaux turcs, arabes et syriens. L'étendard de la milice sainte, sur lequel on lisait *Vaucent*, dominait tous ces étendards.

Le prince toucha légèrement son mortier, et frère de Montjoie ne fit que porter la main à son cadenas.

Pourquoi retenez-vous la princesse d'Autriche ? dit Henri de Bavière d'un ton impérieux.

Pourquoi réclamez-vous la princesse d'Autriche ? répondit fièrement le sénéchal.

— Elle est notre belle cousine, et nous ne souffrirons pas qu'on attente à sa liberté.

—Une belle cousine qu'on a privée d'un trône n'a pas besoin d'un intérêt si tendre ; gardez, sire duc, son héritage, et laissez-nous remplir les devoirs que la charité nous impose.

La charité des templiers ! repartit le duc d'un air moqueur.

—La fille du margrave s'est mise sous la protection du saint Temple, et ne quittera la maison de Dieu que pour le palais de madame Béatrix.

La charité des templiers ! répéta le duc avec un dédain plus amer.

— La charité qui avoue ses œuvres, vaut bien la luxure qui se cache sous le voile d'un amour trompeur.

Henri serra les poings de colère.

— Vous rendriez compte à la diète de ce rapt infame, si ma bonne épée ne suffisait pas contre des moines outrecuidés.

— La peur ici n'a point d'autels. Un templier, quoique seul, ne doit pas fuir devant trois ennemis ; jugez donc si l'ordre vous redoute. La règle nous prescrit de secourir la veuve et l'orphelin, et nos saintes armes sont toujours prêtes.

Cette papelardise ne m'en impose pas, répondit le duc jaloux qui se contenait à peine. C'est l'abbaye d'Ounans que cherchait la princesse, et non point un moutier décrié et honni ; jamais chaste pucelle ne se réfugia chez des templiers.

Le sénéchal voulut l'interrompre, mais le fougueux Bavarois poursuivit sans l'écouter :

Iselle est captive en ces lieux ; on a semé les piéges autour d'elle ; le moine n'habite plus sa cellule : suis-je donc parmi ses complices ?

Les jeunes chevaliers ne purent s'empêcher de sourire.

Vous riez, continua Henri qui bouillait de colère. Vrai Dieu ! la joie des méchants m'est suspecte. Quels sont vos desseins sur la fille du margrave ? Convoitez-vous ses appas ? ils ne sont point butin de moines ! Avez-vous soif de richesses ? Qu'exigez-vous pour sa rançon ?

—Les pauvres de la sainte cité méprisent tes richesses ainsi que tes outrages ; s'il fallait mettre à prix la liberté d'Iselle, tu ne paierais sa rançon qu'avec du fer.

Du fer et non de l'or, s'écria frère d'Amaous, irrité de cette nouvelle injure.

Du fer et non de l'or, répétèrent les templiers.

Henri éclata de rire à son tour.

—Je ne vous croyais pas si désintéressés, mes pauvres de la cité sainte ! Vive Dieu ! tant de vertu m'édifie. L'or ne séduit plus d'Amaous, lui qui a vendu sa barbe à un juif de Syrie ! Sa barbe qu'on devrait filer pour servir de corde à le pendre.

On ne pend que les larrons de ton espèce, répliqua d'Amaous bégayant de fureur ; tu as pillé le roi Niclot, les Slaves et les Venèdes ; tu as pillé jusqu'au palais de ta cousine à qui tu veux ravir le seul bien qui lui reste, pour consommer tous tes larcins.

Le duc enfonça son mortier, et releva sa tête superbe. A voir ondoyer son panache, on eût dit un lion qui secouait sa crinière.

— Douze de tes frères qui valaient mieux que toi, se balancent près du Cédron aux fourches patibulaires ; ils ont reçu le prix de leur lâcheté (4).

Toute la salle, à ces mots, retentit d'imprécations et de clameurs.

—A toi ! A toi ! Je te défie ! A toi ! le combat à outrance !

Le roi de Jérusalem n'est qu'un barbare, s'écria le sénéchal dont la voix dominait le tumulte, et le sang de ces douze martyrs retombera sur Amauri. Déjà le noir esprit aveugle ce Saül impie, car il tourne ses armes vers l'Égypte, malgré la défense des prophètes [a] : c'est une ame aride et perdue.

Avez-vous donc sauvé celle du Vieux de la Montagne, repartit le duc dont la mémoire était implacable. Ce chef des Assissins offrait de se convertir, pourvu qu'on l'affranchît du tribut qu'il vous paie ; vous avez mieux aimé poignarder son ambassadeur. Périssent le ciel et les saints anges, plutôt qu'une maille vous échappe (5) !

Les cris recommencèrent avec plus de rage ; les murs et les voûtes tremblaient sous ce tonnerre de voix tumultueuses.

Ce bruit pareil à celui des flots, ces mille regards de vengeance et de haine qui flamboyaient sur le duc de Bavière, n'effrayaient point cette ame intrépide : tel un volcan qui brûle à l'aspect des mers, se rit du vain fracas des ondes ; elles ne peuvent ni l'ébranler, ni l'éteindre.

— Il fallait déployer aux remparts d'Ascalon cette énergie rare et sublime. Votre avarice a failli nous coûter cette clef de l'Égypte et de la Palestine. Bernard de Tra-

(a) Fils d'Israël, ne dirigez ni vos pas ni vos regards vers l'Égypte. — Livre des prophéties.

melai ferma la brèche aux croisés, pour butiner à son aise ; Bernard de Tramelai, plus vil que ce roi des Truands qui se repaît de chair humaine à Antioche !

Henri cette fois avait frappé juste, et Montjoie baissa les yeux à ce souvenir qui l'humiliait.

Ascalon ! Ascalon ! répéta le duc de Bavière avec une dérision insultante (6).

Pierre de Cicon n'imita point la sage réserve du sénéchal ; fâché d'entendre honnir Bernard de Tramelai, son frère d'armes, il eut l'étourderie de se mêler de ce grand conflit.

Vive Dieu ! saint Amour ! dit-il d'un ton railleur, il aboie comme le chien d'Alep [a]. Jamais la race des Tramelai ne fut entachée de félonie ; ce mensonge ne peut sortir que d'une male bouche !

Henri s'appuya sur le pommeau de son épée, et mesura de l'œil frère de Cicon, des pieds à la tête.

Est-ce un défi que tu me portes ? lui demanda-t-il d'un ton animé.

L'air menaçant du duc de Bavière étourdit frère de Cicon ; il se ressouvint trop tard qu'un jour, près de Bethléem.... Mais il n'était plus temps de reculer ; il venait de se déclarer le champion de l'ordre. Un *oui* timide tomba de ses lèvres, et l'on s'aperçut qu'il pâlissait.

Le duc l'examinait d'un œil curieux, comme s'il eût cherché à se rappeler des traits mal effacés de sa mémoire. Ce long examen importunait son adversaire dont l'embarras était visible.

(1) La guerre une fois déclarée, un homme se tenait jour et nuit dans un énorme chien de pierre placé sur les confins du pays d'Alep, et ses cris, qui imitaient les aboiements d'un chien, avertissaient les habitants de faire bonne garde.

Tout à coup Henri se frappa le front, et poussa un cri de surprise.

—Ah ! ah ! c'est toi, preux chevalier ! donne-moi ton gage de bataille !

Cicon lui jeta son gantelet, que le duc repoussa du pied.

—Non, non : donne celui que tu avais à Bethléem, celui que bénit Héraclius, et sur lequel est gravé ton chiffre.

Cicon anéanti demeurait immobile ; la sueur lui découlait du visage : une statue est moins glacée et moins muette.

Enfin il murmura d'une voix faible : Je l'ai perdu à Nazareth.

Tu n'iras pas si loin pour le retrouver, parjure ! répliqua le duc enflammé de colère. Voilà ton gage, moine perfide ! reconnais-tu ton gantelet ?

Henri avait tiré de son sein un gantelet orné d'un chiffre, et Cicon atterré se retint à un pilier pour ne pas choir.

—Tu mordais à mes pieds la poussière, blessé et contraint de te rendre, secouru ou non secouru. J'aurais pu t'enlever ton destrier et tes armes : c'était mon droit. Je te les laissai par courtoisie. Tu juras, devant Dieu, de les racheter à prix d'or, et le soir même tu pris la fuite. Tu m'avais donné ton gantelet de droite pour gage de cette rançon ! Elle est payée, guerrier sans ame ! et tu n'es plus mon débiteur [a].

Henri frappa Cicon à la joue, et le malheureux chevalier s'évanouit.

Qu'on l'ôte d'ici et qu'on l'enferre ! dit Montjoie, navré de douleur. Plût au ciel que le fer sarrasinois m'eût déconfit en Palestine !

(a) Les armes du vaincu appartenaient de droit au vainqueur qui les gardait, à moins que le vaincu ne se soumît à les racheter.

Qu'on le dégrade et qu'on le chasse ! s'écrièrent les templiers rouges de colère.

Il dépouillait des pèlerins de Nazareth, poursuivit le duc, et le traître vida les arçons sous ma lance. J'aurais dû..... mais son sang eût souillé ma main ! J'appris bientôt qu'il n'était plus en Palestine, et cachant son gage dans mon sein, je jurai de confondre un jour l'infame. Je me doutai qu'il était templier.

—Il n'était pas templier alors, guerrier discourtois et farouche !

—Il était au moins digne de l'être ! Adieu : nous nous reverrons demain sur la brèche.

Le duc s'apprêtait à sortir ; mais à un signe du sénéchal, les hallebardiers croisèrent leurs pertuisanes.

Eh quoi ! prétend-on m'arrêter, dit le duc, indigné de cette violence.

On le devrait peut-être, répondit frère de Montjoie, mais tu croirais qu'on te redoute. Demeure, et sois témoin de la justice des templiers ! Tu sauras demain ce que leur bras pèse.

Le chapitre décida que Pierre de Cicon serait dégradé de chevalerie.

Les templiers armés descendirent sur la place et formèrent le cercle. On avait dressé à la hâte un échafaud en face duquel s'assit l'accusateur. Les chevaliers gardaient un profond silence, et la cloche seule du moutier tintait.

On amena Cicon délivré de ses fers, mais la hart au cou et le cierge au poing ; il était suivi du bourrel en cape rouge. Des prêtres récitaient le psaume cent huit, d'un ton lugubre, et mettaient un long intervalle entre chaque verset. La croix du cruciger était renversée, et les deux acolytes avaient éteint leurs cierges. Cicon marchait lentement au milieu des prêtres, faible, abattu, écrasé sous sa honte; de froides larmes coulaient de ses yeux, mais il n'inspirait nulle pitié, car il avait faussé son serment. Une vieille cavale traînait son écu dans la poussière.

On lui lut l'article de la règle qui le condamnait. Il écouta sa sentence d'un air morne, pencha la tête et se tut. Le duc de Bavière maintint son accusation, et le malheureux chevalier monta d'un pas pesant sur l'échafaud. Iselle n'était que trop vengée.

On le dépouilla pièce à pièce de son armure; on trancha ses éperons d'or, son épée fut rompue, et le bourrel criait à voix haute: *Véez le casque! Véez l'écu de ce couard et foi mentie, vitupéré pour son méchef!*

Puis, quand le bourrel avait crié, les clercs continuaient les vigiles des morts.

Et la cloche tintait toujours.

Cicon presque nu et n'ayant que la chemise de nécessité, fut montré aux vilains qui le huèrent. Le bourrel lui cracha ensuite à la face, lui versa sur la tête un vase plein d'eau chaude, et coupa la queue à son destrier. On le couvrit après d'un suaire usé, et les serfs l'emportèrent, *avec criée et moult bruit.*

L'exécution finie, on permit au duc de se retirer, mais on lui refusa le salut des armes; nul pennon, nulle pique ne s'abaissa devant lui; un simple valeton fut chargé de le conduire, et le nain de la tour, qui était malicieux, sonna une fanfare de départie.

CHAPITRE VIII.

HÉLOÏSE.

Dans ce nombre infini de prélats et de dignitaires de l'Église qui accouraient à la diète, on distinguait Héloïse, si célèbre par ses charmes et ses malheurs. Lassée d'un monde où son Abailard n'était plus, elle avait embrassé la vie monastique, et les évêques la chérissaient comme leur fille [a]. Fondatrice du Paraclet, elle était venue à Dole supplier le légat du pape d'approuver les statuts qu'elle destinait à ses religieuses. Les nombreux exercices du cloître n'empêchaient point Héloïse de se livrer à l'étude ; ses lettres, qui respiraient la piété et l'amour, édifiaient les clercs, et les baronnes se les faisaient traduire à la veillée par leurs chapelains. L'abbesse du Paraclet

(a) Les évêques l'aimaient comme leur fille, les abbés comme leur sœur, et les laïques comme leur mère. — *Lettre d'Abailard.*

joignait à l'imagination la plus vive un esprit fin et délicat. Louis-le-Jeune l'avait autrefois remarquée, et le bruit courut un jour que ce prince, en dépit de sa dévotion, s'était énamouré d'elle. Chacun s'empressait autour de la jeune clergesse ; mais le seul Abailard avait trouvé le secret de lui plaire. Elle l'aima jusqu'à la mort, et voua même une espèce de culte à sa cendre.

L'abbesse fut logée dans le palais de Guillaume trois (1). C'était un édifice antique et somptueux, mais plein d'horribles souvenirs. On craignait de passer le soir devant ce vieux palais, où l'on oyait, dit-on, des voix lamentables, un fracas d'armures et des blasphêmes de buveurs ivres. Héloïse choisit de préférence ce lugubre manoir. Supérieure à la crainte, elle ne s'alarmait point des contes populaires, et l'effroi qu'inspirait ce redoutable séjour, la mettait du moins à l'abri d'une curiosité indiscrète. Il fallait cependant une certaine force d'ame pour habiter ce palais. La chambre de l'abbesse surtout n'eût point été propre à rassurer une ame timide : elle était haute et spacieuse ; une boiserie de chêne enfumée et déjointe revêtait les murs dont elle cachait à peine la vétusté ; une cheminée large et profonde, que soutenaient des cariatides massives , servait à échauffer cette pièce immense, mal éclairée par de faibles rayons du jour, qui tremblottaient à travers les verrières peintes d'une étroite fenêtre grillée ; un lit de damas vert à franges d'or, un prie-dieu d'ébène, un bénitier et un crucifix de bronze, une table de marbre et son tapis de cuir d'Allemagne, quelques chaises vermoulues , formaient tout l'ameublement de cette salle gothique.

L'abbesse, avant de se coucher, alluma un cierge, aspergea son lit, et lut quelques pages de son Psautier ; puis elle ouvrit un reliquaire qui renfermait une tresse de cheveux qu'elle pressa contre son cœur.

— Voilà donc le dernier gage d'un amour si fidèle ! heureuse encore de pouvoir pleurer à l'écart sur ce funeste reliquaire ! Réduite à dévorer mes larmes, qu'un monde froid ne comprend pas, je n'ai que Dieu pour témoin de mes peines, et ce Dieu, seul espoir qui me reste, ma bouche le prie et mon cœur le trahit ; je brûle sous ce sacré bandeau qui devrait éteindre tous les feux profanes. Eh quoi ! je viens donner une règle à de chastes filles, et je ne règle pas mes propres désirs. Ah du moins cachons à mes sœurs mes combats et mon égarement ! Mais toi qui lis au fond des cœurs et ne juges point sur l'apparence, tu sais, mon Dieu ! si je l'aimais, si la mort et le temps ont pu l'arracher de mon ame. Ah ! laisse désarmer ta rigueur : si tu ne voyais que nos iniquités, qui soutiendrait ton regard sévère? abrège enfin un long exil ! réunis dans ta gloire deux époux qui t'implorent ! leur amour ne doit pas t'offenser.... Tu fondas sur l'amour..... Un bruit sourd interrompit ses plaintes, et la tira de cette extase douloureuse. Une porte masquée s'ouvrit avec un faible murmure et des pas légers effleurèrent le marbre. Héloïse vit une ombre qui s'allongait sur la boiserie. Cette ombre s'approcha insensiblement du lit, et soupira derrière les courtines. L'abbesse, dont la tête était exaltée, se persuada que la tombe avait lâché sa proie, et qu'Abailard venait chercher son amante. Son imagination frappée prêtait des formes gracieuses à un noir spectre enveloppé d'un linceul funèbre : le vent qui gémissait dans les verrières et dans la cheminée, semblait être la voix de ce fantôme, que l'abbesse toutefois, incapable de peur, regardait d'un œil fixe. Mais quelle fut sa surprise, lorsque le spectre ayant ôté son voile, elle aperçut le visage livide d'une femme dont les traits sillonnés par de naissantes rides, avaient une singulière expression de méchanceté.

Tu ne me reconnais pas, dit cette femme mystérieuse, sainte abbesse du Paraclet ; ton cœur n'est pas plus fidèle que ta mémoire, et le souvenir de Sybille de Bourgogne est loin de toi ?

Grand Dieu ! s'écria Héloïse, qui voulut se lever et se jeter dans les bras de la comtesse ; madame Sybille !...

Elle-même, répondit en se reculant la fille altière de Guillaume ; mais garde tes baisers de nonne ; je crains les caresses plus que les menaces, et l'amitié ne vaut pas mieux que l'amour. Laisse donc là toutes ces tromperies ; mon cœur est mort à ce qui l'amusait.

Héloïse atterée contemplait avec effroi le ravage des passions et du temps sur cette figure détruite.

Sybille, qui connaissait les détours du palais de son père, s'était glissée chez l'abbesse par des couloirs et des issues cachés. Elle avait été liée avec Héloïse à la cour de France ; un motif bizarre la décidait à revoir cette clergesse célèbre, mais toujours fantasque et sauvage, elle avait choisi la nuit la plus sombre pour cette étrang evisite. Debout au milieu de la chambre, elle examinait d'un air morne ces murs et ces meubles délabrés, qui lui retraçaient de lugubres images.

Elle prit de l'eau bénite, s'agenouilla devant le crucifix, et remua les lèvres sans pouvoir parler.

— Je ne saurais prier, dit-elle, jamais voix humaine ici

n'a prié ; l'écho de ces murs ne répète que des blasphèmes.

Elle pencha la tête et se tut ; puis se redressant tout à coup :.... Paix ! reprit-elle, l'orgie tire à sa fin.... Un cheval qui hennit.... des chiens qui hurlent.... Le moine a repris son calice, et le sang fume au lieu de vin.

Elle continua d'une voix étouffée : Que cet air est épais et lourd ! que ces voûtes sont pesantes ! elles m'accablent de tout leur poids.

L'abbesse consternée ne pénétrait qu'à demi le sens de ces paroles mystérieuses ; elle savait que le père de Sybille, réprouvé du ciel, avait disparu dans une fête, mais elle ignorait les détails de cette sinistre aventure (2). L'égarement de la comtesse, le désordre de ses discours, la nuit et son silence, cette salle démesurée que blanchissait à peine la clarté blafarde du cierge presque éteint, réveillèrent dans Héloïse des idées superstitieuses ; il lui semblait qu'un cliquetis de chaînes, des éclats de rire et des clameurs partaient de la chambre voisine.

Sybille, enfin moins agitée, rajusta son voile et se plaça vis-à-vis d'Héloïse. Les heures s'écoulent, poursuivit-elle, et par la creffe-dieu il me fâcherait que l'aube me surprît dans ce manoir. Je viens te révéler un secret qui me poing et dont il faut que je me délivre : il y va de mon repos et de mon salut. Apprends donc ce secret fatal, et puisse le récit que je vais te faire ne point attirer la foudre sur cet exécrable palais.

« On t'a conté peut-être la fin tragique de Guillaume « trois. Ce prince ne ménageait ni les clercs ni les bons « moines et les dépouillait sans vergogne ; il fallait le « flatter pour avoir part à ses largesses. Un jour même

« que des pèlerins de terre sainte le conjuraient à mains « jointes de les aider à racheter leur roi captif [a], il n'eut « pas honte de leur donner une maille, et d'en rire et « gaber avec les bouffons de sa cour. Nulle femme n'était « à l'abri de ses poursuites, et sa fille elle-même fut « l'objet d'un amour incestueux. »

L'abbesse consternée, leva au ciel ses mains tremblantes.

« T'ai-je promis un conte de bachelette, reprit Sybille « d'un ton dur ?

« Sa fille ne céda point à d'infames désirs. J'avais par « bonheur sainte Hildegarde pour gouvernante ; je ne lui « cachai point le péril dont j'étais menacée, et cette « vertueuse amie me conseilla de fuir. Un jour que mon « père était allé visiter les ruines de Mandeure [b], je me « sauvai du palais, accompagnée d'Hildegarde, et me « réfugiai à Paris, où Louis sept me reçut avec courtoisie. « Suger, abbé de Saint-Denis, se chargea d'écrire à mon « père pour le prier de me confier aux soins de la reine ; « Guillaume se hâta d'y consentir, de peur que sa fille « ne révélât un secret honteux. Je demeurai donc à la « cour de France sous la tutelle d'Éléonore de Guyenne, « qui, déjà fameuse par ses galanteries, aurait eu besoin « elle-même d'un tuteur. On s'instruisait vite à l'école de « cette princesse, et le charme qui l'enivrait finit par m'en- « ivrer moi-même : le poison d'ailleurs était si doux ! Ce « n'était plus l'âpre rudesse de ma comté de Bourgogne,

(a) Baudouin II, roi de Jérusalem, qui fut sept ans prisonnier chez les Sarrasins.

(b) Ville autrefois très peuplée, bâtie sur les deux rives du Doubs et ruinée par Attila.

« ses coutumes grossières et ses rigides mœurs ; ce n'était « plus le faste sauvage du palais de mon père, ses barons « discourtois et ses francs d'arans toujours pris de vin [a]. « Flattée dans mes goûts, dans mes caprices mêmes, « j'étais affolée de plaisir ; j'ignorais que la joie est trom- « peuse et que le rire est souvent amer.

« J'aimai enfin ; mais, ô honte éternelle ! mon amour « fut méprisé. Mon sang bout de colère, quand j'y songe « et mon cœur bat à se rompre dans mon sein. Un clerc, « un simple clerc, fut l'objet de mes lâches soupirs, et ce « clerc rebuta Sybille ! La fille des comtes de Bourgogne « fut à ce point humiliée ! Il est vrai que ce clerc avait « un grand renom qui m'éblouit ; chacun vantait son « mérite, et toi-même tu me l'as trop vanté. »

L'abbesse, à ces mots, témoigna une vive surprise, mais Sybille n'eut pas l'air de s'en apercevoir.

« Il était, continua-t-elle, d'une figure agréable, et nul « damoisel n'avait un plus noble maintien : il savait sur- « tout emmieller ses paroles. J'avais été mal élevée à la « cour de mon père, car on m'avait appris à lire, ce qui « ne convient point à une fille de haute lignée. Les « grands se défient à bon droit de la science ; c'est un « arbre chargé de mauvais fruits. Tu m'entends assez, « Héloïse, puisque tu es un peu clergesse. De quoi nous « ont servi nos lectures qui nous damneront peut-être, et « qui t'ont réduite à prendre ce froc de bure et ce voile « virginal, que tu ne peux mettre, sans rire, sur ton chef. « Dieu me préserve de honnir les moines ; mais, par la « sainte épine ! je ne croyais guère te retrouver abbesse. »

(a) On appelait ainsi les hauts barons dont les manoirs étaient bâtis auprès du palais de Frédéric Barberousse. — *Gollut*.

Héloïse, déconcertée, rougit, et regarda Sybille d'un air inquiet.

« Je cachai long-temps le trouble de mon ame, pour-« suivit la comtesse ; ma fierté gémissait d'un choix « si obscur, mais cette fierté se démentit peu à peu. « J'éprouvais une langueur secrète, et je me surprenais « parfois à pleurer. La nuit, un cher fantôme venait s'as-« seoir sur ma couche ; je me figurais du moins qu'il était « là, qu'il m'appelait sa mie, et ce nom ne me fâchait « point, tant il avait pour moi de douceur. Qu'ils durèrent « peu ces rêves d'un esprit trop crédule ! J'étais privée « des sages leçons d'Hildegarde, devenue abbesse de Bin-« ghen, et je demeurais, seule, livrée à toute la contagion « de l'exemple, à toute la vivacité de mes désirs.

« Je te rencontrai alors chez la reine ; on louait ton « bien dire et tes appas. Foi de Bourgogne, tu étais « belle ; voyons si tu es belle encore. »

Sybille, un cierge à la main, considéra, d'un œil avide, Héloïse stupéfaite de cet examen.

« Non, tu n'es plus belle, dit la fille de Guillaume « avec un rire farouche ; l'ombre du cloître t'a fanée, « tes yeux sont ternes, ta face est blême ; le temps a « creusé tout cela. »

L'abbesse ne comprenait rien à cette joie inhumaine.

« Je ne sais pourquoi d'abord tu me déplus, continua « Sybille ; le ciel m'avertissait peut-être. Tes soins et tes « respects affaiblirent depuis cette première impression, « mais je ne t'ouvris point mon ame ; je dissimulai long-« temps mon amoureuse inquiétude. Fatiguée de me « contraindre, je hasardai un demi-aveu que l'ingrat « feignit de ne point entendre ; j'oubliai enfin la pudeur

« et ma gloire, et je lui déclarai.... Mânes de mes aïeux « et de ma mère, vous fûtes témoins de sa froideur in- « sultante ! Un clerc osa repousser Sybille, et ce clerc « était Abailard ! »

Héloïse, à ce nom si cher, tressaillit de douleur et de crainte ; son cœur se serra et ses yeux se fermèrent.

—Allons! maintenant elle se pâme ; toujours quelque nouvelle momerie.

La comtesse saisit à grand'peine le lourd bénitier d'airain, et versa l'eau, jusqu'à la dernière goutte, sur l'abbesse.

—Réveille-toi, colombe du Paraclet, ne prends pas si vite ton vol vers le ciel !

Héloïse, ranimée, baisa son reliquaire et fondit en larmes.

Ne pleure pas, rose mystique, poursuivit Sybille ; Abailard t'a gardé sa foi. Cesse donc toutes ces feintises et ne t'évanouis plus, car tu n'es pas au bout de l'histoire.

« Après un tel affront, le séjour de Paris me devint « odieux ; je retournai chez mon père, malheureuse, mais « vengée. »

L'abbesse fit un geste de terreur, Sybille sourit avec amertume, et, répétant ses dernières paroles, appuya sur le mot vengée.

« Mon cœur s'épanouit à l'aspect des murs de Dole : « la patrie m'était chère encore, et je n'étais pas désa- « busée de tout. Je m'arrêtai sur le Mont-Roland pour « y prier la vierge Marie, qui dut rejeter ma prière, car « j'étais coupable et ne voulais pas me repentir.

« Guillaume me reçut d'un air glacé ; il me parut « maigre et vieilli ; sa taille s'était courbée et ses che-

« veux étaient déjà mêlés et rares : il portait sur le front « la trace d'un grand souci. On m'apprit qu'il était devenu « cruel, et que plusieurs de ses barons avaient été victimes « de sa politique sanguinaire. Il est vrai qu'ils étaient « presque tous factieux et perfides ; et le meurtre de mon « frère Guillaume *l'Enfant*, qu'ils assassinèrent depuis à « Payerne, peut absoudre mon père du reproche de sévé- « rité (3).

« Sa rigueur envers le prieur de Cluny est moins ex- « cusable. Guillaume avait saisi une partie de la che- « vance de cette abbaye, et le prieur, moine outrecuidé « et brutal, se rendit à Dole pour réclamer contre cette « injustice. Son zèle s'aigrissant outre mesure, il traita « le comte de Maure, de chevalier à la proie et de païen « pire qu'Attila. Guillaume furieux lui arracha la barbe, « et le fit pendre comme un Juif, entre deux chiens [a]. A « cette nouvelle, Pierre-le-Vénérable maudit sept fois le « meurtrier, et Guillaume, à compter de ce jour, redou- « bla d'impiété et de malice. Il jeta dans le feu le reliquaire « de mon oncle Étienne, et voulut même brûler la châsse « de saint Claude, que les moines eurent à peine le « temps de cacher.

« La mesure était comblée enfin, et le jour de l'éter- « nelle justice allait luire. Mon père, un lendemain de « Pentecôte, célébrait, par dérision, la fête des Fous. Le « festin fut joyeux et splendide ; les ménestrels, les jon- « gleurs et les bouffons excitaient par des lais obscènes la « fougue des convives, qu'un tas de valentines enivraient « d'infames caresses. Mon père, que le démon poussait « vers l'abîme, voulut boire dans un calice volé à l'abbé

(a) On pendait alors les Juifs entre deux chiens.

« de Cherlieu ; mais ses lèvres eurent à peine touché le
« calice, que le vin s'évanouit en flamme légère. On
« remplit deux fois le saint vase, et le vin s'évapora deux
« fois. Tous ceux qui conservaient un peu de raison sor-
« tirent de la salle. On vint au même instant annoncer à
« mon père qu'un moine de Cluny lui amenait de la
« part du saint abbé un palefroi magnifique, en signe de
« réconciliation et de vasselage. Le comte se leva de table,
« suivi de ses barons et de ses livrées, pour aller voir ce
« destrier, qui était en effet d'une beauté rare, tout sellé,
« bridé, l'œil vif, la croupe arrondie et le poil lisse d'un
« noir de jais. Guillaume s'empressa de monter ce mer-
« veilleux cheval, dont la docilité, la grâce, la souplesse
« et l'allure charmaient tous les écuyers ; il tournait, ga-
« loppait, faisait mille passes, sautait à quartier, plein
« d'adresse et de feu, et plus léger qu'un coursier arabe
« dans le désert. Les barons battaient des mains, et la
« foule trépignait de plaisir. Tout à coup le noir des-
« trier demeure immobile, son poil se hérisse, et ses na-
« seaux jettent des flammes ; deux chiens qui l'accompa-
« gnaient se prirent à hurler, et le moine secoua son capu-
« chon d'où jaillirent des milliers d'étincelles. Guillaume
« semblait pétrifié ; un pouvoir surnaturel nous accablait
« nous-mêmes : l'enthousiasme avait cessé et chacun se
« taisait de peur. Qu'on m'ôte d'ici, s'écria mon père ;
« pages, écuyers, à la rescousse ! mais nul page, nul
« écuyer ne bougeait ; Guillaume semblait cloué à la selle
« de son cheval. — Comte suprême de Bourgogne ! dit
« le moine, ne sens-tu pas que ton coursier s'arrête ?
« Va donc rejoindre tes convives ; les tables sont encore
« dressées, et tu n'as pas épuisé la coupe du festin.

« — Je brûle, répondit mon père ; de l'eau, un peu d'eau, « par pitié ! Le moine alors tira de son sein un calice, le « même, hélas ! que mon père avait profané ; il le pré- « senta au comte qui avait perdu l'usage de ses mains.

« C'est du sang ! murmura Guillaume.

« C'est celui que tu as versé, répliqua le moine ; « c'est le mien ! une goutte du sang de chacune de tes « victimes a suffi pour remplir ce sacré calice à pleins « bords. Bois donc, superbe châtelain ; ton nouvel échan- « son t'invite à boire ; cette liqueur-ci ne coûte rien, « elle ne coûte pas même la maille que tu jetas aux pèle- « rins de terre sainte.

« Le comte, tel qu'un malade sous le poids d'un affreux « cauchemar, essayait en vain d'articuler des sons qui « expiraient dans sa bouche : une tardive lumière l'éclai- « rait enfin. Le moine leva lentement son capuce, et l'on « vit, ô spectacle hideux ! on vit le prieur de Cluny pendu « naguère ; ses yeux étaient caves et ses joues avaient la « couleur d'une terre de sépulcre ; une corde était atta- « chée à son cou bleuâtre. Regarde-moi, meurtrier sa- « crilége, continua le moine d'une voix de tonnerre ; « regarde ces deux chiens chargés de te punir.

« Les chiens se précipitèrent sur le comte, et se cram- « ponnèrent à ses cuisses qu'ils déchiraient.

« Vois mon cœur, continua le moine ; vois ce feu qui « le brûle et ne le consumera jamais ! Je suis damné.... « damné par toi, car j'étais en péché mortel à l'heure « de mon supplice. Viens, heureux châtelain, partager « mes joies ! viens goûter à ton tour le bonheur que tu « m'as fait !

« Il s'élance, à ces mots, sur la croupe du destrier,

« et dit : Va !... L'affreux coursier déploie aussitôt des « ailes de chauve-souris plus larges que les voiles d'un « navire, s'élève, plane, et disparaît à travers un nuage « de flamme et de fumée. »

L'abbesse, haletante de terreur, respirait à peine; ce récit l'avait bouleversée, et le caractère de Sybille ne lui causait pas moins de surprise que d'épouvante : elle admirait ce mélange inouï d'amour et de haine, de dévotion et de malice. Qu'exigeait donc cette femme altière et passionnée? qui l'amenait à cette heure mystérieuse? Héloïse attendait que Sybille s'expliquât, mais la comtesse restait muette; son visage s'empourprait et pâlissait tour à tour.

Au nom de Dieu et de sa sainte mère! s'écria l'abbesse, que voulez-vous de moi, noble dame?

Je veux que tu me pardonnes, répondit Sybille, dont la langue se délia soudain; oui, je veux que tu me pardonnes.

Hélas! répliqua Héloïse, tous les humains ont besoin de pardon; et si un remords sincère....

Finis tes sermons, moinesse, interrompit la fille de Guillaume; laisse-moi régler seule ma conscience. Je veux que tu me pardonnes, et rien de plus; c'est l'unique souci qui m'a conduite en ce manoir.

L'abbesse ne concevait pas que l'on demandât merci comme un larron demande la bourse.

Que Dieu vous juge en sa bonté! reprit-elle; mais quel pardon ai-je à vous octroyer?

Sybille leva les épaules.

— Tu ne devines rien, moinesse; ce froc rétrécit les idées. Ne t'ai-je pas confessé tout à l'heure que j'avais aimé ton Abailard? as-tu pensé que Sybille se résignerait à subir un refus, écrasée sous sa honte comme un vilain sous le pied de son seigneur ? J'appris bientôt que tu étais ma rivale, et que ton séducteur t'avait rendue mère [a]. Ah ! ah ! tu rougis, chaste nonne, je te croyais plus intrépide.

Dieu juste ! interrompit Héloïse, tu n'as donc pas permis que ce fatal secret demeurât entre le ciel et moi ! je me flattais du moins qu'il ne serait révélé qu'au dernier jour du monde, quand ta main brisera le sceau du livre où les iniquités, les erreurs mêmes sont inscrites. Abailard ! Abailard ! il faudra donc pleurer, jusqu'à la fin, de douleur sur une tombe, et de honte sur un berceau.

J'ai pleuré long-temps aussi, répliqua la comtesse, mais je n'ai plus de larmes à verser.

J'appris donc que j'étais sacrifiée à une clergesse : juge de mon dépit et de ma confusion. Je connus enfin l'affreuse jalousie ; et quand tu vins, le soir, me baiser la main, selon ton habitude, je fus tentée de te poignarder : mais j'avais l'espoir d'une vengeance moins hasardeuse. Ton oncle Fulbert était assez délicat sur l'honneur, pour un clerc ; on l'instruisit, par mon ordre, de l'intrigue amoureuse de sa nièce, et surpris dans tes bras, Abailard.....

Le désespoir qui s'empara d'Héloïse ferma la bouche à sa rivale. Le pouvoir de la grâce avait tempéré le caractère impétueux de l'abbesse ; mais cet aveu cruel, inopiné, ranima toute l'énergie de cette ame ardente. Elle s'élance de son lit demi-nue, déchire le voile qui couvrait sa tête rase ; et, la face étincelante, l'œil hagard et les lèvres convulsives, elle abaisse sur la comtesse de Bourgogne ses mains amaigries.

(a) Héloïse eut d'Abailard un fils qu'on appelait *Astrolabe*, et qui fut, dit-on, abbé de Cherlieu, en Franche-Comté.

En est-ce assez, dit-elle, et ta haine implacable a-t-elle assez joui de mes pleurs? Toi, qui retournes si bien le couteau dans une plaie élargie, détestable sorcière, marquée du signe des réprouvés, assassin de mon époux qu'auraient souillé tes baisers impudiques! par le saint tombeau de Jérusalem, par cette terre sacrée teinte du sang des martyrs, par cet anneau mystérieux qui m'unit à mon divin maître, j'appelle sur toi l'anathème et la malédiction du ciel! L'abbesse du Paraclet prie Dieu de te meurtrir, de rejoindre à son père l'épouvantable fille d'un second Balthazar, comme lui dévouée au brasier infernal.

Elle devient folle à lier, dit, sans s'émouvoir, la comtesse. Charitable nonnain, est-ce là ta prière? sur mon ame tu m'édifies.

Puis, se courrouçant par degrés :

Tu te plains de souffrir, moinesse... Eh! contemple ce sein flétri, ce teint hâve, ces bras arides jusqu'à la moëlle! Tu te plains de souffrir, toi, qui dors à l'ombre d'un cloître. Où sont tes fatigues et tes dangers? as-tu traversé les déserts de l'Ibérie? la soif a-t-elle desséché tes entrailles? avais-tu faim dans ta cellule? as-tu reçu l'aumône de la pitié d'un Sarrasin? l'Océan a-t-il grondé sur ta tête et l'Etna rugi sous tes pieds? un vil clerc a-t-il dédaigné ta tendresse? un indigne chevalier t'a-t-il ravi l'honneur? Tu te plains, Héloïse, et tu n'as pas été trahie; tu n'as pas enduré les dégoûts, les caprices, les langueurs d'un amour qui s'use, les baisers faux, les pénibles caresses et la lente agonie du cœur! Tu pleures un amant mort, que serait-ce donc si tu le pleurais perfide! Paisible sous ton froc, tu peux prier du moins pour l'ame de ton père; et moi, si je priais pour le mien, j'attiserais les feux qui le dévorent. Le vois-tu, là, qui me défend de prier? le vois-tu se tordre dans les flammes? vois-tu ces chairs qui palpitent sous la dent qui les ronge, et ces chiens acharnés sur une proie qui renaît toujours?

La démence et les cris de cette malheureuse femme pénétrèrent de compassion l'abbesse, qui, revenue à elle-même, se repentait déjà de l'avoir maudite.

Dieu te maudirait toi-même, continua Sybille, si tu refusais de m'écouter. Je compte aller un jour quêter une indulgence à Rome, et si je n'avais pas merci de toi, mon voyage serait inutile. Maître Abailard n'est plus; c'est donc à toi que je m'adresse.

La piété d'Héloïse était sincère, et l'égarement de Sybille la contristait: la charité d'ailleurs lui prescrivait l'indulgence. Allez! dit-elle, en retombant sur sa couche, allez! je vous pardonne. Que le vouloir de Dieu s'accomplisse.

Ainsi soit-il! s'écria la comtesse; j'étais certaine que tu me pardonnerais; l'enfer même, si j'avais été à ta place, ne m'aurait pas arraché un pardon; mais tu es l'abbesse du Paraclet, et moi je suis la fille de Guillaume. Adieu!... pour jamais, si tu clos ta bouche; mais s'il t'échappe un seul mot, souviens-toi que je sais le chemin.

Elle sortit en disant tout bas: Je puis aller maintenant à confesse, j'aurai quittance de mes péchés.

CHAPITRE IX.

L'ASSAUT.

Le son lugubre de la cloche avait alarmé la princesse. Elle apprit de Reinfeld la querelle du duc et des templiers, et frémit à l'idée d'un combat livré pour elle. Sa raison blâmait la fougue indiscrète de Henri, mais son cœur excusait les torts d'un amour extrême. Iselle était peut-être moins blessée d'une démarche imprudente qui compromettait sa gloire, qu'elle n'était effrayée du péril qui menaçait le duc de Bavière. Lorsqu'on a peur de perdre ce qu'on aime, on ne se souvient plus qu'on devait l'oublier; on a beau s'armer de rigueur, appeler le dépit à son aide, jamais, tant que l'on vit, on ne se persuade qu'une séparation, même nécessaire, sera éternelle; la mort seule ravit tout espoir. Des songes pénibles tourmentèrent le sommeil de la vierge timide;

elle croyait entendre le fracas d'un assaut, et le son d'une voix affaiblie qui murmurait le nom d'Iselle. Troublée par ces visions funèbres, elle supplia, le lendemain, le sénéchal de Montjoie de lui permettre de sortir du convent et de chercher ailleurs un asile. Le sénéchal lui représenta qu'un cloître fortifié était une retraite plus sûre qu'une simple maison de moinesses ; que l'honneur des chevaliers du Temple, dont elle avait réclamé le secours, était intéressé à sa cause, et que ces pieux guerriers se montreraient toujours dignes de la confiance affectueuse qu'elle daignait leur témoigner.

L'effronterie de ces moines qui lui soutenaient en face que son séjour parmi eux était volontaire, déconcerta la princesse. Elle jugea que toute explication serait désormais inutile, et se hâta de rompre un fâcheux entretien.

Cependant le duc de Bavière s'éloignait de toute la vitesse de son coursier. Lorsqu'il fut à l'extrémité de la plaine, il jeta un dernier regard sur le moutier, et jura de n'y rentrer que par la brèche. A peine arrivé sous ses tentes, il réunit tous les princes et tous les serviteurs de la maison de Welf, et leur conta l'insulte que la fille du margrave d'Autriche avait reçue ; il fit passer ainsi dans leur ame la colère qui l'animait. Les palatins, outrés d'un tel affront, s'empressèrent de courir aux armes. Les guerriers d'Amaous et d'Ajoie, et tous ceux qui avaient à se plaindre des templiers, lacèrent la cuirasse et le heaume (1). Les premiers qui ceignirent l'épée, furent le preux de Vergy, le hardi de Boujailles, Chastel-Guyon Loyal-Cœur, Fouquier-le-Magnanime, le généreux de Rye, Pontaillier qui a *bon bruit*, et Richard, gouverneur d'Arbois, plus vieux que l'écuyer Jehan de Temporibus [a] ; Richard avait vu Tancrède et Godefroi, et les glaces de l'âge n'avaient pas éteint toute son ardeur. Tel un bufle que le temps a vaincu, aiguise, pour un dernier combat, sa corne usée.

L'élite des habitants de Dole se joignit à ces guerriers intrépides. L'évêque des fous, vieux croisé de Vézelay, chevauchait à leur tête, non plus coiffé de sa mître burlesque, mais d'un bon cabasset d'acier. Il avait réuni la troupe des sagittaires, les plus insignes buveurs des deux Bourgognes : il fallait, pour être élu leur chevetaine [b], avaler d'un seul trait tout le vin qu'une botte peut contenir.

Les bucherons de la Serre, initiés à des mystères redoutables, arrivèrent ensuite, la hache sur l'épaule, guidés par Blaise de Saint-Remy, homme simple et selon le cœur de Dieu [c] : il récitait sans cesse de belles patenôtres qu'on ne se lassait point d'écouter. Un jour qu'il parcourait la vallée de Sennim, il retrouva le clou de Jahel, femme d'Haber, et le ficha au bout de sa lance.

Les templiers, inaccessibles à la peur, ne s'étonnèrent point du nombre de leurs adversaires ; ce bruit de guerre avait réveillé leur audace : le péril retrempait toujours ces ames fortes et belliqueuses. Ils se préparèrent à combattre, aussi gaiement qu'ils allaient s'asseoir à un festin.

La tunique de bure et le corcelet de mailles remplacèrent l'hermine et la soie. Une lourde épée que soute-

(a) Richard était gouverneur d'Arbois en 1156. Jehan de Temporibus, écuyer de Charlemagne, avait vécu 360 ans.

(b) Capitaine.

(c) Patenôtres de Saint-Remy : sobriquet de famille.

nait un ceinturon de cuir, un morion de fer, une targe massive, étaient maintenant la parure de ces chevaliers naguère si fastueux. Les vavasseurs et les tenanciers furent appelés au secours de la maison de prières ; on leur distribua des piques et des fauchards. On garnit les fossés d'un double rang de palissades ; onleva les ponts-levis, on baissa les herses, et l'on entassa sur les parapets des quartiers de roche et des troncs d'arbres pour écraser les ennemis.

Le Temple, qu'on croit imprenable, est une vaste forteresse flanquée de bastions, percée de meurtrières, et dont les murs ont plus de douze pieds d'épaisseur : l'aigle seul pourrait se percher sur le sommet de ses tours menaçantes. Un canal, abreuvé par le Doubs, met de trois côtés les remparts à l'abri de toute surprise. A l'est, où le terrain s'élève, une redoute protége la place ; un nombre infini de couloirs, d'issues masquées, de poternes, permet à la garnison de surprendre l'ennemi et de le harceler ; les murailles sont chargées de mangonneaux et de balistes, qui croisent leur décharge meurtrière.

Le sénéchal s'assura d'abord du jeu de ces machines. Quand il vit que les glaives étaient bien affilés, les haches bien tranchantes et les dards bien aigus, ses yeux brillèrent d'une homicide joie. Il brandit son Abacus, comme s'il eût défié la terre et les cieux [a]. Il ne prononça point d'inutiles discours. Meurs, ou tue ! ce fut là toute sa harangue.

Ces apprêts terminés, les gardiens du Temple feignirent de jeûner et de dire leur coulpe ; ce qui édifia singulièrement les vilains. On célébra ensuite une messe avec

(a) Bâton de commandement.

plus de pompe que de coutume. Chaque frère, à l'évangile, tourna, selon l'usage, la pointe de son épée contre sa poitrine [a]. Le service divin terminé, les chevaliers se rendirent à leur poste, en chantant : Que le Seigneur se lève ! *Surgat Dominus !*

Parmi les haubergiers et les serfs qui défendaient la maison de Dieu, s'était glissé un humble ermite. Il se chargeait de toutes les basses œuvres du moutier, ne répondait que par signes, et recevait à genoux les ordres du moindre valeton. Un capuce rabattu empêchait qu'on ne distinguât sa figure. On lui avait donné le nom de Souffreteux. Chacun fut ébahi de le voir endosser le harnais le plus lourd et choisir la hache la plus pesante. Il se plaça au dernier rang, la tête inclinée et les mains jointes.

Tandis que ces superbes moines apprêtaient ainsi leurs armes et leur courroux, les alliés traçaient à la hâte un plan de siége. Le sire de Grogne-Dent devait diriger les travaux [b]. En vain le curé de Saint-Étienne et les dignes prieurs du Miroir et de Montbenoît tâchèrent d'apaiser l'ire des barons obstinés ; en vain l'archidiacre refusa de bénir des chrétiens qui ne respectaient point un cloître. Rien ne toucha ces guerriers inflexibles ; ils s'adressèrent à Requiem, et ce prêtre de Belzébuth bénit largement tout le monde.

Les chefs divisèrent leur petite armée en trois corps. Un détachement fila vers les prés Gaudard, conduit par le margrave de Brandebourg, Albert l'Ours, le plus hideux des palatins. De longues tresses de cheveux pareilles à des vipères entortillaient sa tête ébouriffée ; son nez d'aigle

(a) Afin d'annoncer qu'ils étaient prêts à mourir pour la f i.

(b) *Prudence de Grogne-Dent.* Adage de famille.

se courbait sur un menton pointu et lui cachait le tiers du visage ; ses yeux chatoyaient à éblouir. Il se vantait d'être issu du loup Fenris, et croyait même qu'une des belles Valkyries l'aimait d'amour (2). Ce terrible margrave avait sous ses ordres un ramas de Slaves et de Venèdes dont le visage était peint de rouge et de vert, et qui montaient de fougueux étalons tout couverts d'écume. Une troupe de piquiers du pays des Varasques les suivait, commandée par Hugon de l'Escale, le pieux d'Achey, Guy de Boiffremont, chevalier lettré [a], et Chastel-Guyon Loyal-Cœur, fidèle à Dieu et à sa mie. Tous cheminaient d'un air délibéré, car ils avaient remembrance de leurs pères, qui souriaient lorsqu'il fallait mourir.

Les Saxons traversèrent le Doubs à Falletans ; ils poussaient devant eux une tour à trois étages, qu'ils tirèrent, à l'aide d'un câble, sur la rive gauche. Ulric le Noir, leur chef, querellait leur paresse, et traînait seul un mantelet que trois bœufs n'auraient pu mouvoir. Les piquiers de Salins avaient déployé l'étendard de Bourgogne confié à leur fidélité [b].

Les sagittaires fermaient la marche et soutenaient le diacre Requiem, qui regardait avec horreur le liquide élément. Les sires de Vernois, de Virechâtel et de Dole, passèrent la rivière à la nage [c]. Toutes les bergères s'étaient éparpillées du côté de Nenon, et jamais les filles des Séquanes n'avaient eu si peur, depuis l'invasion des Sar-

(a) *Clergie de Boiffremont.* Adage.

(b) La ville de Salins avait en sa garde le grand étendard de Bourgogne. On ne le déployait qu'en temps de guerre. C'était une aigle d'argent en champ de gueules.

(c) Ribauderie de Vernois, — Saloperie de Virechâtel. — Sobriquets. —

rasins (3). Les jeunes chevaliers se raillaient de ces pastourelles craintives ; ils comptaient les rejoindre plus tard, et ne songeaient pas que cette journée n'aurait peut-être point de lendemain pour eux.

Le centre de l'armée s'appuyait sur Dole la joyeuse. Une foule d'archers, de piquiers, de frondeurs, inondaient la prairie d'assaut : leurs bacinets polis et leurs rondelles renvoyaient les premiers feux du jour. Plusieurs belles valentines, armées à la légère, chevauchaient derrière eux, suivies de leurs confesseurs [a]. Une discipline sévère ne réglait point la fougue de cette masse turbulente : c'était le désordre d'une croisade. Une multitude de barges pavoisées remontaient la rivière, munies de traits et de vivres.

Mais rien n'était comparable au rapide escadron des preux. Ils se précipitaient du front de la colline qui tremblait sous les pas de leurs destriers bardés de fer. On distinguait les chevaliers à leurs éperons d'or, à leurs armets ombragés de panaches et garnis de lambrequins ; leurs nobles devises étaient gravées ou peintes sur leurs boucliers ; ils portaient à leur cou de précieux reliquaires ou l'image chérie d'une belle châtelaine ; de riches surtouts, taillés en dalmatiques, recouvraient leurs hauberts ; des cycles, des emprises étaient soudés à leur bras droit. Les comtes palatins avaient le heaume ouvert et chargé de plumes, d'ailes ou de cornes. Cette grande foison d'écuyers, de varlets et de pages, leurs casques argentés, leurs

Le sire de Dole était peut-être Guillaume (*Guillelmus à Dolâ*), l'un des preux de cette illustre maison.

(a) En 1465, le capitaine Bignon entra aussi à Paris, accompagné de ses archers parmi lesquels étaient huit filles de médiocre vertu, que suivait un confesseur.

écharpes rouges, bleues ou vertes, et leurs pourpoints diaprés d'écussons : tout cet appareil pompeux et formidable, ce luxe des combats, ces pennons, ces bannières, cette forêt de javelines et de pertuisanes, causaient une admiration mêlée d'épouvante.

Le duc de Bavière entraînait ces superbes guerriers. Un lion était sculpté dans son écu ; son heaume et sa cuirasse étincelaient du pourpre des rubis et des hyacinthes. Son cri de guerre était : *Qu'amour m'aide à férir !* Mainfroi de Montmirey ne se réunit point à ces preux chevaliers ; honteux des refus d'Iselle et courroucé de sa fuite, il était reparti pour la terre sainte.

Les soldats du Temple écoutaient froidement tous ces vains défis. Ils gardaient un morne silence. On eût pris chacun d'eux pour une statue de marbre blanc, dont un écuyer couvert de son esclavine brune était l'ombre. Un calme religieux régnait dans le moutier ; les diacres seuls chantaient l'office.

Tout à coup le baucéant de guerre, pallé de ses bandes noires, fut arboré sur le donjon.

Baucéant ! Baucéant ! s'écrièrent tous les chevaliers [a].

Et tous les serfs armés répétèrent : Baucéant !

Et tous les engins de guerre jouèrent à la fois.

Les guysarmiers d'Ajoie reçurent cette décharge. Deux pierres énormes renversèrent Albert l'Ours et Chastel-Guyon-Loyal-Cœur. Le premier se releva sans peine, mais l'autre ne se releva plus. La douce image de sa mie retint un moment son ame fugitive. Il détacha de son armet le voile de la belle Yvelinde, se roula dans ce noble suaire, et trépassa plein d'amour et de foi.

(a) Baucéant, étendard des templiers, moitié blanc et moitié rouge.

Les alliés ripostèrent par une nuée de flèches. Quelques vavasseurs du Temple, dont l'armure n'était point à l'épreuve, furent tués ou blessés. On regretta surtout Lupicin de Conliége, à qui la vouivre de Mirebel avait déjà crevé un œil ; le boiteux de Narlay, que le palefroi ailé de l'Esprit de Bonlieu estropia d'une ruade, et Pierre-le-Narquois, piqueur de la dame verte de Maizière (4).

Albert, honteux de sa chute, appela ses Venèdes et leur ordonna de s'emparer de la redoute. Ils accoururent pêle-mêle, tout hérissés du poil des bêtes fauves, et pareils à des sangliers qui percent les toiles. Ils entonnèrent l'hymne des Scandinaves, et marchèrent à découvert parmi les dards et les javelots. Le fossé fut comblé de leurs cadavres ; ils y jetèrent même leurs blessés sans se soucier de leurs plaintes inutiles. Puis ils arrondirent leurs boucliers en tortue, et leur cavalerie s'élança sur cette voûte d'airain [a] : mais les Slaves, quoique d'une taille gigantesque, ne purent atteindre le parapet. Leur chef, qu'aveugle une valeur brutale, applique une longue échelle contre le rempart, et monte, le blasphème à la bouche. Cent échelles aussitôt sont dressées et plient sous une masse de barbares. Le duc saisit un des créneaux et l'escalade d'un bond furieux ; il écarte, à grands coups d'épée, les vavasseurs et les serfs. L'ermite souffreteux se jette au devant de lui, et le heurte de sa rondache. Albert se roidit et résiste ; mais vaincu par le nombre, il brise son épée plutôt que de la rendre.

La peinture n'a point de couleurs assez vives, ni le lan-

(a) Le père Daniel, *Milice française*, parle aussi de cette évolution, et raconte que la cavalerie s'élançait parfois sur les boucliers de l'infanterie, arrondis en tortue.

gage humain de termes assez forts, pour retracer l'affreux désespoir des Slaves. Cramponnés à la muraille, ils grimpent des pieds, des mains, à l'aide des échelles et de leurs poignards ; les pierres, les madriers, les feux d'artifices, l'huile bouillante, rien n'arrête ces guerriers stupides qui ne connaissent ni la peur ni le péril ; meurtris et mutilés, ils combattaient toujours, bien que la retraite sonnât depuis une heure.

Cette rude leçon apprit aux alliés qu'un courage téméraire ne suffisait pas pour réduire la milice du Temple. Les deux tiers des barbares étaient exterminés, et celle-ci n'avait perdu qu'un petit nombre de guerriers obscurs. Un simple ermite triomphait même d'un des plus braves chevaliers de l'Allemagne. Cet échec imprévu pouvait refroidir l'ardeur d'une armée peu docile que berçait un espoir de vengeance et de pillage.

Il fut donc arrêté qu'on ne tenterait plus d'attaque irrégulière, et qu'on se bornerait, le reste du jour, à inquiéter les assiégés. Mais sitôt que la nuit fut venue, on plaça, vis-à-vis de la redoute, des gabions et des mantelets. On fit avancer la tour des Saxons, et les sagittaires se postèrent à chaque embrasure. La plate-forme fut garnie de pierriers et de catapultes, et, sous un toit de poutres croisées, quatre béliers de front battirent ensemble la muraille.

Tandis que ces fiers rivaux s'acharnaient à cette lutte funeste, Iselle baignait sa couche de pleurs. Le bruit de l'assaut l'avait effrayée tout le jour, et de nouvelles alarmes interrompaient encore le calme de cette nuit sanglante. Ainsi, disait-elle, de crainte et de douleur pâmée, mon fatal destin s'accomplit, et j'apporte jusque dans un cloître le trouble et le malheur que je traîne après moi. J'ai vu périr la gloire de ma maison ; mon père a succombé aux plaines de Syrie, et les abîmes de l'Etna ont englouti ma seconde mère. Captive chez un lâche tuteur, prisonnière en ces lieux, je n'ai trouvé nulle part un abri, et ceux-mêmes que j'implorais m'ont trahie. Les cruels ! ils ont tous abusé de ma défortune ; et pour comble de misère, le plus trompeur, le plus perfide n'est pas celui peut-être que je hais le plus. »

Elle appuya sa bouche contre son lit, et resta longtemps suffoquée par ses larmes. « Le sang coule, reprit-elle d'un air agité ; Dieu ! si le fer barbare !... Tout mon cœur a frémi ! Ce noir présage est-il un avis des cieux ?... »

Elle joignit ses mains glacées et continua, d'une voix qu'étouffaient ses sanglots : « Pour qui dois-je former des vœux ? Pour qui faut-il, hélas ! que je prie ? Est-ce pour ceux qui me retiennent enchaînée ? Est-ce pour celui qui détrôna mon père ? Ah ! tous mes vœux seraient mal conçus, et je n'ai, dans mes prières même, que le choix du malheur ou du crime. Et je ne puis mourir !... Et la mort que j'appelle est sourde à ma voix plaintive !... Quoi ! de tant de traits égarés, un seul ne peut-il m'atteindre ! Mais suis-je exaucée enfin ? Quel fracas soudain, horrible !... »

C'était un pan de mur qui s'écroulait.

A la brêche ! à la brêche ! s'écria le duc de Bavière ; chevaliers, soldats, à la brêche ! *Qu'amour m'aide à férir !*

Et tous les preux poussèrent leur cri de guerre : *De la mort je me ris ! — Tout bien advienne. — A tout venant beau jeu ! — Sonne haut, clairon, pour l'honneur de ta maison* (a).

Mais le clairon du malheureux guerrier avait sonné pour la dernière fois.

Les templiers ne s'alarmèrent point de la chute de leurs murailles. Ils traversèrent les débris, l'épée haute, et vinrent se placer en avant de la brèche.

Frères d'Arguel et de Pesmes soutinrent le premier effort des Varasques. Pierre d'Épenoys, qui avait oublié son haubert (b), eut l'étourderie de se mesurer avec d'Arguel, et tomba percé d'outre en outre. Frère de Pesmes renverse à son tour le ribaud de Vernois, l'astucieux de Courcelles, Savary de Saint-Germain et l'espiègle de Lombart. Ce joli damoisel persuada un jour à la belle veuve de Leugney, la plus naïve des châtelaines, qu'il était l'ame de son mari et que leur premier-né serait pape. Homfroi de Charmacenne allait subir le sort de ses compagnons d'armes, et frère de Pesmes levait déjà sa redoutable épée, quand un sagittaire frappa ce dernier d'une flèche sous l'aisselle, à la jointure de la cuirasse et du bras droit. Au même instant, le hardi de Boujailles blesse d'Arguel à la cuisse. Une pierre lancée par frère de Montagu atteignit de Boujailles et lui rompit une des clavicules. Le templier de Montagu était, dit-on, le fils du sylphe martial du château de l'Aigle (c). Armé d'un lourd maillet de plomb, il mettait en poudre les salades et les bourguignotes, et chaque coup de son mail était accompagné d'un

(a) Cris de guerre des *Saint-Mauris*, des *de Vienne*, des *Beaujeu* et des *Clairon*. Le cri des de Vienne était un jeu de mots : Tout bien à de Vienne.

(b) Estorderie de d'*Epenoys*, spiéglerie de *Lombart*, naiveté de *Leugney*. Sobriquets.

(c) Guerrier qui chevauche dans les airs.

jurement affreux [a]. Il ne démentait point sa funeste origine. Le bruit courait d'ailleurs que le patriarche de Jérusalem avait récité sur lui les litanies de la malédiction, un jour que ce moine sacrilége battait un prêtre dans la chapelle du saint sépulcre (5). Il terrasse à la fois le noble de Vienne, le fier de Neufchâtel, Gilbert, vicomte de Vesoul et Ponce d'Oiselet, gracieux élève des troubadours. Ce preux avait un si doux parler, qu'il décida un soir son bon ami d'Asnel [b] à lui céder sa femme Ermine, plus fraîche que l'épousée du mois de mai (6), plus vive et plus légère qu'une gazelle d'Egypte ou d'Arabie. Mais son bien-dire, hélas! ne lui servit de rien contre Montagu, qui le pressait de son genou de fer. Ponce essayait en vain de fléchir son barbare vainqueur. Merci! au nom du ciel! murmurait-il d'une voix mourante, merci! merci! La paix de Dieu! — Voici la paix du templier, répondit le moine farouche, en lui plongeant jusqu'à la croisée son poignard dans la visière.

L'impitoyable Montagu poursuivit sa sanglante route. Sa massue faussait les casques et les pavois; tout pliait sous sa main puissante, et la brèche n'était plus qu'un glacis ensemencé de morts. La troupe des Varasques s'ébranle, refoulée vers le fleuve où les célèbres mires Herpin et Abbon d'Arbois avaient étalé leur baume et médecinaient les plaies des blessés [c].

Montagu avançait toujours impétueux, infatigable; il blasphémait à épouvanter un Sarrasin, et déchargeait à droite, à gauche, des coups qui eussent aplati une statue

(a) Jurement de Montagu. Sobriquet.

(b) Bonne amitié d'Asnel. Adage.

(c) Deux fameux *mires* (médecins) de l'époque.

de bronze. Le sire de Montbéliard, Humbert de Paerne, l'ingénieux de Falerans, le dur de Lavoncourt mordirent à ses pieds le sable humide ; le sire de Clairon alla mesurer la terre, broyé ainsi que son palefroi.

Les bûcherons de la Serre, les guysarmiers d'Ajoie, les sagittaires de Dole arrêtèrent enfin Montagu. Le templier mord ses lèvres de rage ; sa massue, qu'il promène, rompt les lances et les boucliers. Une vapeur rougeâtre empourpre les airs. Les imprécations et les plaintes, le cliquetis des pavois, le sifflement des arcs et des frondes, couvrent le son des buccines et des tabours qui échauffaient cette affreuse mêlée.

Le Souffreteux à son tour moissonnait les débris des Slaves ; mais il n'avait point un courage tranquille, et cherchait moins la gloire que le trépas.

Frères de Joux et de Rupt secondaient vaillamment Montagu et l'ermite. Le premier cachait sous sa tunique plusieurs tresses de cheveux de différentes couleurs, car il était *trahistre* et volage. Il surprit un matin Asceline, bergère de Villette, qui allait à Miéges chercher un mari, et l'emporta sur le cou de son cheval, malgré ses pleurs et ses prières (7). Jacques-le-Roux, bûcheron et frère d'Asceline, n'avait point oublié cette injure. Il épiait le chevalier de Joux, et lança contre lui sa terrible cognée, qu'il tenait par le bout du manche, pour lui imprimer un mouvement circulaire plus rapide. La hache, après avoir tourné quatre ou cinq fois sur elle-même, comme l'aile d'un moulin à vent, atteignit frère de Joux, et trancha son écu avec le bras qui le soutenait.

Les bûcherons voulurent se saisir du moine, qu'ils juraient d'attacher à un gibet haut de vingt pieds. La mêlée soudain se ranime ; les serfs et les clients se pressent sous le pennon de leurs suzerains. Les Saxons, du faîte de leur tour, accablent les templiers de viretons et de phalariques [a]. Les machines qui jouent sans intervalles balaient les murs du moutier, et les voûtes de la maison de Dieu résonnent sous une grêle de pierres.

Mais l'étendard de la milice sainte *ventelait toujours au vent*, et les diacres chantaient toujours.

L'audace des templiers redoublait avec le péril. L'ermite avait ouvert le flanc au sire de Montglane ; le gouverneur d'Arbois, le chaste de Raincourt, de Rye et Virechâtel se débattaient dans la poussière ; un carreau d'airain avait foudroyé l'humble de Marnix ; Raoul de Granson, couvert de blessures, criait à la rescousse ; mais le tumulte étouffait ses cris. Voilà, dit frère de Rupt, *bien du bruit pour si petite cloche;* et la tête de Raoul bondit sous le fer du templier [b].

Dans cet affreux tumulte, Saint-Remy-Patenôtres, revêtu d'une jacq de cuir de cerf, s'avancait tout chargé de croix et de reliques, et le clou de Jahel à la main. Son casque était surmonté d'un rameau bénit en guise de panache ; il avait la mine d'un clerc qui asperge une tombe. Un chapelet de grenats fins pendait à son cou ; un scapulaire, roulé autour de son bras droit, était sa sainte emprise. De longs éclats de rire accueillirent le béat, qui eut pitié de cette mauvaise joie : Montagu ne daigna pas même le frapper de son mail, et se contenta de lui asséner un coup de gantelet. Le baron ébloui, mais toujours plein de foi, diri-

(a) Dards enflammés.

(b) *A petite cloche grand son !* Devise des sires de Granson.

gea son clou vers le front de l'impie, et lui perça le morion et la tête.

La mort de Montagu pénétra ses frères de douleur, et Saint-Remy fut leur première victime. Ils lui prirent son clou, et l'échangèrent plus tard contre une ville que leur céda dom Pèdre d'Artal, surnommé le Juif, pour avoir fait un si bon marché (8). Le riche de Châlons et le preux de Vergy tombèrent, comme deux chênes dont la foudre a brisé les rameaux fraternels. Chissey-Haut-la-Main et le gentil Belvoir, qui étaient nés le même jour et servaient la même dame, confondirent, à la même heure, leur dernier soupir.

Les alliés peu à peu s'ébranlèrent, et la victoire allait leur échapper peut-être, lorsque la voix du duc de Bavière vint raffermir leur courage abattu.

Ce prince, qui dirigeait les mouvements des divers corps, et que les prières des margraves et des chefs retenaient à peine, s'aperçut que l'arrière-garde hésitait. Enflammé de colère, il n'écoute plus de timides conseils; il court, il vole, altéré de vengeance. Son armure avait l'éclat d'un météore; son casque et son écu pétillaient; les plumes de son heaume ressemblaient à une gerbe de flammes; son coursier, plus léger que Rabican, Frontalet ou Bayard, rasait la plaine comme une hirondelle qui effleure la surface d'un lac agité.

Les alliés, honteux de leur déconvenue, retournèrent à la charge. L'escadron des margraves baisse la lance et suit à toutes brides Hugues de Spanheim, qui avait lutté pendant trois jours contre le diable, pour arracher de ses griffes l'ame du prieur de Wurtzbourg, Philippe d'Héristal, dont le massacre récent des Juifs avait purifié les mains et le cœur ; Arnould de Dassel, guelfe implacable que le pape avait ressuscité en haine des gibelins, et Frédéric d'Utrecht, seigneur des sept montagnes.

La sainte abbesse de Binghen aperçut un jour Frédéric à travers la grille du chœur, et la chaste nonne, qui était sujette à des visions, rêva toute la nuit de mariage ; mais le concile de Trèves décida qu'un songe n'est pas même un péché véniel [a].

Les templiers serrèrent leurs bataillons, résolus de périr ou de vaincre. Ce n'était plus par orgueil ni par haine, c'était par désespoir qu'on se battait. La brèche disputée pied à pied regorgeait de carnage ; tous les fronts étaient baignés de sueur, et tous les glaives dégouttaient de sang. Le duc furieux portait partout le trépas ; son épée ressemblait à la faulx qui abat les épis ; un dragon irrité darde sa triple langue avec moins de vitesse ; il terrasse, il pourfend frères d'Avane et de Rupt, le folâtre d'Usie et le gracieux de Ray qui était las de vivre, car il avait perdu ses amours.

Cependant le sénéchal de Montjoie, ce rude occiseur d'infidèles, descendait du moutier, d'un pas lourd, à travers un nuage de poussière que soulevaient ses heuses d'airain [b]. La croix rouge brillait sur son large manteau ; un chaperon de doubles mailles enveloppait sa tête chenue ; ses bras et ses cuisses étaient garnis de lames d'acier ; il pressait contre sa poitrine une longue targe, et la bonne épée de Hugues de Paganès brillait dans sa main. Il mar-

(a) Hildegarde, abbesse de Binghen, réputée sainte, avait des visions. En 1148, le pape Eugène III présida un concile à Trèves, où l'on examina la nature de ces visions.

(b) Heuses, bottines.

che droit au duc qui avait percé le bataillon du Temple et gravissait les ruines. La forêt et la plaine retentirent du choc de ces indomptables guerriers : ainsi croisent leurs griffes meurtrières un tigre et un lion du désert de Barca.

Les deux partis soudain s'arrêtent à ce fracas d'armes et de fer ; déjà les mailles du chaperon et du haubert parsèment la brèche; on ne distingue déjà plus ni croix ni devise, et le glaive a découpé la cuirasse et le plastron ; la vouivre du cimier et la couronne ducale sont en pièces ; un sang noir rougit la tunique de bure et le surtout de drap d'or. Indigné d'une si longue résistance, le Bavarois saisit des deux mains son épée pour frapper un coup plus sûr.

Chacun jugea que ce coup serait le dernier, et les gardiens du Temple pâlirent.

L'épée descendit comme la foudre, et partagea un bacinet ; mais ce ne fut point celui de Montjoie. L'ermite souffreteux tomba , la tête fendue ; il s'était jeté entre le duc et le sénéchal.

Montjoie désespéré se précipite sur son redoutable adversaire, et cherche à l'enlacer de ses bras nerveux ; mais un cri tout à coup s'élève du milieu de la prairie : A genoux ! à genoux ! Noël ! noël !

Le sénéchal et le duc baissèrent ensemble leurs épées, surpris de ces clameurs soudaines. Ils jetèrent les yeux du côté de la prairie , et virent une superbe procession qui s'allongeait depuis les remparts de la ville jusqu'à la rive droite du Doubs. Des pénitents gris marchaient les premiers, avec leurs confanons et leurs torches; puis venaient des femmes voilées et des vierges qui portaient des branches de cerisier fleuri ; des prêtres et des clercs tenaient des banneroles chamarrées de têtes de chérubins et de croix. Un nuage d'encens parfumait les airs; une pluie de roses effeuillées semblait tomber du ciel; le son des psaltaires et la voix des jeunes filles qui chantaient des hymnes pieuses et des lais d'amour, formaient un concert digne des élus.

Roland, légat du pape et cardinal du titre de Saint-Marc, paraissait enfin sous un dais magnifique; il montait une blanche haquenée qui agitait ses touffes de plumes, et faisait tinter ses sonnettes. Il avait l'air bénin et le sourire onctueux. Une grande séquelle de peuple, valetons, cavaliers, piétaille, couraient ou chevauchaient derrière lui. Le saint homme distribuait maintes bénédictions; et l'on jugeait à son maintien grave qu'il avait puissance de lier et de délier.

Le cardinal traversa le fleuve sur une barge pavoisée, au bruit des tabours, des nacaires et des sacquebutes [a]. Il pénétra dans le moutier et bénit tout ce qui s'y trouva; puis il se rendit à l'église pour remercier le Dieu de paix d'avoir tout terminé d'une façon si bénigne.

L'adroit prélat ne se plaignit point des templiers et ne leur adressa nul reproche. Décidé à rompre, s'il le fallait, avec Frédéric, il se gardait bien d'humilier un ordre puissant.

Le sénéchal de Montjoie alla chercher la princesse que le cardinal devait remettre entre les mains de l'impératrice. Iselle s'agenouilla, le cœur serré et les yeux gros de larmes. Le serviteur de Dieu daigna la consoler: Vous aviez, lui dit-il, le don de sagesse, lorsqu'une inspiration de la grâce vous conduisit dans ce saint lieu; n'oubliez point, ma fille, cette faveur de la Providence.

(a) Nacaires, timbales, sacquebutes, espèces de trompettes.

Vous trouverez ailleurs les piéges de la richesse et les amorces du plaisir, mais ce n'est qu'ici qu'on trouve la tranquillité parfaite, qu'on goûte le charme d'une vie religieuse, et qu'on suit, à son gré, cette voie étroite où du moins la vertu ne trébuche jamais.

On apprit au légat qu'on s'était quelque peu battu pour la gloire de l'ordre, et que plusieurs chevaliers avaient perdu la vie dans ce conflit. Le cardinal, pour leur ouvrir le ciel, leur donna, par écrit, la rémission de leurs péchés : cette quittance bien signée et scellée fut attachée à leurs cercueils. Le saint prêtre n'oublia point d'ajouter trois ou quatre poils de sa barbe à son scel, afin de le rendre plus sacré et plus inviolable (9).

Sitôt que la princesse et le cardinal eurent quitté le moutier, le premier soin du sénéchal fut de s'informer de l'ermite. On l'avait rapporté couvert d'une cape. A peine eut-on lavé le sang et la poussière dont ses cheveux et sa barbe étaient souillés, qu'on reconnut...... Le voile retomba sur le cadavre.

Ne demandez pas le nom de ce malheureux guerrier, dit frère d'Amaous à de Montjoie.

Il m'a sauvé la vie, répondit le sénéchal, et fût-il Maure ou Juif, ce qu'à Dieu ne plaise ! il sera décemment inhumé.

Montjoie détourna la cape, leva les mains au ciel, et les rabaissant sur l'ermite : Que Dieu, s'écria-t-il, ait pitié de ton ame, valeureux soldat du Temple !

Et frère de Cicon, réhabilité, fut inhumé décemment.

CHAPITRE X.

LE CHATEAU.

Ambigat, roi des Gaules, avait fondé *Didatium* sur la rive droite du Doubs. Cette ville était à la fois le boulevard et la capitale de la Séquanie ; un conseil de femmes y réglait les affaires de l'état, et décidait de la paix et de la guerre (1).

Croscus, chef des Vandales, brûla Didatium, qui resta pour jamais enseveli sous ses ruines [a]. Quelques pêcheurs bâtirent des cabanes à l'orient de la cité détruite. Ce triste lieu fut appelé Dole, car on était dolent rien qu'à le voir [b].

(a) Croscus, chef des Vandales, des Suèves et des Allemands, ruina Didatium, vers l'an 408 après Jésus-Christ.

(b) Dole peut venir de *dolere*, se douloir ; car elle fut appelée d'abord Dole la *Dolente*, et plus tard Dole la *Joyeuse*.

Mais son site gracieux et ses champs fertiles attirèrent des pâtres et des laboureurs que charmaient la verdure de ses bois, l'émail de ses prairies et l'azur d'un ciel toujours clair; les pèlerins y trouvaient de limpides ruisseaux, des monts tapissés de thym et de cytise, et des vallées ombreuses. Dole élargit peu à peu son enceinte, et la paix y ramena les plaisirs. Elle prit alors le surnom de Joyeuse.

Les comtes d'Amaous avaient à Dole un vieux manoir que Frédéric premier embellit, d'après les dessins du célèbre bâtisseur Hilduard [a].

Les murs de ce palais, que tous les voyageurs admirent, sont festonnés de guirlandes et de feuillages de bronze d'un goût exquis. On a sculpté dans les façades les figures des douze apôtres. Huit tours carrées, dont le toit d'airain étincelle aux premiers rayons du jour, flanquent ce superbe édifice : elles ont un caractère de grandeur qui impose.

Ce vaste manoir est éclairé par des verrières de diverses couleurs, et par de grandes roses d'où l'on aperçoit un large fleuve et des bois sombres. Malheur à qui s'égare la nuit dans ces bois perfides! malheur à qui épie la chasse du petit Obéron, roi des fées, et les danses des dames vertes (2)! Des spectres irrités le poursuivent sans relâche, et jamais il n'obtient merci.

On découvre encore, du faîte des tours, la Bresse marécageuse et la cité des riches de Chalon.

En face, le mont Jura cache au sein des nues son front battu des tempêtes; plus loin, des glaciers qui pétillent, terminent cette perspective éblouissante.

(a) Fameux architecte français.

Un double rang de colonnes entoure le palais et soutient une galerie d'un merveilleux travail. C'est du haut de cette galerie, que les souverains jettent de l'argent au peuple les jours de fête.

On arrive à ce pompeux château par la cour des Arènes, qui fut jadis l'amphithéâtre de Didatium. La porte principale touche à l'église de Saint-Jacques; elle est surmontée du lion de Bourgogne et de l'aigle impériale. Aux quatre coins de cette cour s'élèvent les statues de Gondabaire, de Pepin-le-Bref, de Bozon, fils de Beuves, et du comte Étienne, décédé en Palestine (a).

C'est là que de preux chevaliers viennent parfois rompre une lance ; là, des trouvères et des jongleurs chantent le soir de gracieux virelais.

Les jardins du manoir sont irréguliers, mais riants ; ils s'abaissent du haut de Plumont jusqu'à la rivière. La nature, libre en ses caprices, y sème au hasard des fleurs, des fruits, de frais gazons : ici, des touffes d'arbustes, des bruyères argentées, des lilas qui mêlent leurs aigrettes de pourpre à l'or des genêts ; là, des bouquets de bois, des massifs de châtaigners et de mélèzes arrondis en berceaux et confidents discrets des amours ; partout des grottes, des fontaines, des vergers où le pinçon ramage, des viviers où se jouent les légers habitants de quatre fleuves tributaires (b).

Derrière ces jardins si plaisants est la cour du perron, où les premiers comtes de Dole rendaient la justice, à l'ombre d'un chêne.

L'intérieur du château répond à l'élégance de sa struc-

(a) Tous rois ou comtes de Bourgogne.

(b) Le Doubs, la Saône, la Loue et l'Ognon.

ture. Toutes les salles sont ornées de boiseries découpées et de précieux reliquaires ; l'éclat et la variété des mosaïques excitent la jalousie des Vénitiens mêmes ; les meubles tiennent à la fois du faste sévère des contrées de l'occident et du luxe efféminé de l'Asie. Des divans de soie de la Chine et des fauteuils d'ébène à filets de nacre et d'ivoire, des tapis que l'Inde a tissus, et des lits chargés de fourrures, des candélabres d'or, des vases, des statues, tout annonce la richesse des maîtres de ce palais magnifique.

L'aiguille a retracé sur des tentures de haute lisse des noms et des exploits dignes d'une éternelle mémoire. On y voit saint Ferjeux qui porte sa tête, et l'impie Attila pillant le moutier de Chaudane. Une troupe de barbares escalade les murs bâtis par saint Léonce, et les nonnes éperdues se réfugient derrière l'abbesse. Cette nouvelle Judith, noire et barbue, et d'une taille de géante, est armée d'un crucifix de bronze ; elle assène des coups terribles, et sept ou huit païens, couchés par terre, témoignent de la vigueur de cette sainte fille. On remarque surtout le combat singulier du seigneur d'Abans et d'un champion des chanoines de Sainte-Magdeleine [a]. Le baron a les dents cassées et l'œil droit hors de la tête ; il est meurtri, moulu et prêt à rendre l'ame. Les chanoines, au contraire, assis sur des cruches vides, remercient Magdeleine, et leur visage épanoui rayonne d'une sainte jubilation.

Tel est le château de Frédéric Barberousse, l'une des merveilles du monde.

Les hauts barons et les francs d'Arans habitent le

(a) Les contestations des chapitres se décidaient alors par le duel.

quartier le plus élevé de la ville. Là, sont les vieux manoirs des Chalon, des de Vienne, la tour de Vergy et les vastes donjons des sires de Poitiers, de l'Étoile et de Rye.

Les clercs, les vavasseurs, les bacheliers et les mires occupent le centre de la cité joyeuse, la place de Saint-Etienne et la rue des Martyrs que l'archevêque Turpin a bénite (3).

Plus bas, sont les vilains autour d'une fontaine.

Mais déjà les airs retentissaient du bruit des cloches de trois paroisses ; les buccines sonnaient la diane, et les tabours battaient le réveil. Les barons, les écuyers et les pages se précipitaient vers Dampierre [a] ; les piquiers bordaient la haie, depuis le champ de Mars jusqu'à l'extrémité du bois des Rupes : tous étalaient sur leurs pourpoints neufs la croix de saint André, patron de leurs princes. On élevait à la hâte des portiques de verdure et des arcs de triomphe ; les rues étaient jonchées de fleurs : on eût dit un parterre tout ondoyant de roses. Des fontaines versaient à longs flots du vin, du lait, de la cervoise [b]. Les plaisantins, les jongleurs faisaient d'agréables momeries, et des lions, des ours, des cerfs sculptés ou peints, semblaient révérer à genoux le suprême pouvoir de quelque maître du monde. Les moutiers avaient arboré leurs saintes bannières, et des pennons flottaient sur le donjon des chevaliers. La façade des maisons était encourtinée ou garnie de feuillage, et des châtelaines voilées se tenaient aux verrières, des tiges de lys à la main (4).

C'était le retour de l'empereur et de l'impératrice qui

(a) Ainsi nommé de *Dam* ou *Damp*, seigneur, et de *Pierre* ; monseigneur Pierre, patron du village.

(b) *Cervoise*, bière.

causait cette vive allégresse. Dole revoyait, après six mois d'absence, ses maîtres chéris. L'heureux hymen de Frédéric de Souabe et de l'héritière de Bourgogne avait enfin délivré cette jeune et belle princesse de la tyrannie d'un oncle inhumain. La Séquanie respirait de ses longues alarmes, et tout lui présageait des jours moins agités sous un prince dont les vertus et les lumières égalaient la puissance.

Frédéric Barberousse était en effet le monarque le plus accompli de son siècle. Son génie embrassait à la fois la guerre, l'administration, les arts, et nul ne soutenait mieux la majesté du trône. Juste et religieux, mais incapable de plier, il n'abaissait point le diadème devant la tiare. Il était tout ensemble législateur et clerc habile, et Charlemagne n'avait point eu de successeur plus glorieux. On l'accusait d'être un peu fier ; mais si parfois la fortune enfla sa vanité, les revers du moins n'abattirent jamais son courage. Il est vrai que la victoire trahit rarement ce héros.

Doué d'un esprit vif et d'une vaste mémoire, il était du petit nombre des rois studieux qui cultivent les lettres humaines. Il avait pour amis Othon de Freisinghem [a], Pierre Lombard et le moine Gratien. Sa cour était le rendez-vous des peintres, des sculpteurs et des ménestrels. Il se délassait avec eux des soins de l'empire et de la fatigue des combats. Ce prince avait en outre une figure expressive et des traits réguliers. Son maintien était noble et sa démarche aisée. Il y avait dans son air, dans sa voix, dans ses yeux, une séduction irrésistible, et tel qui eût

(a) Othon de Freisinghem, oncle, ministre et historiographe de Frédéric Barberousse.

bravé sa colère, cédait à sa courtoisie. Bref, il était *merveille à toutes gens.*

Madame Béatrix, à son tour, se montrait digne d'un époux si parfait. Les ménestreux qui, dans leurs vers, l'avaient comparée mille fois à Esther et à Vénus, ne savaient plus qu'imaginer pour rendre la délicatesse de ses traits et le charme de son sourire, pour peindre l'ineffable douceur de ce bel œil d'azur, le lustre et le reflet d'une longue chevelure d'or qui ruisselait sur un cou d'albâtre, et les légers contours d'une taille peu élevée, mais souple et dessinée par les Grâces[a]. Son cœur s'ouvrait à toutes les plaintes et son palais à toutes les infortunes. Enfin, elle avait reçu du ciel le don de sagesse, car elle aimait les clercs et les bons moines que les princes judicieux ne sauraient assez consulter.

L'empereur et l'impératrice arrivaient d'Allemagne. Ils avaient traversé la ville de Besançon, où le clergé charitable bat monnaie [b], pour assister les souffreteux et les malades. La foule se pressait sur leur passage ; tout résonnait du bruit des clairons, des buccines et du cliquetis des pavois que frappaient de leurs épées les sagittaires et les gens d'armes.

Douze prêtres en dalmatiques mi-parties d'écarlate grise et de velours brun [c], portaient tour à tour, dans une châsse de vermeil, les chefs des trois Mages retrouvés à Sanaa [d]. Une étoile, semblable à celle que ces rois de l'Arabie suivirent jadis à Béthléem, guidait les véné-

(a) Continuator Othonis Frising. — Scriptores Brunswic, 848.

(b) Le droit de battre monnaie fut concédé à l'Église de Besançon par Charles-le-Chauve. Dunod, article Besançon.

(c) Il y avait alors de l'écarlate grise et même blanche.

(d) Capitale de l'Arabie heureuse.

bles diacres et versait une douce lueur sur ces saintes reliques. Ainsi brillait la céleste colonne qui dirigeait Israël à travers le désert de Sin. Les feux du jour n'effaçaient point l'éclat de cette étoile, chaste rayon de la lumière incréée qui dore les tabernacles où réside l'Éternel. Tous les moines à genoux récitaient l'Évangile et l'histoire miraculeuse des trois sages de l'Arabie. Les sacrés chefs furent confiés à l'abbé du *lieu croissant*, et restèrent sous la garde du pieux Guy de Granges, avoué de ce monastère. Dieu aide au gardien des rois (5)!

Les deux souverains furent reçus à l'entrée de la ville par le gouverneur de Dole [a], le curé Philibert, les chevaliers lettrés, et huit dames représentant les huit lettres qui forment le nom de Didatium.

L'empereur était vêtu d'une robe de pourpre et d'un chaperon de velours bleu, découpé à larges bandes. Le vicomte de Salins tenait son destrier par la bride, et les Rois d'armes, *Franche-Comté* et *Souabe*, ouvraient la marche. On jouait partout de beaux mystères ; des jeunes filles déguisées en syrènes, et qui n'avaient qu'une ceinture de joncs pour voiler leurs frais appas, nageaient dans un vaste bassin creusé au milieu de la place de Saint-Étienne [b]. L'archidiacre d'Amaous complimenta les augustes époux. Il félicita Frédéric d'être plus vif qu'un cerf des montagnes de Béther, et Madame Béatrix d'être plus légère qu'une des cavales du pharaon ; il ajouta qu'elle devait s'estimer heureuse d'avoir un mari rouge et blanc, *rubicundus et candidus*. Cet éloge délicat, tiré

(a) Il se nommait Robert.

(b) La même représentation eut lieu en 1461, lorsque Louis XI fit à Paris sa première entrée.

de l'Écriture, flatta infiniment Frédéric, dont la barbe et les cheveux étaient roux.

Le légat du pape Adrien, Suénon, roi de Danemarck, le duc de Bavière et le patriarche de Jérusalem, le prince, abbé de Luxeuil [(a)], les bannerets, les prélats, les margraves, s'étaient réunis dans la salle du trône. Gasceline de Vergy, Alaïde de Vienne, Huguette de Neufchâtel, Ermine de Montbéliard environnaient la comtesse Agathe, mère de l'impératrice; un lugubre bandeau ceignait le front de cette illustre veuve. Poncette de Traves [(b)] et la princesse Iselle étaient assises à ses côtés, en longs habits de deuil; Iselle baissait un œil timide, pour ne point voir le duc de Bavière, dont les peines d'amour avaient pâli les traits. Les autres châtelaines étalaient à l'envi leur parure et leurs charmes : elles étaient éblouissantes de jeunesse et de fraîcheur, sous leurs tuniques de soie de Palerme (6), doublées d'hermine mouchetée. Des ceintures brodées et couvertes d'arabesques serraient leur taille élégante; des rubis, des saphirs pétillaient dans les tresses de leurs cheveux poudrés d'or, et le chapel bourguignon se balançait sur leurs têtes, avec ses touffes de plumes et ses aigrettes de pierreries.

Derrière ces superbes châtelaines se tenait à l'écart l'humble abbesse du Paraclet, qui avait brillé du même éclat, exercé le même empire. Oubliée maintenant près des rives de l'Ardusson, cette fleur funéraire ne devait plus orner qu'un cercueil.

(a) Les abbés de l'archi-monastère de Luxeuil étaient qualifiés *princes*, et choisissaient leurs avoués, au nombre desquels fut Thiébaud V, roi de Navarre.

(b) Veuve de Guillaume de Bourgogne, comte d'Auxonne et de Scodingue, et frère de Raynaud III, père de Madame Béatrix.

La digne abbesse avait attiré d'abord tous les regards ; mais peu à peu ils se fixèrent sur un petit diacre que cet examen curieux semblait inquiéter. Le patriarche de Jérusalem lui parlait à l'oreille. C'était la fameuse Pâques de Riveri, dont les vertus embaumaient l'Asie : Héraclius lui avait donné une éducation toute chrétienne (7). Contraint de passer en Europe où l'appelait le souverain Pontife, il ne voulut point laisser sa faible ouaille à la merci des loups ravisseurs. Sa charité paternelle lui suggéra l'ingénieux moyen de sauver sa brebis peureuse et d'éviter le scandale. Il lui mit une soutane, un surplis, et la coiffa d'une aumusse [(a)]. Le chaste maintien de ce gentil vicaire émerveillait surtout la dame de Vergy, chanoine de Saint-Bénigne, laquelle avait grand souci du salut des jeunes clercs [(b)].

Des cris de joie et des fanfares annoncèrent l'arrivée de l'empereur et de l'impératrice. Ils entrèrent, accompagnés de l'archevêque de Lyon, devenu exarque, du vénérable Guigon, abbé de Baume, dit le Blême, depuis qu'une des sept têtes de l'hydre du val de Travers avait failli le dévorer [(c)], d'Albert *l'Ours* et de dom Garcias, grand-maître de Calatrave.

Le cardinal légat baisa Frédéric au front ; madame Béatrix courut se jeter dans les bras de sa mère, qui lui présenta la princesse Iselle, dont la noble douleur

(a) Aumusse ou chaperon. Les marchands bonnetiers de Paris prennent encore le titre d'aumussiers dans leurs statuts.

(b) Il paraît que le titre de *chanoine* de Saint-Bénigne, à Dijon, était héréditaire dans la famille des Vergy, car l'auteur de *Tristan le Voyageur* parle aussi d'un Vergy, chanoine de Saint-Bénigne au 14.e siècle.

(c) L'hydre à laquelle l'abbé Guigon échappa miraculeusement fut tuée au dixième siècle par Raymond de Saint-Sulpice.—M. Monnier, *Culte des Esprits.*

inspirait une pitié mêlée de respect. L'impératrice accueillit la belle orpheline avec une bonté touchante, mais Iselle ne put répondre que par des larmes à ces caresses affectueuses dont elle avait, pour ainsi dire, perdu l'habitude. Frédéric, à son tour, lui promit d'examiner ses droits, et d'intéresser en sa faveur la diète. Un coup d'œil expressif de l'amoureux Henri dut prouver à sa belle cousine, que ce prince souscrivait d'avance aux décisions du souverain.

Les fêtes commencèrent le soir même. On illumina les jardins, et bientôt tout le palais resplendit de l'éclat des cierges. Le donjon était couronné de feux éblouissants qui éclairaient la ville et le fleuve, et que reflétait l'onde lumineuse. Des hymnes, des cantiques, des acclamations soudaines s'élevaient du milieu des places ; un concert belliqueux de cymbales et de trompettes couvrait parfois le chant des ménestrels, qui mariaient leur voix au son des lyres.

Frédéric prévint les margraves et les chevaliers qu'il tiendrait cour plénière avant d'ouvrir la diète, et que les fêtes seraient closes par un tournoi (8).

Chaque belle aussitôt se hâta d'ouvrer une écharpe, et de l'envoyer à son fidèle ami.

Les armes des preux furent déposées dans la chapelle du prieuré de la Loye, et soumises à l'examen des dames [a].

Frédéric Barberousse déployait une magnificence inconnue jusqu'à ce jour ; ce n'étaient que bals et festins,

(a) Quelques jours avant le tournoi, on déposait dans un couvent, dans une église, les armes des tenants que les dames allaient examiner, pour savoir si elles étaient *gracieuses* et courtoises.

superbes processions, *jeux partis* des ménestrels et tours d'adresse des jongleurs.

Le matin, après une messe sèche, on courait le cerf ou l'on chassait à l'oiseau ; les dames passaient le temps à deviser, à conter l'histoire du roi Hugon de Tours et du moine bourru de Picardie [(a)]. Le jeune Thierry de Montfaucon, cette perle des clercs, leur apprenait l'hymne de saint Vincent (9) ; les jeunes chevaliers formaient des quadrilles et se mêlaient dans un gai béhourdis. Les écuyers, les pages joûtaient à la quintaine (10) ; les trouvères récitaient des flabels [(b)], et de subtils troubadours proposaient des questions de jurisprudence amoureuse (11).

On servait à midi un somptueux banquet.

Les preux allaient chevaucher ensuite devers quelque manoir ou quelque abbaye. La femme du baron leur offrait des confitures, et sa fille leur versait, en baissant les yeux, du clairet ou de la cervoise ; le damp abbé leur donnait de sages conseils et des reliques.

Le soir, on représentait des mystères. Madame Magdeleine paraissait au milieu d'une foule de barons juifs épris de ses charmes. Elle affectait le trouble et l'embarras de la pudeur, jetait à l'un de furtifs regards, et souriait à l'autre d'un air ingénu. Une résille d'or retenait ses cheveux bouclés, plus noirs que le jais et l'ébène ; son mantel de samit, agrafé sur l'épaule, cachait à peine un sein d'albâtre et de neige ; un lutin-

(a) Esprits, lutins, follets de la même famille. Le roi Hugon, à Tours ; le moine bourru, à Amiens, le fourlore ou feu follet, en Normandie, les dames blanches ou vertes, en Franche-Comté, sont très redoutables.

(b) Fabels ou fabliaux, sorte de vers que récitaient, pendant les repas, les fableors ou fabliers.

zéphyr lui soufflait les sept péchés capitaux, et tous les artifices que le diable imagine pour perdre les ames.

Mais tout à coup un rayon de la grâce pénétrait Magdeleine; elle arrachait ses beaux atours, et traversait, nu-pieds, les bois et les montagnes. La nuit, une lutte terrible s'engageait auprès d'elle. Son bon ange et le diable se battaient à coups de sapins et de hêtres. Le démon assommé lâchait prise, et Magdeleine se rejoignait à son céleste époux.

Le lendemain, nouveaux plaisirs : la pêche et les courses à pied, le ballet des chevaux, les plaids d'amour, les mimes [a], amusaient jusqu'au soir les barons et le peuple enchantés d'un tel spectacle.

Iselle, froide et pensive, regardait d'un air morne ces jeux qui émerveillaient la cour et la ville. Si parfois elle essayait de sourire, ce faux semblant de joie était plus triste que la douleur même : on eût dit que la pompe des fêtes redoublait ses ennuis. Les roses de son teint avaient perdu leur vif incarnat ; ses yeux chargés de langueur se baissaient vers la terre, et toutefois, dès qu'elle se montrait, nul chevalier n'osait soutenir que sa dame fût *la plus belle*. Les soins affectueux de l'impératrice, le respect et la courtoisie des preux, la bénignité des évêques, rien ne la consolait des rigueurs de sa destinée. Elle s'était liée d'amitié avec l'abbesse du Paraclet, car les cœurs souffrants se devinent ; et persuadée qu'un cloître convenait seul à sa défortune, elle parlait de prendre le voile et de se cacher à l'ombre du sanctuaire. Mais la prudente Héloïse n'approuvait pas un dessein si peu réfléchi ; elle savait

(a) Espèce de farces où l'on contrefaisait des personnages connus.

qu'on brûle aussi sous la haire, et que les larmes de la pénitence n'éteignent pas toujours le feu des désirs.

Les ames indifférentes, disait-elle à sa jeune amie, ne redoutent point la solitude : un arbre, une fleur, un peu de verdure suffisent à qui n'a ni regret de la veille ni souci du lendemain ; tout distrait ceux que rien n'occupe ; mais les cœurs blessés doivent craindre la retraite ; car les bois sont pour eux sans ombrage, les ruisseaux sans murmure et les fleurs sans parfum. La nature entière pleure autour de celui qui gémit.

La princesse d'Autriche laissa échapper un soupir, et l'abbesse continua d'un ton plus animé :

J'ai fui dans le désert moins par piété que par dépit ; j'ai fait à Dieu le sacrifice des plaisirs que je ne pouvais plus goûter ; je lui ai consacré le reste d'un cœur où les passions vivaient encore ; mais croit-on que la solitude les ait soudain calmées, et que les larmes soient moins amères parce qu'elles sont muettes ?

J'habitais une maison de paix, et le tumulte était au fond de mon ame : ce tranquille séjour ne reposait point mon cœur. Je conjurais en vain le Ciel de guérir ma profonde blessure ; je tâchais de me repentir, mais mes remords n'étaient que le regret d'une félicité perdue. Mes vœux inquiets se reportaient sans cesse vers un monde que j'avais quitté malgré moi, et dont l'image toujours présente me suivait jusqu'à l'autel même [a].

L'abbesse, livrée à une foule de sentiments contraires,

(a) Inter ipsa missarum solemnia, ubi purior esse debet oratio, obscœna earum voluptatum fantasmata ità sibi penitùs miserrimam captivant animam, ut turpitudinibus illis magis quàm orationi vacem. — Epistola IV Héloïs. ad Abail.

se couvrit le visage de ses mains ; puis, surmontant sa faiblesse :

Je m'indignai, continua-t-elle, de la révolte de mes sens, et le délire de ma raison me fit peur ; je trahissais le Dieu que j'étais venue chercher ; je profanais le chaste habit des vierges, et mon voile ne cachait plus que ma rougeur et ma confusion. Effrayée de mon égarement, j'eus recours à celui qui soulève et calme les flots, et l'agitation de mes esprits s'apaisa enfin : je m'aperçus trop tard que l'espoir qu'on met en Dieu ne trompe jamais. Fatiguée du monde et de ses folles joies, j'oubliai sa gloire qui m'avait séduite et ses œuvres qui m'avaient déçue ; j'oubliai tout, hormis... N'en sois point jaloux, ô mon Dieu ! il n'est plus qu'un peu de cendre.

Je quittai l'abbaye d'Argenteuil, pour me retirer à l'oratoire du Paraclet, fondé par Abailard. L'observance d'une règle étroite ne m'effrayait plus : la règle ne gêne en effet que l'orgueil et le caprice ; j'espérais d'ailleurs que les veilles et le jeûne useraient promptement la trame de mes jours mal tissus. Je m'entourai de vierges fidèles qui pratiquaient la vertu sans faste et sans effort : nul devoir ne coûtait à leur zèle fervent ; nul fardeau ne leur était lourd ; elles pleuraient et n'avaient point péché ; elles s'accusaient et n'avaient point failli ; toutes priaient d'une bouche innocente.... et moi !

Ces derniers mots expirèrent sur les lèvres de l'abbesse, qu'Iselle suppliait vainement d'interrompre ce pénible récit.

Je vous le disais tout à l'heure, poursuivit Héloïse, il est plus difficile qu'on ne croit de s'accoutumer à la vie religieuse : on a trop vanté peut-être ses douceurs. La paix du cloître, ma chère Iselle, ressemble à celle de la tombe. J'avais conservé, par bonheur, mes manuscrits, et je passais à étudier le peu d'instants que je ne consacrais point à la prière : je recevais aussi parfois des lettres d'Abailard ; ces lettres, qui respiraient la charité et la tendresse, m'aidaient du moins à souffrir et soutenaient mon ame lassée d'un si long exil. Tout à coup je ne vis plus arriver le frère lai qui était chargé de me les apporter, et j'en conçus un sinistre présage. Abailard ne m'écrivait plus, il avait donc cessé de vivre. Cette incertitude, pire que la mort, dura huit jours ; enfin, un billet de Pierre-le-Vénérable m'apprit qu'une ame sainte venait de remonter au ciel. On m'a depuis conté qu'à cette affreuse nouvelle, je m'étais évanouie sans verser une larme, sans jeter un cri; tout ce que je me rappelle maintenant, c'est que je ne murmurai point contre le Seigneur et n'accusai point sa justice : la foi d'ailleurs m'assurait que le chrétien ne meurt pas, qu'il ne fait que de changer de vie, et que je rejoindrais Abailard dans un monde plus heureux. Cette pensée me sauva du désespoir. Je m'humiliai sous la main qui m'avait frappée ; mais je n'étais pas à la fin d'une si rude épreuve. J'avais demandé, pour grâce dernière, le corps de mon époux, et les moines de Saint-Marcel le refusaient à mes larmes [a]; il fallut que l'abbé de Cluny l'enlevât de leur moutier, et me l'apportât lui-même, à la tête d'une foule de barons et de clercs. J'allai le recevoir à l'entrée du cloître, le cœur déchiré, mais l'œil sec, car on m'observait. Il est une piété sombre qui ne connaît point l'indulgence. Les cruels ! ils ne comprenaient pas que ces sacrées reliques étaient la meilleure moitié d'Hé-

(a) Prieuré à quelques lieues de Chalon-sur-Saône.

loïse; ils inhumaient Pierre Abailard comme ils eussent enterré un serf stupide : j'étais surtout indignée de la figure impassible des chapelains. J'aurais voulu des cris, des sanglots, et je ne trouvais qu'un deuil vulgaire ou une pitié curieuse. Ces lugubres idées bouleversaient mon esprit ; je n'écoutais plus le chant des prêtres, et mes yeux voilés d'un nuage n'osaient se tourner vers la nef, car il avait le visage découvert, et je craignais de mourir de douleur si je le regardais. Cependant j'avais juré de le revoir encore et de lui dire un dernier adieu. On ne devait achever les funérailles que le lendemain, et la nuit du moins me restait. Sitôt qu'elle fut venue, je descendis nu-pieds à l'église ; un pâle rayon de lune, qui blanchissait à peine l'étroit vitrail de l'escalier, guidait seul mes pas dans l'ombre. Je ne suis ni superstitieuse ni craintive ; et toutefois, il faut que je l'avoue, mon courage fut près de fléchir ; je reculai même de quelques pas, saisie d'une terreur que je n'avais jamais connue : la nuit et ses ténèbres, le sombre aspect de ces noires draperies qui entouraient un lit nuptial veuf, où manquait l'épousée, finirent par troubler ma raison que tant de maux avaient affaiblie : il me semblait qu'un bruit lugubre de plaintes et de prières sortait de toutes les chapelles, et qu'une voix lamentable murmurait le nom d'Abailard ; mon imagination en délire créait mille spectres bizarres qui s'évanouissaient l'un après l'autre, pour renaître plus hideux. Je m'approchai du catafalque, les yeux fermés ; j'avançai une main à tâtons, mais je la retirai aussitôt avec un cri d'épouvante : j'avais touché quelque chose de froid... c'était le front d'Abailard. Je retombai sur l'estrade, et ma tête heurta contre un des angles du cercueil. Bien que ce coup m'eût étourdie, j'eus la force de me relever, et j'ouvris brusquement les yeux. Quel spectacle s'offrit à ma vue! Abailard était devant moi, glacé, immobile, insensible ; la livide lueur de quatre lampes de sépulcre éclairait à demi sa face jaune et ses traits amaigris, mais non défigurés. Voilà donc, ô mon Dieu! l'époux qui m'avait charmée; le maître qui m'avait instruite! quoi! ces lèvres, d'où la parole divine s'échappait si puissante, s'écoulait si persuasive, étaient muettes pour toujours! Dieu retirait à lui le souffle qui anima cette sainte poussière, et l'ombre de la mort couvrait cette lumière éteinte. Mille souvenirs doux et cuisants se pressaient dans ma mémoire. Penchée sur cette fatale bière, j'examinais, d'un œil consterné, ce cher et malheureux objet de mon premier amour et de mes dernières peines ; je me retraçais ses chagrins, ses périls et ses courtes erreurs qu'un long repentir avait expiées ; puis, je me le figurais au milieu des élus, rajeuni, radieux, plein de gloire et de béatitude ; je baisais sa croix pectorale et ses vêtements. Mes larmes, que je croyais taries, purent enfin couler ; elles le réchauffèrent peut-être ; car soudain (et ce n'était point un prestige!), les lourdes draperies s'agitent, un léger murmure sort du cercueil, et réveillé sur sa couche funèbre, Abailard soupire et me tend les bras. Je m'y précipitai tout éperdue, et mon ame réunie à la sienne.....

La princesse, qui s'aperçut qu'Héloïse pâmait, se mit à crier à l'aide; et tandis que ses femmes se hâtaient d'accourir, le bruit des tabours et des buccines annonçait aux preux l'ouverture du tournoi [a].

(a) On raconte qu'à l'instant où l'on descendit Héloïse dans la tombe d'Abailard, ce fidèle époux lui *tendit les bras*. Pierre Bayle, qui rapporte ce mi-

Un nombre infini de chevaliers d'Europe et d'Asie, de barons d'Allemagne et de Terre sainte, étaient accourus à la voix de l'empereur. Le duc d'Athènes, de l'illustre maison de Ray, les grands maîtres de Saint-Blaise et de Davis, dont une cuirasse écaillée recouvrait le scapulaire noir ; Ulric de Lentzbourg et le jeune Étienne, cousin de Madame Béatrix, s'élancèrent les premiers à la barrière.

L'impératrice, le front tout *étoilé* de diamants et de perles, était assise au milieu de ses belles cousines. La comtesse Agathe, sa mère, tenait le prix du cimbel [a] : c'était une chaîne d'or du Doubs enrichie de turquoises. Frédéric, à cheval et la visière ouverte, parcourait la lice, accompagné des ducs et des bannerets armés de toutes pièces, précédé des hérauts, l'aigle à deux têtes sur la poitrine, et suivi d'une foule de pages qui étalaient leurs mantelines bigarrées, leurs trousses et leurs aiguillettes ; la richesse des surtouts, le reflet des pierreries, l'éclat des casques et des pavois, ajoutaient à la pompe de cette fête chevaleresque.

A peine eut-on crié : *laissez aller les bons chevaliers*, qu'Albert l'Ours et Richard de Méranie coururent à toutes brides l'un contre l'autre, et brisèrent, jusqu'à la poignée, leurs lances fragiles. Ils résistèrent tous deux à cette atteinte; mais le cheval du farouche margrave heurta si rudement, de son chanfrein de fer, le destrier de Richard, que ce malheureux coursier, dont la tête n'était parée que d'un mince frontal d'or, tomba sur son maître, en battant l'air des quatre pieds.

racle d'amour conjugal, a l'air d'en douter; mais dom Gervaise, auteur d'une vie d'Abailard, s'indigne avec raison de l'incrédulité de Bayle.

(a) Cimbel, tournoi.

Plusieurs chevaliers comtois, Bernard de Saint-Mauris et Pierre de Scey, signalèrent ensuite leur force et leur adresse. Tholongeon-le-Féal renversa le duc d'Athènes, et le seigneur de Bauffremont brisa deux lances contre l'écu de Jacques de Vaudrey.

Le sénéchal de Montjoie abattit le preux de Salins, et fut à son tour terrassé par le bel Étienne de Bourgogne. Le fier templier, rouge de honte et de colère, arracha sa coiffette de mailles, et jeta loin de lui sa rondelle. Étienne fondit ensuite sur Albert de Poitiers qui, pour la première fois, alla mesurer l'arène. Il enleva des arçons Hugues de Zœringhem, le margrave de Thuringe et le sire de Beaujeu, digne héritier du renom de ses pères [a]. Tout cédait au jeune guerrier, car le duc de Bavière, consterné des rigueurs d'Iselle, s'était retiré de la lice. Que faire, hélas! de la gloire qu'on ne peut plus offrir à l'amour!

Le prix du tournoi fut donc adjugé au comte Étienne, et mille fanfares, mille joyeux carillons célébrèrent le triomphe d'un prince de la maison de Bourgogne.

Un somptueux festin attendait au palais le vainqueur du cimbel. On avait tapissé la salle du banquet de fleurs et de festons : partout s'enlaçaient des myrtes, des lauriers et les chiffres de Madame Béatrix et de Frédéric; partout brillaient, en lettres d'or, d'ingénieuses devises et les belles maximes de la religion d'amour.

Trois tables, garnies de nappes de dentelles, étaient chargées de tous les mets qui flattent l'odorat et le goût; on n'avait oublié ni l'ambre, ni l'iris, dont le parfum, mêlé à la douce vapeur du nectar et du meudon, embaumait les airs. La voûte figurait un ciel brûlant de Syrie,

(a) *Renom* de Baujeu. Adage.

que voilaient à demi des nuages teints de pourpre et de violet.

Des ménestrels, montés sur des bœufs drapés d'écarlate, jouaient des timbales, et des ours en pourpoints de drap bleu cornaient de la trompe.

Le légat du pape dit le *benedicite*, puis des gens d'armes à cheval servirent les plats couverts, au son des lyres et des flûtes. Des pages tout chamarrés d'écussons, allumèrent des torches de cire et se rangèrent derrière leurs maîtres; d'autres agitaient l'air avec des éventails de plumes. Un ruisselet d'eau de senteur murmurait à travers des cailloux de grenats, de jagonces et de hyacinthes ; des pinsons, des bouvreuils qu'on avait lâchés, voltigeaient de drageoirs en drageoirs, et becquetaient les poupelins et les épices [a].

Le jeune Étienne prit place entre l'impératrice et la comtesse Agathe. Son écharpe, parsemée de roses d'argent, était un don de Madame Béatrix ; une guirlande de feuilles de chêne couronnait sa blonde chevelure. Il avait ceint l'épée de Guillaume Tête-hardie, et la joie d'une première victoire était peinte dans ses yeux. Les barons vantaient son courage, et les dames louaient sa beauté. Les prélats allemands l'invitaient à boire, et les bons vins des Arçures et d'Arbois coulaient à longs flots.

On apporta devant Frédéric un superbe paon qui conservait ses plumes et son aigrette mobile. Ce prince le découpa lui-même, et chaque noble convive eut sa part de la *viande des preux*.

L'abbé d'Heidelberg, pour témoigner à l'empereur sa

(a) Drageoirs, bassins où l'on mettait des dragées. Les *épices*, c'est-à-dire les confitures ; les *poupelins*, sorte de pâtisserie.

gratitude, avala, tout d'une haleine, une cruche de vin épicé.

Les dames savaient que Hües de Braye-Selves leur ménageait, au dessert, une agréable surprise. On ne parlait à la cour que du nouvel entremets [(a)].

L'attente des Châtelaines ne fut point trompée. On vit paraître tout à coup une nef dont les voiles étaient d'une gaze déliée, les cordages de soie et les mâts de bois de Sandal. Des nymphes en sortirent plus radieuses que l'écume des mers; leurs noirs cheveux étaient tressés en diadême, ou tombaient épars sur leur sein; un large ruban marquait les contours de leur taille voluptueuse.

Deux de ces nymphes se saluèrent d'abord d'un air grave; puis, glissant sur la pointe du pied, les bras arrondis et le corps droit, sans être roide, elles passaient et repassaient lentement, se cherchaient, s'éloignaient, toujours calmes et sérieuses; elles se donnaient la main avec une froide politesse, et ne pressaient jamais la mesure. On admirait leur souplesse et leur grâce; on suivait de l'œil tous leurs pas, leurs fleurets, leurs coupés et leurs poses; on craignait presque de respirer : jeunes et vieux se pâmaient sous le charme.

La gaillarde succéda au menuet [(b)].

Les jongleurs et les pucelles exécutèrent ensuite un ballet de maître Huës de Braye-Selves; la jolie Berlaïde de Trémilli chanta la ronde du gai ménestrel :

Onc ne dois rester en oubli,
Charmant ormel de Trémilli !

(a) On appelait *entremets* des décorations et des espèces de jeux scéniques.

(b) La *gaillarde* ou *romanesque* succédait presque toujours à la pavane et au menuet.

Ce fut sous ton ombre discrète,
Charmant ormel de Trémilli,
Qu'un page, au doux jeu d'amourette....
Ah! que ce page était joli!
Mais, hélas! qu'il fut impoli!

Onc ne dois rester en oubli,
Charmant ormel de Trémilli!

Le lendemain, sous ton ombrage,
Vint un preux, plus beau qu'Amadis,
Puis un abbé de haut parage.
Ah! tous deux qu'ils étaient hardis!
Dieu les mette en son paradis!

Onc ne dois rester en oubli,
Charmant ormel de Trémilli!

Un vieux baron eut fantaisie
D'y venir... Combien j'en ai ri!
Il montra plus de courtoisie,
Et j'en ai fait un bon mari,
Car il me passe un favori.

Onc ne dois rester en oubli,
Charmant ormel de Trémilli!

Les dames et les chevaliers sourirent, et le teint de Berlaïde fut animé d'un plus vif éclat.

Je hais tous ces lais d'amour, dit à l'abbesse du Paraclet Étiennette de Bourgogne [a]; c'est le diable qui les inspire!

On inspire mal ce qu'on ne sent pas, répondit la tendre Héloïse ; oubliez-vous, ma sœur! que le malheureux ne peut plus aimer?

(a) Abbesse de Baume-les-Nonnes.

CHAPITRE XI.

LA DIÈTE.

L'AURORE teignait de pourpre le donjon du temple et les monts de Salins ; le son de toutes les cloches annonçait l'ouverture de la diète , et les six boucliers de l'empire étaient prêts (1). Une foule immense couronnait le revers de Plumont qui regarde le midi ; on avait entouré la cour du perron de gradins circulaires : une bannière , un drapeau , un pennon carré ou fourchu marquaient la place des ducs, des dignitaires de l'Église et des chevaliers. L'étendard impérial dominait tous ces étendards : c'était une aigle d'or massive au bout d'une pique. Le trône de Frédéric s'élevait en face de celui du légat, et tous deux étaient chargés d'emblêmes et de draperies ; mais on les distinguait à leur forme : le premier ressemblait à une chaire curulle, le second était une espèce de niche en ogive. L'archevêque de Besançon avait un tabouret aux pieds du cardinal ; on était déjà loin des jours de saint Léon et du siècle des apôtres [a]. Le perron de marbre environné d'une riche balustrade servait de tribune; à droite, était le banc du secrétaire Godefroi de Viterbe, du compilateur Gratien, de Gerland, l'Abailard comtois, et du célèbre Pierre Lombard (2); à gauche étaient les siéges d'Ardutius, évêque de Genève, des abbés Guigon et Gérard premier [b], et de Ladislas, vicaire de Frédéric en Allemagne.

On avait préparé un fauteuil pour Suénon, roi de Danemarck.

Le livre des Évangiles, recouvert d'une soie vermeille, était posé sur une table de marbre.

Frédéric se rendit à la cour du perron, après la messe du Saint-Esprit. Son armure, forgée à Damas, était incrustée de diamants ; il avait le front paré de la couronne impériale, que, selon l'antique usage, il ne devait plus quitter le reste du jour; son léger palefroi bondissait à côté de la mule pacifique du légat. On était édifié de l'air grave et modeste du cardinal ; Dieu, qui lui réservait de saintes destinées, lui imprimait déjà cette haute majesté de la tiare et ce grand caractère du souverain pontificat [c] ; on jugeait, à ses manières affectueuses, que le jour de son arrivée était un jour de *bonne nouvelle*, et que ce prélat

(a) Dans la diète de Worms, en 1056, le pape saint Léon céda le pas à l'archevêque de Mayence; parce que la ville de Worms était soumise à la métropole de ce prélat.

(b) Guigon était, en 1156, abbé de Baume, et Gérard, abbé de Saint-Oyan (Saint-Claude).

(c) Il fut pape depuis, sous le nom d'Alexandre III.

bénin serait un messager de paix. Frédéric s'applaudissait de recevoir dans ses états un prêtre si vénérable, et la diète, à son tour, se félicitait du choix d'Adrien.

Le cortége traversa la cour et les jardins du palais, et défila sous le balcon de l'impératrice et de ses belles cousines, qui reçurent la bénédiction du légat. C'était une pompe ensemble guerrière et religieuse : il n'y avait ni trouble ni confusion dans cette assemblée de princes, d'évêques et d'abbés qui marchaient sous leurs propres bannières, précédés de leurs chanoines, de leurs avoués et de leurs pages.

Le peuple contemplait d'un œil respectueux les prêtres et les diacres, un faucon sur le poing et le chaperon de deux couleurs sur la tête [a]. Il ne se lassait point d'admirer les preux chevaliers avec leurs écus verts [b], leurs manteaux de velours, leurs armets d'acier fin, leurs guidons et leurs devises.

Mais l'abbé de Clairvaux était celui que cherchaient tous les regards et tous les cœurs ; le renom de ce saint moine remplissait l'Europe et l'Asie. Innocent deux lui devait la tiare, Eugène trois et Suger avaient été ses disciples chéris. Successeur des Ambroise et des Chrysostôme, il passait pour le dernier père de l'Église ; sa voix avait cette puissance qui subjugue, ce charme qui touche, et cet accent de vérité qui persuade. Issu d'une famille distinguée de Bourgogne, Bernard avait quitté tout jeune la maison paternelle, pour suivre le Seigneur. Clairvaux, grâce à ses soins, ne tarda point à devenir fameux, et les princes, les évêques accouraient vers ce pieux séjour qu'habitait un

(a) Tristan raconte aussi, qu'il a vu des prêtres vêtus de la sorte. — *Marchangy.*

(b) Ecus de grande cérémonie.

grand homme. La foudre qui écrasa l'antipape Léon partit de Clairvaux.

Une nuit, la voix de Dieu ébranla le moutier, et le Seigneur dit à Bernard :

— J'ai pour Sion un amour ardent et jaloux, et j'ai fixé ma demeure à Jérusalem.

Allez, prêchez contre les Sarrasins qui outragent mon peuple, et qui changent une terre de délices en un désert aride [a].

Bernard obéit et parut à la diète. Il essaya de se perdre dans la foule, mais le cercle lumineux qui brillait autour de sa tête le décela ; les moines et les prêtres se prosternèrent à ses pieds, et le saint abbé en pleura de honte et de douleur.

Le bénédictin Burchard accompagnait l'abbé de Clairvaux, son ancien maître. Ce moine était d'une humilité profonde ; il se comparait lui-même à une taupe, à une cigale, et les appelait ses sœurs [b].

On portait devant Frédéric l'épée de Charlemagne, plusieurs manteaux d'hermine mouchetée [c], et la couronne de fer des rois lombards.

Des écuyers tenaient par la pointe leurs épées nues, et deux éperons d'or étaient suspendues à la garde de chaque épée.

Les ducs, les évêques et les princes ecclésiastiques escortaient le roi de Danemarck.

Ils étaient suivis d'Étienne, comte d'Auxonne, cousin de Madame Béatrix, de Landri de Joux, fondateur du

(a) *Zelatus sum sion zelo magno*, etc. — Zacharie, ch. VII.

(b) Lettre de Burchard, abbé de Balerne, à son confrère Nicolas.

(c) Emblème de puissance.

moutier de Montbenoît, et du pieux d'Achey, qui arrivait du purgatoire de Saint-Patrice [a].

Gilbert de la Porée et le comte de Trèves cheminaient tristement derrière Hugues de la Tour [b]. Gilbert semblait marri de s'être rétracté, et le comte pliait sous le poids d'un chien énorme : il était condamné à la peine de la hachée (3), et resta hors de l'enceinte.

Chacun ayant pris place, Frédéric prononça un discours plein de dignité et de sagesse. Il paya d'abord un tribut de louanges à la mémoire de Conrad, son oncle et son prédécesseur; il prévint la diète qu'il allait publier des lois sur la paix publique et les fiefs, et qu'il confirmait tous les priviléges du clergé de Bourgogne; il annonça qu'il était décidé à punir les Milanais rebelles, mais que nul prince ou vassal de l'empire germanique ne serait forcé de franchir l'Apennin; il jura de ne souffrir jamais que les Grecs s'établissent en Italie; il ajouta que Rome avait lassé sa patience, Rome, toujours vaine, malgré sa faiblesse, et toujours déçue par les souvenirs d'une gloire éclipsée et d'un fantôme de république [c].

Ce discours achevé, Frédéric reçut le serment des seigneurs bourguignons et des députés du royaume d'Arles. Il conféra l'archevêché de Magdebourg à Guicman, évêque de Ceïts [d]. Le cardinal fronça le sourcil, mais l'empereur, jaloux de ses régales, feignit de ne point remarquer le dépit du légat.

(a) Piété d'*Achey*. Adage de famille. — *St. Patrice*, évêque et apôtre d'Irlande qui a décrit le purgatoire avec beaucoup d'exactitude.

(b) *Gilbert de la Porée*, évêque de Poitiers. Ses erreurs furent condamnées au concile de Rheims en 1148. Il eut la sagesse de se rétracter.

(c) Frédéric Barberousse confirma ce qu'il avait promis.

(d) Historique.

Il proclama ensuite roi de Danemarck le valeureux Suénon, vainqueur de Canut et de Waldemar, et lui remit l'épée, symbole du pouvoir suprême.

Il investit Henri-le-Lion du duché de Bavière, et lui présenta cinq drapeaux, qui désignaient les cinq fiefs de ce duché [a].

Mais, il réserva deux étendards pour Iselle : cette princesse recouvra ainsi l'Autriche (4).

Chaque fois que Frédéric donnait une investiture, le peuple criait *largesses*, et les buccines jouaient des fanfares.

Puis, le clergé priait le Seigneur de bénir le nouveau prince.

Tout à coup les trompettes cessèrent de sonner. Une rumeur s'éleva du milieu d'un groupe de prêtres. Robert, moine de Lure, venait de mourir subitement ; il était couché par terre, le front jaune et les lèvres teintes du sang qui l'avait étouffé : ses frères cherchaient en vain à le ranimer, et le baignaient d'inutiles larmes. L'abbé de Clairvaux seul ne pleurait point ; .... il priait ! Son visage était radieux, et l'auréole de son capuce ressemblait à un diadème de lumière : c'était le signe avant-coureur d'un miracle. Déjà la terre éprouvait un doux frémissement, le ciel s'abaissait par degrés, et se voilait d'une ombre mystérieuse ; on sentit l'air tiédir et se parfumer du baume des fleurs. Les astres répétaient un divin concert : tout se taisait ailleurs, les bois, le fleuve et la plaine.

Bernard étendit la main vers le cadavre.

Au nom du Père, du Fils, et du Saint-Esprit, s'écria le serviteur de Dieu ; Robert, moine de Lure, lève-toi !

(a) Hist. d'Allemagne.

Et Robert, moine de Lure, se leva plein de vie.

Et toute la diète entonna le *Te Deum.*

Les diacres et les clercs se pressaient autour du bon moine ; ils baisaient sa robe et son scapulaire ; ils s'agenouillaient devant saint Bernard, qui repoussait avec effroi ce dangereux hommage.

Robert resta long-temps ébloui et muet ; mais sa stupeur une fois dissipée, il conta des choses si merveilleuses, qu'on eût douté peut-être de la véracité du bon père, si un moine ressuscité pouvait mentir (5).

Le miracle de saint Bernard avait produit un enthousiasme universel : ce n'étaient qu'élans d'amour, actes de foi, soupirs de dévotion et de joie. Des milliers de voix chantaient : le Christ vit ! le Christ règne ! gloire à Dieu, dans tous les siècles des siècles !

« Qu'il vive et qu'il règne à jamais ! s'écria Bernard « inspiré ; que sa tombe surtout soit libre ! Baudoin, « hélas ! ne peut plus la défendre ; un poison trop sûr a « terminé ses jours (6). La fidèle Édesse est détruite, et « Saladin, plus à craindre que son père, menace Jéru- « salem d'où la loi nous est venue [a]. Des signes formi- « dables consternent l'Idumée, et la foudre a frappé le « Saint-Sépulcre [b]. Verrez-vous sans pitié les douleurs « de Sion, et faut-il, pour vous réveiller, que le bruit de « sa chute vous épouvante ?

« Vous pleurez à ces tristes images ; mais de quoi ser- « vent ces vains pleurs ? ce n'est plus par des larmes qu'on « prévient la ruine de la famille de Jésus-Christ. Il est

(a) Le pape Urbain II avait déjà parlé à peu près de même à Clermont.

(b) Une comète avait paru dans le ciel. La foudre était tombée sur le Saint-Sépulcre. Ces *signes*, dit Guillaume de Tyr, *étaient significatifs de l'avenir*.

« temps de s'armer du glaive des Machabées. Dieu vous « appelle du haut de son Calvaire ; allez sauver sa tombe « et venger ses affronts ! Marchez, au nom de Dieu, et « soyez sûrs de la victoire (7) ! Il pourrait réunir ses « anges et consumer l'impie du feu de sa colère [a], mais « il veut éprouver votre courage et votre foi : il vous laisse « la gloire de soutenir sa cause. Vous avez si souvent « combattu pour un coin de terre usurpé, combattez « aujourd'hui pour un héritage légitime, suivez tous la « croix triomphante ! Malheur à qui *n'ensanglante pas* « *son épée* ! Étouffez les faiblesses du cœur et le cri « de la nature : *celui qui aime son père et sa mère mieux* « *que moi, n'est pas digne de moi*. Marchez donc ! Dieu « le veut : marchez ! Vainqueurs, les couronnes sont « prêtes ; martyrs, la palme vous attend. »

Dieu le veut ! Dieu le veut ! s'écria tout le peuple, qui fondait en larmes [b].

Nul terme ne peut rendre le spectacle qu'offrait la diète. Les chevaliers agitaient leurs épées, et juraient *d'entrer dans la voie de Dieu*. Les palatins, les évêques et Frédéric lui-même prirent la croix (8). Tous répétaient : Dieu le veut ! Dieu le veut ! Les croix manquèrent au saint abbé ; il en fit de nouvelles avec son froc qu'il déchira [c]. L'empereur et ses guerriers confessèrent leurs péchés, et reçurent de la main de Bernard une absolution générale.

Cependant le légat demeurait silencieux et froid ; ses regards ne se détournaient point du ciel ; il paraissait

(a) Saint Bernard s'est servi des mêmes paroles dans une de ses épîtres. *Nunquid potest mittere angelorum plus quàm duodecim millia*, etc.

(b) Diex le volt ! Diex le volt !

(c) Histoire des croisades.

attendre l'inspiration divine, et chacun était surpris de ce calme affecté. Il sortit à la fin de sa pieuse extase ; puis, ses lèvres, qui tout à l'heure distillaient le miel, dardèrent le discours qu'on va lire, comme parfois un jet de flamme perce la verdure qui tapisse les flancs de l'Etna :

« Oui, sans doute, Dieu le veut, mes frères ! mais il « veut aussi qu'on révère ses pontifes. S'il a donné sa « loi parmi la foudre et les éclairs, c'est pour nous ap- « prendre à la craindre : cette crainte est le commence- « ment de la sagesse. Sont-ils sages, toutefois, ces chré- « tiens égarés qui renient leur baptême, usurpent les « droits de la tiare, et refusent même de payer le denier « de saint Pierre, au mépris de l'église indigente et tra- « hie? Mais il faudra compter ce soir avec le Seigneur, « car la fin du jour arrive. Les siècles finiront, mes frères ! « tout passera, excepté la divine parole. C'est elle qui « nous a proclamés, quoique indignes, pasteurs des peu- « ples et des rois, pour assurer les intérêts du ciel et « pour mettre du moins en des mains paternelles la pai- « sible houlette qui n'eût été qu'un sceptre de fer dans « celles des souverains. »

Un long murmure accueillit ce début insultant. Frédéric se contenta de sourire. Nul n'avait plus que lui la force de se contraindre : il ne voulait pas d'ailleurs engager un conflit qui eût amené une rupture ouverte.

« Prêtre de Belzébuth ! dit le duc de Bavière, en frappant du pied.

« Que le feu de saint Elme l'arde jusqu'à la moëlle, murmura le chancelier Raynald.

« C'est le reste fumant d'une toile brûlée, ajouta Philippe d'Héristal. »

Un geste suppliant de l'abbé de Cluny modéra le courroux de ces palatins irascibles.

L'empereur continuait à se taire, et le légat présomptueux s'imagina qu'il avait peur. Il regarda Frédéric d'un air hautain, et continua en ces termes :

« Qu'importe que Sion ait brisé ses fers, si la capitale « du monde chrétien est captive ! si Rome et l'Italie ne « sont plus que des catacombes où brebis et pasteurs, « meurtris et dépouillés, n'ont d'autres vêtements que la « poussière et les vers ! Partout les lois sont méconnues, « et les membres de Jésus-Christ sont chargés d'indignes « liens. Des monstres sacriléges ont enchaîné un béni du « Seigneur, et les traîtres exigent qu'un prélat se rachète, « comme un Juif mis à l'amende, pour n'avoir point payé sa « taxe (9). Rome est souillée d'un long carnage, et le sang « d'un cardinal rougit la voie sacrée [a]. Que devient la paix « de l'Église sous des rois qui, pareils à de froides idoles, « n'ont jamais d'yeux pour voir les coupables, ni de bras « pour les saisir ? Un prince, que nous avions intrônisé « nous-mêmes, dévaste l'Italie, nous ferme l'Allemagne, « et dispose à son gré des droits régaliens [b]. Il a honte « de tenir l'étrier du Pape et d'accomplir un devoir dont « les anges seraient flattés (10). Mais celui qui rougit de « moi, dit le Sauveur, je rougirai de lui devant mon Père « céleste. De quel prix son ingratitude a payé nos bien- « faits ! Nous l'avions supplié, par les entrailles de la di- « vine miséricorde, par l'aspersion du sang de Jésus- « Christ, d'abjurer une aveugle haine ; nous avions versé

(a) Les partisans d'Arnaud de Bresse attaquèrent, dans la rue Sacrée, Gérard, cardinal du titre de Sainte-Prudentienne, et le blessèrent très grièvement.

(b) Histoire des papes. Règne d'Adrien IV.

« l'huile et le vin sur ses orgueilleuses blessures ; nous « lui avions *conféré*, de bon cœur, la couronne impériale ; « et bien loin de nous en affliger, nous nous réjouirions, « mes frères, s'il avait reçu de nous un meilleur *béné-* « *fice* (11). »

Le choc de deux nuages d'où s'échappe la foudre, le fracas des ondes sur un écueil, le bruissement des flammes à travers un bois qui s'allume, ne donneraient qu'une idée imparfaite du tumulte effroyable qu'excita ce discours altier. Tout s'agite et se mêle, panaches, mîtres et chaperons. Les palatins et les margraves frémissaient de colère, et menaçaient le pontife injurieux du geste et de la voix.

On eût dit une décharge de traits lancés par une batterie de catapultes.

— Le pape a lassé tout le monde [a] ; — Adrien, fils d'un clerc de village, affecte d'humilier les rois (12) ; — l'empire a soutenu l'Église, et l'Église veut écraser l'empire [b].

« Il ne vous appartient pas de juger Adrien, repartit le « prélat inflexible : Dieu le réserve à son jugement. Le « pape est en tous lieux seigneur et maître, et Dieu n'y « pourrait faire que ce que le pape voudrait [c]. »

Ce superbe langage accrut l'irritation des palatins ; les huées et les insultes redoublèrent.

— Meurtrier des ames, Dieu abîmera ton siége au fond de l'enfer [d] !

(a) Jean *Sarisberi*, dans ses remontrances au pape Adrien IV, employa depuis les mêmes termes.

(b) Les prélats allemands, en répondant à ce pape, reproduisirent les mêmes expressions.

(c) *Bernabo Visconti* tint aussi ce superbe langage. Vie d'Urbain V.

(d) Révélations de sainte Brigitte, livre 1.er, chap. 41.

— Tu tomberas avec Héli, et tu te casseras aussi la tête!

— Ta mère est la vanité, et tes sœurs sont la paresse et la luxure [a]!

Il est fumeux et mélancholieux, dit tout bas maître Abbon d'Arbois à maître Hües.

Un peu trop, mon cher mire, répondit le ménestrel; mais quel beau sujet de Syrvente!

Henri-le-Lion serrait son épée, et le duc Albert s'arrachait la barbe.

Les évêques allaient de l'un à l'autre, et les suppliaient de se contenir.

Frédéric gardait seul une attitude imposante. Il abaissa lentement son sceptre, et le bruit peu à peu diminua : ainsi, Dieu, maître des tempêtes, les soulève et les apaise à son gré.

Le calme enfin rétabli, Frédéric prit la parole :

« Dieu a soumis le monde au pouvoir des deux glaives,
« quand son Fils mourut sur la croix [b]. »

A ces mots, tous les fronts s'inclinèrent.

« Mais l'un de ces glaives, continua l'empereur, n'est « qu'une arme spirituelle; car le royaume du Christ n'est « pas de ce monde. Jamais saint Sylvestre eut-il part à « la dignité suprême, et l'anneau du pêcheur scellait-il « les décrets de Constantin ? L'orgueil, cette bête détes- « table s'est glissée parmi vous [c]; il semble que Dieu « ait donné sa malédiction à son sanctuaire [d]. L'or,

(a) C'est dans ce style que l'archevêque de Milan écrivait depuis au pape Clément VI. Fleuri, Hist. ecclésiast., livre XCVI.

(b) L'empereur Frédéric inséra cette phrase dans une lettre adressée à ses sujets.

(c) Lettre du même au pape Adrien.

(d) Ces paroles furent empruntées par Frédéric à saint Bernard qui les avait proférées à Vézelai.

« dont la soif vous tourmente, l'or implacable ne vous « laisse ni paix ni trêve, et c'est toujours sur l'Alle- « magne que vous jetez d'avides regards. On sème con- « tre nous des écrits téméraires, et, si l'on en croit ces « libelles, le pape est l'arbitre du monde et nous a conféré « l'empire. N'a-t-on pas eu la hardiesse de peindre Lo- « thaire à genoux, recevant des mains du pape le dia- « dème ! Étrange humilité du successeur des apôtres (13) ! « Nous respectons le souverain pontife, mais rendez à « César ce qu'on doit à César ! supprimez les écrits, ef- « facez les peintures, car tout cela vient du mauvais [a].

« Nous ne sommes point feudataires de l'Église, nous « régnons par la grâce de Dieu ; c'est de lui que nous « tenons la couronne, et nous en maintiendrons les droits. « Que le Pape à son tour maintienne l'union de l'empire « et du sacerdoce [b] !

De nombreux applaudissements prouvèrent à Frédéric que la diète partageait ses principes. On le salua de rechef empereur, roi des Romains, héritier des Césars.

Le légat indigné rejeta la tête en arrière ; il se gonfla sous sa pourpre, et s'adressant à Frédéric :

— Eh quoi ! vous osez, frère !.... La foudre éclata de rechef à ce nom de frère [c].

— Ecoutez ! écoutez ! il l'appelle *frère*. L'outrecuidé ! la mâlebouche ! jamais pape a-t-il appelé frère l'empereur ?

« Tous les saints, répliqua le fier cardinal, se prosterne-

(a) Une réponse des prélats allemands à Adrien IV contient les mêmes remontrances.

(b) Les prélats, dans leur réponse au pape, répétèrent mot à mot ce que Frédéric avait dit à la diète.

(c) Histoire d'Allemagne, par Pfeffen.

« raient dans le ciel, si le pape les appelait frères ;
« c'est lui qui s'humilie, lorsqu'il appelle frère un roi !
« Oui : l'empire est un fief du Saint-Siége, et l'empereur
« n'est qu'un vassal couronné. Ne l'oubliez plus, esprits
« superbes, et ne tentez plus le Seigneur, car il se lasse,
« quoique éternel : tremblez qu'il n'écrase l'aspic et le
« basilic ! Le potier brise à son gré l'argile qu'il a pétrie.
« Que les grands du monde s'instruisent ! les flots de leur
« malice ne submergeront point la barque de Pierre, et
« nous rirons de leur *insanité* ; nous les transpercerons
« du glaive de l'anathème, et nous les effacerons du livre
« de vie, au nom de celui qui ne meurt point [a]. »

Arrêtez ! arrêtez ! s'écria Frédéric, qui vit reluire sur le front du prélat l'épée du duc de Bavière.

Frappe ! dit Albert l'Ours, et que son sang désaltère Odin !

Le comte Raynald détourna le fer et lia le duc de ses bras nerveux.

Hugues de la Tour, Ardutius et le pieux d'Achey se jetèrent entre les palatins et le légat. Pierre-le-Vénérable s'évanouit dans les bras de l'archevêque de Lyon. Pourquoi m'avez-vous rappelé à la vie ? dit le moine Robert à saint Bernard.

Un silence lugubre avait succédé aux clameurs.

L'étonnement du cardinal égalait sa confusion. L'audace du duc de Bavière l'avait pétrifié, ce sacrilége inouï bouleversait ses idées de suprême pouvoir et d'obéissance muette ; il était d'une pâleur hideuse, et tirait avec effort de sa poitrine des sons inarticulés. Sa voix rauque s'ouvrit enfin un passage.

(a) Huës de Braye-Selves, témoin oculaire, rapporte ce discours injurieux du légat. C'est le seul historien qui nous l'ait conservé.

— Anathème! anathème! anathème! que la terre et les cieux répètent : Anathème! Que tout pleure, les bois, les rochers, les lions [a]! l'enfer seul doit se réjouir; ses portes ont prévalu contre l'Église.

Un râle affreux entrecoupait ces paroles sourdes et brisées. Il se tut, pour reprendre haleine, une sombre horreur était peinte dans ses traits naguère si paisibles. Tout à coup son visage devint plus rouge que sa robe d'écarlate : il s'élança de son siége, l'œil hagard et l'air effaré;

— Suivez mes pas, troupeau fidèle! Venez à moi, tribu de Lévi! Que le bon grain se sépare de l'ivraie, et que les fils de la lumière s'éloignent des enfants du feu!

Il courut ensuite jusqu'à l'église cathédrale. Ce scandale inouï consternait le clergé; l'archevêque Humbert et le saint abbé de Cluny essayèrent de fléchir le fougueux cardinal, mais il leur imposa silence. La haine et l'amour-propre blessé le rendaient aveugle et sourd : ceux qui le voyaient passer se reculaient de surprise. Son arrivée subite interrompit les vêpres, et sa voix tonnante couvrit celle du curé Philibert.

— Achab règne en Israël! Cachez sous l'autel les reliques, détachez ces fleurs, ces couronnes, et que l'encens cesse de fumer! Qu'on sonne la cloche en colère : Jésus est crucifié une seconde fois!

Les chantres troublés fermèrent leur missel, et le bréviaire échappa des mains du curé. Le front des évêques se courbait vers la terre, et les moines sanglottaient sous leurs capuchons.

L'impétueux légat saisit un crucifix et le traîna sur les épines du cimetière, tandis que le peuple accablait d'in-

(a) *Flevit leo.* Script. sacra.

jures et de coups les saints arrachés de leurs niches (14). Les évêques à genoux conjuraient le Seigneur d'éclairer le légat. L'abbé de Clairvaux s'était voilé le visage.

Les redoutables sons de la cloche en colère effrayaient la ville et la cour : c'était un signal de divorce entre la terre et le ciel.

L'implacable légat monta en chaire, un cierge à la main, et fulmina cette grande excommunication agravée et réagravée, qui brise le sceptre des rois (15) :

« Nous, Roland, cardinal du titre de Saint-Marc,
« humble serviteur de l'Église de Dieu, légat du souverain
« pontife Adrien, vicaire de Jésus-Christ ;

« Nous excommunions Frédéric de Souabe et Henri
« de Bavière ;

« Nous délions leurs sujets du serment de fidélité, car
« Dieu ne connaît plus ces princes rebelles ;

« Qu'ils n'aient donc ni parfums, ni encens, ni mes-
« ses, et que l'outrage soit permis contre eux !

« Qu'ils meurent privés de la lumière sacrée, et qu'un
« feu inextinguible les dévore !

« Qu'ils soient maudits à la ville et à la campagne !

LE PEUPLE.

Amen.

« Qu'ils soient maudits dans les cabanes et dans les
« palais !

LE PEUPLE.

Amen.

« Qu'ils soient maudits sur la terre et sur les mers !

LE PEUPLE.

Amen.

« Que leurs granges et leurs celliers soient maudits !
« que Dieu les frappe par le chaud, le froid et le *brû-*
« *lant* [a] !

LE PEUPLE.

Amen.

« Qu'il les poursuive, jusqu'à ce qu'ils périssent !

LE PEUPLE.

Amen.

« Qu'aucun prêtre ne les visite à leur dernière heure !

LE PEUPLE.

Amen.

« Et de même que ce cierge est éteint... Il n'eut pas le temps d'achever et s'arrêta, saisi d'une terreur subite, car on entendait crier sous le porche : les Slaves ! les Slaves ! et l'on distinguait un bruit de cavalerie. Le sacristain accourut hors d'haleine, et bégaya, d'une voix tremblante, que les païens venaient tuer Monseigneur le cardinal !

A cette nouvelle imprévue, toute l'audace du légat fut terrassée, et peu s'en fallut qu'il ne tombât de sa chaire.

(a) La lèpre.

Deux clercs le portèrent sur sa mule, pâle et presque inanimé. Le curé Philibert s'était échappé le premier avec ses chanoines. Hugues de la Tour, dapifer de l'archevêque, s'égara dans l'église ; peuple, moines, abbés s'enfuyaient pêle-mêle, et les femmes se cachaient derrière les piliers de la nef.

Saint Bernard ne quitta point le sanctuaire ; il savait qu'un prêtre doit mourir sur les marches de l'autel.

Albert l'Ours enfonça la porte. Il apparut farouche et le poil hérissé; ses Slaves grinçaient les dents et leurs bouches écumaient de rage.

Leur horrible aspect n'intimida point Bernard ; il s'avança vers eux d'un front intrépide : c'était le soldat du Christ armé de foi ; c'était le Pontife du Dieu vivant revêtu de toute la dignité du sacerdoce.

« Sortez, dit-il, de la maison de Dieu ! vous êtes ex-
« clus de son partage. On vient ici prier et louer le Sei-
« gneur, mais il n'écouterait ni vos prières ni vos louan-
« ges. Les païens et les morts ne publient point sa gloire
« et ses bienfaits. »

L'épée flamboyante brilla peut-être aux yeux d'Albert et de ses guerriers inhumains : l'histoire du moins rapporte qu'ils tombèrent tous à la renverse. Ainsi tombèrent d'impurs satellites, quand Jésus-Christ leur dit : — C'est moi ! Ainsi Héliodore fut chassé du temple ; ainsi, devant les saints apôtres, reculait le farouche Attila [a].

(a) Attila, marchant contre Rome, fut repoussé, dit-on, par saint Pierre et saint Paul.

CHAPITRE XII.

LE MALÉFICE.

Cependant l'implacable Sybille s'était décidée à faire un *volt* contre Iselle, bien qu'un si noir maléfice l'effrayât toujours. Arnaud lui présenta le diacre Requiem. L'habile clerc feignit d'abord de se troubler ; il craignait, disait-il, de compromettre la sainteté de son ministère et de risquer son salut éternel ; mais vingt frédérics d'or apaisèrent enfin ses scrupules.

Arnaud de Bresse, par ses puissants calculs, avait découvert, près de l'étoile Mirab [a], celle de la princesse ; car tout homme a son étoile qui règle sa destinée, et dont il est l'esclave depuis le berceau jusqu'à la tombe. C'est un des plus grands secrets de l'astrologie judiciaire, la première de toutes les sciences après l'alchimie.

(a) Étoile qui est au cou du cygne.

Dès que la nuit fut venue, le sorcier, la dame voilée et Requiem s'assirent tous trois sur le même cheval, qui s'allongea soudain de la tête à la queue, et s'aplatit comme un banc. Arnaud de Bresse serrait son grimoire contre sa poitrine ; le prêtre réprouvé cachait sous son bliaud le saint-chrême, et Sybille s'était munie d'un vase d'airain et d'un rouet : tous avaient sur le poing un hibou en guise de faucon.

A neuf heures du soir ils quittèrent le cimetière de Saint-Martin, traversèrent le bois des Ruppes, et longèrent ensuite la colline de Rochefort, où s'élève une chapelle dédiée à Marie. Ce lieu, aimé du ciel, jouit d'un éternel printemps ; les jasmins, dont les murs de l'oratoire sont tapissés, fleurissent même en hiver, et jamais les tilleuls ne perdent leur feuillage ni leur verdure. Agnès de Nenon cueillait là, un matin, des primevères et de la violette ; l'amiral Acem aperçut la bergère et fondit aussitôt sur elle, plus agile qu'un loup qui a flairé une biche. Agnès n'hésite point entre l'honneur et la vie ; elle se recommande à la Vierge, et se précipite dans le Doubs, qui gronde à ses pieds. Mais, ô merveille ineffable ! une main divine soutient Agnès et la porte doucement chez sa mère, aux yeux du païen confondu [a].

Non loin de cette chapelle vénérable on trouve, à l'entrée d'un ravin tortueux, un moulin délabré nommé le *Moulin-Rouge*, à cause du sang qu'on y a versé (1). Un ruisseau qui craint de murmurer coule à travers ce marécage plein d'herbes vénéneuses ; son eau, toujours amère, n'abreuve que des reptiles ; là, croupissent des brouillards infects ; là, de vieux arbres calcinés par la foudre et

(a) On appelle encore ce lieu le *Saut-de-la-Pucelle*.

chargés d'oiseaux de proie, maintiennent une ombre humide, impénétrable au jour. Ce vallon détesté est un lieu de plaisance pour les sorciers, les loups-garous et les lamies ; ils y dansent à minuit la ronde de Merlin, à la clarté des cierges qu'ils dérobent dans les églises ; on y entend aussi quelquefois un bruit d'armes et des hymnes de guerre, qui parlent d'un vieux camp de César ; mais les clercs seuls comprennent ces hymnes, qui sont en latin.

L'étoile d'Iselle s'arrêta sur le marais du Moulin-Rouge, preuve infaillible que ce ravin bourbeux était le seul endroit où le charme pût réussir, car la sublime astrologie a des règles invariables. Le sorcier examina de rechef l'étoile d'Iselle, et vit que l'ombre en voilait déjà plus d'un tiers ; il ôta ensuite sa cape brune, et ne conserva que sa tunique, faite avec un drap de morts ; il délaça ses brodequins, et mit un soulier de cuir neuf ; le pied droit resta nu, sa tête était ceinte d'une lame de cuivre sur laquelle on avait gravé le nom renversé de Jéhovah.

La charmeresse, à son tour, se couronna de verveine, et remplit d'eau son vase d'airain ; cette eau, destinée à baptiser une figure de cire, devait bouillir sans feu. Sybille jeta dans le vase du miel de montagne, du lait de brebis noire, des flocons de laine et des clous détachés d'un gibet.

Requiem en surplis apprêtait le saint-chrême ; il était triste, abattu, car la hardiesse de l'impie n'est qu'un faux semblant de courage : cette indigne parodie des sacrements de l'Église le bouleversait malgré lui.

La dame voilée alluma un cierge pascal que lui avait vendu le sacristain de l'église de Saint-Étienne. Elle pétrit un pain de cire noire, en forma une petite statue qui avait à peu près les traits d'Iselle, l'étendit sur un coussin de peau humaine, et lui larda la poitrine d'une multitude d'aiguilles, pour causer à la princesse de vives douleurs et de cuisants soucis.

Requiem oignit de saint-chrême cette figurine, et la baptisa selon les rites de l'Église. L'immersion seule n'eut pas lieu, vu que l'eau magique n'était point prête. Arnaud de Bresse et la dame voilée, parrain et marraine, imposèrent à cette petite statue le nom d'Iselle.

Le moine commença ses conjurations ; elles furent si terribles, que la terre trembla jusqu'aux Alpes.

Une nuit profonde se répandit sur le ravin ; l'œil d'une vouivre brillait seul au milieu des ténèbres ; mille vipères sifflaient, enlacées autour des vieux chênes ; le cri des éperviers et des chouettes s'unissait au bruissement du feuillage, aux plaintes des mânes réveillés du camp de César.

Cependant l'eau du vase ne bouillait pas.

Arnaud de Bresse redoubla ses incantations. Il lança son poignard contre le ciel : — Tu n'as pas encore vaincu, Galiléen ! s'écria-t-il d'une voix furieuse (2).

La charmeresse prit son rouet ; puis elle entonna ce lai magique, dont le moine et Requiem répétaient le refrain :

Servez un courroux légitime,
Esprits plus que nous offensés ;
Courez saisir votre victime,
Larves, démons, obéissez !

ARNAUD ET REQUIEM.

Larves, démons, obéissez !

SYBILLE.

Il faut demain qu'Iselle meure,
Il faut qu'elle expire à mes yeux ;
Tournez, rouet mystérieux,
Filez, filez sa dernière heure !

ARNAUD ET REQUIEM.

Tournez, rouet mystérieux.

Ces chants, capables de faire tomber la lune, se perdaient dans les airs ; le tonnerre grondait, il est vrai, et la terre s'efforçait de se rompre : un murmure de voix lamentables expirait au fond de l'abîme. Les trois hiboux traînaient leurs ailes, décrivant des cercles inutiles, et le rouet même résistait à la charmeresse. Le sorcier, interdit, ouvrit son grimoire, d'où s'exhala une épaisse fumée ; il en lut quelques lignes, et frappa du pied la terre, qui étincela sous ce pied nu, comme étincelle sous le marteau une barre de fer rouge : Qu'on cherche la valentine, s'écria-t-il d'un air effaré ; et Requiem alla quérir la valentine.

C'était la fille du meunier de cet infernal Moulin-Rouge ; on l'appelait Jacqueline-la-Goyne. Elle savait tous les secrets de la magie blanche, et nul ne prédisait mieux le temps sec ou la pluie ; elle avait des recettes contre le mal ardent et contre la morsure des couleuvres. Cette Goyne touchait à son sixième lustre ; elle avait été très jolie, mais l'excès des plaisirs l'avait fanée avant l'âge ; elle joignait au talent de bien dire un esprit artificieux. Un jeune clerc, Étienne de Brevans, avait été affolé d'elle ; Jacqueline lui joua mille bons tours, et finit par lui préférer un arbalétrier, qui la roua de coups, la première nuit de leur mariage, et mourut le lendemain d'une colique, malgré tous les remèdes et les soins de sa femme.

Étienne ne se consola point de la trahison de sa mie, et prit l'habit de moine. Ce saint vêtement ferma peu à peu sa blessure; une piété sincère succéda enfin à une vocation de dépit, et il devint un exemple de sagesse. Toutes les châtelaines se confessaient à lui, bien qu'il fût un peu sourd, et qu'il eût la vue basse. Un beau jour il quitta son cloître, et se retira dans l'ermitage de Montjeu : ce vieux temple de Jupiter fut ainsi purifié et bénit [a]. Le nouvel ermite ne vivait que de pain de seigle et de pois chiches; il passait la nuit à prier, et la ferveur de ses oraisons attirait les anges édifiés d'une telle vie. Toutes les femmes voyaient ces anges, mais leurs maris ne les voyaient pas. D'après ce récit fidèle, il est aisé de deviner la cause de l'impuissance du maléfice. Les anges, cette nuit là, étaient, selon leur habitude, à genoux sur le toit de l'ermitage, et les diables, qui ont peur surtout de saint Michel, se gardaient bien d'approcher.

Jacqueline arriva en cornette de nuit; le vieux moine fit la grimace, car elle n'avait rien qui pût tenter une vertu même fragile. Tout autre qu'un sorcier se fût déconcerté en ce cas imprévu; mais Arnaud de Bresse avait toujours dans sa bougette de quoi parer à ces légers accidents.

Chacun sait que la fée Alcine usait, pour récrépir ses appas, d'un élixir admirable dont la recette fut long-temps perdue [b]. Le sorcier avait retrouvé cette essence pré–

(a) Montjeu, *Mons-Jovis*, mont de Jupiter.

(b) Orlando furioso, canto 7.

cieuse ; il en frotta le visage de Jacqueline, et rendit à ses traits leur première fraîcheur ; les joues de la pastourelle reprirent leur incarnat, et ses yeux leur lustre velouté. Jacqueline ne se sentait pas d'aise ; elle savait, toutefois, que cette frêle beauté s'évanouirait dans quelques heures ; mais il est si doux d'être belle, ne le fût-on qu'un seul instant !

Elle courut au moulin d'un pas leste, revêtit son surcot des dimanches, tressa ses blonds cheveux, et parfuma son sein d'un bouquet de jonquilles ; puis elle revint, après s'être mirée, trouver Arnaud de Bresse, et reçut de lui ses dernières instructions. Elle passa ensuite le Doubs sur un batelet qu'elle dirigeait elle-même, gravit la colline de Montjeu, et heurta doucement à la porte de l'ermite Étienne.

C'était de l'habileté de cette femme que dépendait le succès du maléfice. Il suffisait d'un seul péché pour forcer les anges à la retraite ; une fois partis, l'eau bouillirait sans feu, et l'on achèverait de baptiser la figurine.

L'anxiété d'Arnaud et de la dame voilée était donc extrême ; Sybille avait promis à Jacqueline deux mille livres estevans, si la victoire lui restait ; le moine lui avait promis, en outre, un second mari qui lui serait toujours fidèle.

La dame voilée plongea dans le vase plein d'eau froide son bras jusqu'au coude ; elle devait tenir ainsi le bras, tout le temps que Jacqueline passerait avec l'ermite, afin de juger du progrès de la tentation par le degré de chaleur qu'allait acquérir ou non cette eau magique. Arnaud de Bresse et Requiem s'assirent derrière elle, et les trois hiboux se perchèrent sur un if ; une vive lumière brillait par intervalles dans leurs yeux ronds qui clignotaient.

L'ermite avait, cette nuit là, une vision béatifique ; il croyait être au milieu du paradis terrestre, sous l'arbre du bien et du mal. Il cueillait à foison des roses qui ne le piquaient point ; car les roses, dit saint Basile, n'avaient point d'épines avant le péché. Il écoutait les rossignols qui chantaient le *magnificat*, à deux voix, et lui-même faisait la basse, bien qu'il n'eût point appris la musique : mais on sait tout en paradis.

Qui frappe ? demanda le solitaire, d'un ton d'humeur.

C'est moi, répondit tout bas Jacqueline.

Ce son de voix troubla l'ermite. — Eh bien ! que veux-tu, femme, et qui t'amène ici à la seconde veille ?

J'ai péché, répliqua la valentine, vos conseils me sont nécessaires, et je viens vous ouvrir mon cœur.

Entrez donc, poursuivit le moine, nulle brebis n'est exclue du bercail.

La goyne entra, la tête baissée, et la main sur le front.

Après quelques minutes de silence, Étienne continua d'une voix émue :

— Femme égarée, qui êtes-vous ? — Hélas ! mon père, je suis Jacqueline.

L'ermite, à ce nom, se renversa sur son siége, ferma les yeux et fut près de s'évanouir : — Que Dieu, dit-il, me soit en aide ! qu'il ait pitié de vous et de moi !

J'ai grand besoin de pitié, reprit la traîtresse, car je viens ici pour pleurer.

Les sanglots soudain l'étouffèrent ; un jongleur lui avait appris à larmoyer à plaisir.

L'eau n'est déjà plus si froide, dit la charmeresse.

Il fut un temps, mon père, poursuivit la trompeuse, où je ne m'affligeais pas auprès de vous.

— Le passé n'est plus à l'homme, et l'avenir ne lui appartiendra peut-être jamais ; songeons au présent, Jacqueline, Dieu nous le laisse pour nous repentir.

— Je me repens aussi, mon père, et jamais fille plus à plaindre......

Quoi ! fille ! interrompit l'anachorète ; le bruit a couru, ce me semble, que vous étiez mariée.

— Mon séducteur m'a quittée la veille des noces.

Étienne éprouva un secret mouvement de joie. La nouvelle du mariage de Jacqueline lui avait coûté des regrets si amers !

— Votre affection pour cet homme a été bien mal payée, Jacqueline !

Mon affection ! reprit-elle ; avez-vous cru que je l'aimais d'amour ?

L'ermite témoigna quelque surprise.

— Non, je ne l'ai point aimé d'amour ; c'est vous seul que j'aimais, Étienne ; mais un filtre !...

— Eh quoi, Jacqueline ! on vous a donc ensorcelée ?

La déloyale, ravie de le voir si crédule, lui conta que le jour de l'Epiphanie on lui avait donné un filtre dans une galette.... Le charme était si fort, continua-t-elle, que l'arbalétrier, louche et laid, me parut avoir une face de prédestiné et des yeux de chérubin ; tandis que vous, Étienne, si droit et si disert, je vous trouvai bossu et bègue. J'étais en proie à toutes les illusions du malin esprit ; mon séducteur était impie et glorieux, je devins glorieuse et impie ; j'allais au bal, les jours de fête, et je buvais du lait en carême [a].

Une grande douleur saisit le cœur d'Étienne.

Mais du moins, ajouta l'effrontée, si j'ai perdu la grâce j'ai conservé l'honneur.

Elle dit cela d'un ton de dignité qui frappa le solitaire.

Toute fascinée que j'étais, poursuivit-elle, ma vertu ne reçut nulle atteinte. Je démêlai les piéges du perfide, et j'exigeai qu'il m'épousât ; mais il convoitait une pastourelle plus riche : elle est maintenant sa femme, et je suis libre, Dieu merci !

L'ermite, qui ne doutait point de la sincérité de Jacqueline, admirait qu'une fille si jeune eût résisté à de tels maléfices ; il la regardait déjà d'un œil plus bénin, et remerciait tout bas le ciel d'avoir conservé cette fleur si frêle et si pure.

Elle commence à tiédir, dit la dame voilée.

Le charme une fois rompu, continua l'hypocrite, j'appris toute l'étendue de mon malheur ; j'appris que vous m'aviez quelque peu regrettée, et que vous étiez bénédictin. On ne meurt pas de douleur, Étienne, puisque je vis encore.

Ses larmes coulèrent de rechef, et le bon Étienne aussi pleurait.

— Assez ! assez ! ma sœur ; songez que ce n'est point dans la cabane d'un ermite, qu'il faut avoir souvenance des faiblesses de l'amour.

— Hélas ! mon frère, cet amour était la paix de mon ame, devais-je donc m'en alarmer ? La volupté a pour

(a) Il était alors défendu de boire du lait en carême et de manger du beurre ; on les regardait comme substances animales.

moi peu d'attraits ; j'ai même du plaisir à porter ma croix.

L'anachorète se pencha vers la séductrice, et soupira.

Je tâchai en vain, reprit la malebouche, d'écarter de mon esprit une si chère image, de médeciner par la prière et le jeûne la plaie de mon cœur, mais rien ne calmait mes tribulations et mes ennuis. Je passais tout le jour à contempler votre cellule, à remercier Dieu de vous avoir jeté l'ancre de miséricorde, tandis que moi, faible créature, j'allais à la dérive vers la gehenne éternelle.

Les traits du saint ermite respiraient tant de compassion et de charité, que Jacqueline osa enfin tourner vers lui des yeux mouillés de larmes.

Elle est chaude maintenant, dit la dame voilée.

Vous souvient-il, Étienne, ajouta l'enjôleuse, des jours de notre jeunesse, lorsque sous les yeux de ma mère vous me parliez si doucement? Que vous aviez d'ingénuité et de grâce! Vous souvient-il de ces chastes caresses, de ces jeux innocents qui amusaient nos paisibles loisirs? On remarquait déjà sur votre visage un peu d'extase ; je me rappelle surtout notre dernier entretien, nous étions assis sous un cerisier, près du bois de... de...

De Romange, répondit Étienne, que trahit sa vivacité.

— Oui, de Romange ; vous avez une meilleure mémoire que Jacqueline.

Non, non, repartit l'ermite ; dès long-temps j'ai tout oublié.

Je revenais ce jour là du sermon, poursuivit la rusée, car c'était un jour de fête, la fête de Monseigneur... — de Monseigneur saint Michel? — Tout juste! Vous lisiez un chapitre de la Bible, l'histoire de Ruth et de

Noémi. Que vous aviez d'onction dans la voix ! J'éprouvais à vous entendre des suavités incomparables ! je m'appuyai sur vous, je crois, pour mieux écouter...

Le moine essaya de se reculer, mais il était pressé entre le mur et Jacqueline.

— Que craignez-vous, Étienne, et d'où vient que vous me repoussez ? Hélas ! des joues creuses, un teint hâve, une bouche qui ne sourit plus, ont-ils de quoi vous alarmer ?

Ce perfide détail inquiétait le cénobite ; il jetait malgré lui des regards furtifs sur la goyne, qui avait recouvré tous ses appas.

L'eau frémit à présent, dit la comtesse.

Que vous étiez beau sous cet arbre fleuri, poursuivit la flatteuse ; vos yeux étaient plus doux que la lueur des étoiles, votre face était celle d'un angelet issu de paradis, vous aviez vraiment un air de béatitude ; j'étais béatifiée moi-même rien qu'à vous voir. Je vous pris la main comme à un frère.

L'ermite n'eut pas la force de retirer cette main sur laquelle était tombée une larme.

Elle va bouillir tout à l'heure, dit la charmeresse, et les hiboux battirent des ailes avec un sourd gémissement.

Vous vous mîtes à genoux devant moi, continua ce démon femelle ; votre bouche me priait, Étienne, et j'avais moi-même envie de vous invoquer. Je crois que vous m'aimiez alors un peu......

— Si je vous aimais, Jacqueline !... ah ! j'ai eu tort de vous aimer.

— Et moi donc, Étienne, ai-je eu raison de m'enamourer de vous ? hélas ! J'étais si simple, si peu instruite ! Je prenais ma tendresse pour de la dévotion ; cette timide flamme semblait caresser mon cœur. Ah ! c'est ainsi qu'on doit s'aimer dans le ciel. Je me défiais si peu de moi-même ; ma main se jouait dans vos cheveux ,.... nos lèvres se rencontrèrent ,.... et ce baiser répondit à deux cœurs.

Elle bout ! elle bout ! s'écrièrent à la fois Arnaud et la charmeresse ; et soudain un chant de victoire annonça que l'enfer avait triomphé.

Requiem ondoya la figurine, et le maléfice fut accompli.

On remarqua, du côté du sud, une seconde voie lactée qui blanchissait les voiles de la nuit. Les anges, hélas ! remontaient au ciel.

CHAPITRE XIII.

LE DÉPART.

Ulric-le-Saxon, qui poursuivait vivement le légat, atteignit, près de Villette, l'argentier du cardinal. Ce digne prêtre, chargé d'embonpoint et d'or, montait, par malheur, une mule rétive. Le païen, qui pantelait de joie à la vue de cet or bénit, dépouilla le vénérable clerc des pieds à la tête. Il lui prit son aumusse, ses estivales [a] de velours (1), son hanap de vermeil, et ne lui laissa pas une maille. Le diacre ainsi dévalisé tâchait d'émouvoir le happe-lopin : C'est l'argent d'une fondation, disait-il d'une voix mielleuse, et vous pillez, mon fils, les ames du purgatoire.—Le mécréant se pâmait de rire, et continuait sa besogne de larron. Le saint prêtre alors lui jura que ni lui, ni sa femme, ni ses fils, ni ses filles, jusqu'à la septième génération, ne mettraient le pied en paradis.

(a) *Estivales*, bottes d'été.

Le légat et ses diacres coururent jusqu'à Champagnole; La crainte leur avait donné des ailes. Ils arrivèrent de nuit dans un moutier de moines noirs, où l'on fut obligé de saigner le cardinal (2). Ils passèrent là deux jours à maugréer l'empereur. Frédéric, qui ne voulait point se brouiller avec le pape, leur dépêcha Othon de Freisinghem, son oncle, et le chancelier Raynald, pour assurer leur retraite. Le légat fut contraint de retourner droit à Rome, sans s'arrêter nulle part. Adrien dissimula son dépit, et désavoua les expressions injurieuses de son légat; puis, interprétant ses propres lettres, il soutint que *bénéfice* voulait dire *bienfait*, et que *conférer la couronne* signifiait *couronner*, et rien de plus. Tout fut donc à peu près pacifié; mais le saint pontife n'oublia point l'affront que sa tiare avait reçu, et Frédéric eut toujours en lui un implacable adversaire.

Le tumulte et l'effroi que cette étrange querelle avait causés, se dissipèrent peu à peu. On admirait la sagesse de l'empereur; on louait surtout la fermeté de son caractère. Il fut salué dès-lors du nom de grand, qu'il acheva de mériter plus tard.

Les fêtes reprirent donc leur cours. Le duc de Bavière était le seul à qui cette joie fût importune : le bruit du tournoi n'avait pas même ranimé cette ame guerrière, mais découragée. Le duc passait de l'abattement à la colère, se plaignait, menaçait tour à tour. Il jurait le matin de fuir une ingrate, et courait le soir mendier un regard qu'on lui refusait. Un pâle bouquet de fleurs jaunes blessait toujours sa vue, et sa constance n'était payée que d'un froid dédain [a].

(a) Fleurs jaunes, signes de tristesse.

Hües de Braye-Selves pouvait seul le distraire de ses ennuis. Il avait été le premier témoin de sa flamme, et le prince ne lui cachait point ses secrets sentiments. Tu sais, lui disait-il, si mes soupirs étaient sincères; mon cœur avait besoin de paix: il fallait à ce cœur fatigué le calme d'un bonheur tranquille. Je n'avais connu de l'amour que ses fureurs, et l'amour m'avait été cuisant par son excès même. Une femme dont le délire!... mais ne réveillons point des cendres assoupies.

Je trouvai dans Iselle le repos de mon ame, et je ne songeai plus qu'elle devait me haïr; son père, ses malheurs, tout le passé enfin s'effaça de ma mémoire. Je crus que ses souvenirs s'effaceraient comme les miens, et j'embrassai trop de chères illusions. Ce n'était point Iselle fugitive, exilée, qui s'offrait à moi en Sicile; c'était Iselle déjà parée de mon diadême, souveraine de mes états et de mes jours. J'attendais, pour lui déclarer mon nom et ma fortune, que l'amour et mes soins l'eussent préparée à cet aveu. Je prolongeais ainsi la douceur de mon rêve, et goûtais auprès d'elle le charme qui la suit.

Et le duc couvrait de baisers l'écharpe brodée par Iselle.

Ah! reprenait-il en pleurant, amour déçoit! amour déçoit! le bonheur partout n'est qu'un songe (3).

C'était ainsi qu'il envenimait sa blessure, car il n'espérait plus d'apaiser la princesse. Les amants se figurent que leurs chagrins ou leurs plaisirs seront éternels. Livré à de sombres présages, Henri se persuadait que l'amour et la gloire l'avaient quitté pour toujours; mais Iselle n'oubliait point un si cher ennemi. Plus malheureuse que le duc lui-même, elle était réduite à dévorer ses larmes, et ce prince pleurait du moins en liberté; il n'avait point à rougir de ses feux, il n'avait point juré de renoncer à ses amours. Ce pénible sacrifice coûtait d'autant plus à la princesse, que ses amis les plus fidèles, l'abbé de Cluny et l'évêque de Genève, lui conseillaient d'épouser le duc de Bavière : son mariage avec ce prince finirait seul de longs discords. Les saints abbés et les évêques traitaient sa résistance de caprice, et les charitables moines, à qui l'humilité prescrit d'accepter tout ce qu'on leur donne, s'affligeaient de voir une jeune fille refuser un époux si riche et si généreux.

Iselle, à demi vaincue, alléguait les promesses qu'elle avait faites à l'ame de son père ; mais son cœur démentait sa bouche, et plaidait mieux pour le duc que Pierre-le-Vénérable et le sage Ardutius. Béatrix et sa mère, les abbesses de Carnon et du Paraclet, les princes et les margraves pressaient à leur tour Iselle de conclure un hymen qui assurait la tranquillité de l'Allemagne.

Henri avait cessé de prier d'amour la princesse, il tâchait même de l'éviter ; mais un charme invincible le ramenait toujours vers elle : la tristesse de son maintien, le désordre de sa parure annonçaient assez le trouble de ses sens; les acclamations du peuple et des guerriers ne relevaient plus cette ame abattue. Il n'écoutait ni les pastorales des troubadours, ni les joyeux devis des jongleurs. Les châtelaines plaignaient son amoureux martyre ; elles n'osaient point blâmer sa fidélité, vertu qui devenait chaque jour plus rare, mais elles condamnaient les rigueurs de la princesse, et trouvaient d'ailleurs en se mirant que le duc était aveugle, et qu'il lui serait aisé de mieux choisir.

Iselle aussi s'accusait d'injustice. Elle rebutait les vœux

d'un amant soumis, et frémissait à l'idée d'avoir une rivale. Elle conjurait ses saints patrons d'éteindre son amour, mais elle tremblait d'être exaucée. La présence du duc de Bavière la mettait à la gêne, et tout lui déplaisait aux lieux où ce prince n'était pas. Jamais elle ne lui adressait un regard, une parole, et rien de ce qu'il pouvait dire ou faire ne lui échappait : crainte, espoir, désir, tout en eux était sympathique, car leurs cœurs, bien que séparés, battaient toujours l'un contre l'autre.

Après de mûres réflexions, le saint évêque de Genève, Pierre Lombard, Gratien, le curé Philibert, qui avait l'esprit subtil, Poncette de Traves et l'abbesse du Paraclet, furent d'avis qu'une affaire si délicate était de la compétence des dames, et qu'il fallait la soumettre à la nouvelle cour d'amour instituée par Frédéric (4) ; une foule de jouvencelles, de damoiseaux et de veuves requéraient d'ailleurs la prompte ouverture du parlement de courtoisie.

La cour se réunit donc sous la présidence de la comtesse Agathe, femme experte et judicieuse. Le roi de Danemarck, le patriarche Héraclius, l'archevêque de Lyon, les abbés de Lure et de Luxeuil se placèrent à côté de la présidente ; les châtelaines de Boiffremont, de Vienne et de Neuchâtel, revêtues de leurs simarres de pourpre et d'hermine, se rangèrent derrière eux avec les conseillères de Tholongeon, de Scey et de Rye, dames de gentil savoir : toutes affectaient l'air grave et pensif des docteurs.

En face étaient debout le bailli de joye, le prévôt de deuil, le viguier d'amour et le conservateur des bois et gibiers de monseigneur Cupidon [a] ; les chevaliers ès-

(a) Arrêts d'amour recueillis par *Martial d'Auvergne*.

plaids discouraient à la barre, tout fiers de leurs longs manteaux et de leurs chaperons fourrés.

Le premier huissier appela les causes.

Par-devant le maire *des Bois-Verdz* est cité à comparoir ce jourd'hui le bâtard Ponce de Goux, demeurant à Salins, rue de *Discourtoisie*,

Lequel bâtard, pour honnir et vitupérer Gertrude de Leugney, dame suzeraine de *Teint-Fleuri*, a méchamment conté que ladite Gertrude s'était laissé tollir à l'écart un baiser par le damoisel de Vienne, le jour de la fête de saint Laurent, à Crissey. Gertrude ne niait point le baiser ravi, mais elle jurait qu'on le lui avait dérobé malgré elle ; le bâtard soutenait le contraire, et le naïf damoisel rougissait, rougissait... car il était bien jeune encore.

Les chevaliers ès-plaids achevèrent d'embrouiller le cas, selon leurs us. La perplexité des dames et des saints abbés était grande ; mais grâce à la bénignité d'Héraclius et de l'évêque de Spire, le parti de la douceur prévalut. Agathe déclara que le baiser dont s'agit n'était pas un larcin, mais un de ces baisers *moitié oui*, *moitié non*, qui n'entachent point l'honneur des dames. Le bâtard fut condamné à tous frais et dépens, la taxe réservée par devers madame Gertrude.

Un procès non moins sérieux *s'assit* après entre Gasceline de Pesmes, demoiselle de *légèreté*, qui élit domicile à Cythère, rue de *l'Indifférence*, et le vieux de Marnix, bourgeois d'Amathonte, logé rue de *Fidèle ardeur*.

La cour était suppliée de casser un bail à terme par lequel ladite Gasceline avait loué audit Marnix un cœur à elle appartenant. La justice exigeait que ce bail fût résilié : Gasceline était mineure, et *Vif Désir*, notaire du royaume de *Tendresse*, avait oublié, dans l'acte, le nom de *Respect*, premier témoin.

Le bail fut donc annulé, et la cour décida que Gasceline était libre de louer son cœur à un autre.

Puis, survint l'abbesse du Tart [a], plus fraîche qu'une rose printanière. Elle se plaignait du sire de Rye, qui l'aurait écoutée malicieusement à confesse, un soir qu'elle s'accusait d'être amoureuse de son ange gardien ; mais le damoisel prouva qu'il était sourd dès l'enfance. La pauvre abbesse paya les frais et coûts, et s'en alla toute confuse et *dolue*.

La sagacité des châtelaines émerveillait les spectateurs.

Enfin le tour d'Iselle arriva.

Maître Alpin défendit le duc de Bavière, et la dame de Vergy, chanoine de Saint-Bénigne, plaida pour la princesse d'Autriche. Le grand clerc Cicéron n'aurait pas si bien plaidé.

Le marquis *des Fleurs et Violettes d'amour* résuma ensuite les débats. Il discuta savamment le fait et le droit, et prouva qu'il était initié aux doux mystères de dame Vénus et de son fils, l'archerot Cupidon, seigneur de Chypre et de Paphos.

La cour cependant s'abstint de prononcer, et l'arrêt fut ajourné à quinzaine.

Le soir même, Poncette de Traves donna un festin et un bal magnifique à tout le parlement d'amour.

Iselle, de plus en plus inquiète, refusa l'invitation de Poncette de Traves. Elle alla le soir au salut dans l'église de Saint-Jacques, où elle demeura jusqu'à la basse

(a) Abbaye près de Lons-le-Saunier.

vesprée [a]. Déjà les cierges étaient éteints ; on n'apercevait, à la faible lueur d'une lampe [b], que le tombeau et les pâles effigies d'un Vergy et de sa femme, des suaires déroulés, sombre tapisserie des vieux murs, et la pierre soulevée d'un sépulcre ; tout se taisait, excepté des chouettes, qui frouaient tristement sous les voûtes. Iselle rêvait en face du sépulcre prêt à recevoir la jeune et belle Catherine de l'Étoile, décédée la veille de son mariage ; plongée dans ses réflexions douloureuses, elle considérait tour à tour les draps de morts et le gouffre béant. Un bruit de pas furtifs et le léger frôlement d'un habit de soie interrompirent ce lugubre examen.

Mais quel fut le saisissement de la princesse, lorsqu'une voix toujours chère !...

Iselle, ma miette, disait Henri, que craignez-vous d'un amant plus timide et plus désolé que vous ? N'est-ce donc point assez d'être haï, faut-il que je vous épouvante ?

Iselle éperdue saisit des deux bras un des piliers du tombeau.

J'essaie de vous parler, ajouta le duc, et je sens que ma voix expire. Je sens que j'ai peur à mon tour ; mais hélas ! c'est de vous déplaire.

La princesse garda le silence, et détacha ses longs cheveux, comme pour s'en voiler tout entière.

L'orgueil et des conseils perfides, continua le prince,

(a) Basse vesprée, l'approche de la nuit.

(b) On lit dans un vieil état de frais de la chapelle de la Loye que cette lampe était d'or pur. Enguerrand de Vergy l'avait donnée à l'église de Saint-Jacques, où ses père et mère étaient inhumés, à condition qu'elle resterait allumée jour et nuit. Mais le sacristain ayant oublié, un soir, de la remplir d'huile, la lampe s'éteignit, et le diable y substitua une lampe de terre cuite.

ont égaré mes premiers vœux ; j'ai trop abusé de la victoire, et Dieu m'en a puni ! J'espérais que mes remords désarmeraient sa justice ; mais le ciel n'est point apaisé, puisque Iselle n'est point fléchie. Ah ! daignez au moins me regarder ! un Sarrasin aurait pitié de ma peine. Le chagrin a flétri ma jeunesse ; je ne me ressouviens plus que j'ai régné et que la gloire fut mon idole : le pouvoir et les honneurs me pèsent. J'ai désappris l'art des combats et les leçons de la tant noble chevalerie.

Puis, se jetant aux pieds d'Iselle :

— J'ai tenté de rompre ma chaîne, et mes efforts l'ont resserrée. Tout me retrace à l'envi tes charmes.. Je suis coupable, je le sais ; mes remords et tes larmes m'accusent ; mais seras-tu plus insensible que ce marbre et ces cendres glacées ? L'arrêt de mon trépas est-il porté sans retour ? Je l'accepte avec joie, cruelle ! si c'est ta main qui l'exécute. Cette fosse est assez large pour deux ; mais ne suis-je pas déjà sous la tombe ? N'ai-je pas cessé de vivre du jour que j'ai perdu ton cœur ? Ah ! merci ! merci ! ma miette ! merci ! au nom de Dieu, de saint Jacques et de l'amour !...

Les échos de la nef et du sanctuaire répétaient ce cri de détresse ; un rayon de la lampe éclairait la figure du Christ, et la miséricorde était peinte sur ses traits souffrants.

Les accents d'un amour si vrai pénétraient le cœur de la princesse qui pleurait, la tête appuyée contre l'écu de Vergy. Elle était attendrie, mais irrésolue ; ses lèvres retenaient le pardon qui s'échappait de son cœur, quand soudain une voix redoutable tonna du fond d'une turbine [a] :

(a) Espèce de jubé grillé.

Malheur à ceux par qui vient le scandale! s'écria l'abbé de Clairvaux.

Le vénérable abbé priait chaque soir dans l'église Saint-Jacques. Les soupirs et les gémissements du duc de Bavière, qui s'était plaint d'abord à voix basse, n'avaient pu tirer le saint moine de sa pieuse extase; mais réveillé tout à coup par les derniers cris du prince, Bernard fut outré d'entendre des propos d'amour succéder à des hymnes pieuses.

Plein d'un juste courroux, il s'avança vers le duc et la princesse, et leur montra l'image du Christ et le sépulcre ouvert : on eût dit un de ces esprits célestes qui gardent les tombeaux pour en écarter les songes pénibles.

Voilà donc, poursuivit Bernard, le fruit des passions imprudentes! des désirs effrénés, une honteuse ivresse, voilà ce que l'homme appelle amour! Quoi! la maison de Dieu n'est pas même à l'abri des fureurs de cet amour profane! Quoi! cette église, Monseigneur, ne réveille en votre ame nul souvenir religieux! N'est-ce pas dans une église que l'on vous arma chevalier[a]? Oubliez-vous ces jeûnes, ces prières, ces parrains chargés de vous instruire, ce bain, ces habits blancs, symbole de pureté? Vous cédez à la chair une victoire facile : guerrier mal *adoubé*, le pain des forts ne vous a point raffermi. N'est-il qu'un serment dont vous gardiez la mémoire, celui que vous avez prêté à des divinités trompeuses?

Le duc écoutait, d'un air humilié, cette juste répri-

(a) L'aspirant au grade de chevalier était tenu de se confesser et de communier. Il se baignait, mettait une robe blanche, avait un parrain, etc. Puis quand il était bien *adoubé* (bien armé), on le recevait chevalier, dans une église, dans une chapelle. *Cours d'amour* par le *président Rolland*.

monde. Saint Bernard l'accablait de tout le poids de sa parole : ainsi jadis Ambroise ferma l'église à Théodose.

L'abbé de Clairvaux eut pitié de la confusion des deux amants. Il poursuivit avec moins d'amertume :

Ce langage est triste et sévère, mais la tombe et l'autel n'ont point de flatterie. C'est à vous, grands du monde, qu'un ministre de Dieu doit surtout l'austère vérité ; assez d'autres vous la feront flexible et complaisante. Écoutez-la donc aujourd'hui : qui sait si vous l'entendrez demain ?

Le front du damp abbé se couvrit d'un nuage ; son émotion était visible, soit qu'il fût agité d'un pressentiment secret, soit que Dieu soulevât pour lui un coin du voile jeté sur l'avenir.

Dieu, qui vous condamne à régner, reprit le saint moine, vous impose des devoirs inséparables du diadême. Avez-vous rempli ces devoirs ? L'un, guerrier fatigué, abandonne ses armes ; son épée est oisive, quand Jérusalem réclame le secours de son bras ; l'autre, consumée d'un feu qu'elle dissimule, languit et se fane, fleur desséchée à son matin ! elle croit haïr le monde, et tient plus que jamais à ses chimères par la vivacité des souvenirs, les amorces du pouvoir suprême et les tromperies d'un amour volage, car l'amour chaste est seul constant ! Oui, les ames vertueuses sont seules fidèles : Dieu, qui créa l'amour, institua l'hymen, pour en épurer la flamme.

Il est donc temps, princesse, de serrer un lien utile à votre peuple, à votre gloire ; le pape vous délie de votre serment. Achevez un hymen nécessaire, l'Allemagne vous en conjure, et la voix d'un père vous l'ordonne.

Le duc, qui était resté à genoux, suivait de l'œil tous les mouvements de la princesse : il osait à peine respirer. Cette épreuve était la dernière, et jamais coupable n'attendit son arrêt avec plus de terreur.

L'humble Iselle leva au ciel des yeux pleins d'amour, de résignation et de foi. Elle murmura une courte prière, baisa ses reliques, salua saint Bernard, et se retournant à demi : Ils le veulent tous, ô mon Dieu ! dit-elle ; qu'il soit fait comme ils l'ont voulu !

Et sa main tomba dans celle du duc de Bavière.

Puis, elle baissa son voile, toute honteuse, et s'enfuit par une porte secrète.

Il faut avoir aimé, souffert, passé mille fois de la crainte à l'espérance, pour concevoir la joie, l'extase dont l'ame du prince fut saisie. Son délire se manifestait par des mots inarticulés et sans suite ; il collait ses lèvres sur le marbre que les pas d'Iselle avaient touché ; il embrassait l'autel et le saint moine. Bernard le reprenait doucement ; l'amour et la gloire, lui disait-il, s'évanouissent à l'instant où l'on croit les fixer : on se lasse du plaisir autant que de la peine, et la vertu seule ne lasse jamais. Le duc, hors de lui-même, n'était point en état de goûter ces sages maximes ; il ne s'occupait que d'Iselle et des douceurs d'un hymen si désiré. Il prit congé du vénérable moine entre la première et la seconde veille. Bercé par d'amoureuses rêveries, il regagnait à pied le Champ-de-Mars, et ne s'apercevait pas qu'il s'écartait de sa route et que le tonnerre grondait depuis un quart-d'heure ; de larges gouttes de pluie commençaient à mouiller son chaperon. Le ciel devenait menaçant, et le prince marchait à tâtons sous d'épais châtaigniers. Enfin il aperçut une lumière au travers du feuillage : quelque chose qui bondissait devant lui froissait les fougères et les herbes sèches. Une femme voilée accourt, lui barre le passage et secoue sur lui sa torche.

Dieu vous garde, duc de Bavière ! vous n'êtes pas dans le droit chemin.

Le prince s'arrêta tout interdit ; cette rencontre lui parut de fâcheux augure : il avait oublié depuis longtemps la charmeresse de l'Etna.

Vous semblez ému, reprit la comtesse, votre heureux hymen se prépare ; le cœur vous bat d'y songer, et le ciel vous annonce qu'il l'approuve.

Un coup de tonnerre ébranla le bois des Rupes.

On vous pardonne, gracieux sire, poursuivit la dame voilée ; mais n'avez-vous besoin que d'un seul pardon ? Êtes-vous quitte envers tout le monde, et ne vous reste-t-il point de dettes ?

Qui s'avise de m'interroger ? répondit fièrement le duc de Bavière.

Mais ce ton de hauteur cachait un léger mouvement de crainte superstitieuse.

— Une voix crie contre vous des rives de l'Oronte à celles de l'Euphrate ; elle crie des déserts de la Chaldée et des ruines d'Édesse ; c'est la voix de Rachel qui pleure et ne se console plus.

La voix dont tu parles est à présent muette, reprit le prince d'un air morne.

— Une voix qui perce la tombe crie plus haut que tous les vivants.

Finis tes prophéties, interrompit le duc, et ne roule plus des yeux hagards ! On ne sait, dam le Dieu ! qui brille le plus, de sa torche ou de sa prunelle ! Va-t-en, laisse-moi, charmeresse, des prestiges ne m'intimident pas.

— Pourquoi donc, si rien ne vous étonne, ce front pâle et ces regards inquiets ? *Avez-vous peur aussi de me déplaire* ?

Un châtaignier foudroyé s'alluma tout à coup. Sybille arracha son voile, et le prince la reconnut à la clarté de l'incendie.

Sybille !.. ô ciel ! en croirai-je mes yeux ?... Quoi ! la charmeresse de Sicile !... Le duc ne put achever, et sa voix se glaça d'épouvante.

Cette terrible apparition l'avait pétrifié. Sybille ressuscitée lui causait plus d'effroi qu'une armée de Sarrasins ; nul doute qu'elle ne revînt accuser un infidèle époux ! Iselle allait donc tout apprendre !

Ces lugubres idées bouleversaient le prince, qui reprit enfin d'une voix mal assurée :

— Sybille, vous répétez mes paroles ! vous étiez donc dans cette église ?

— Dieu ne refuse à personne l'entrée de sa maison.

Je ne m'abaisserai point à la feinte, poursuivit le duc. On semait en Asie la nouvelle de votre trépas ; des pèlerins l'avaient attestée, et je croyais.......

— On croit aisément ce qu'on souhaite ; mais ces pèlerins vous ont-ils *attesté* que mon trépas était votre ouvrage, que la douleur et la honte avaient hâté la fin de mes misérables jours ? La mort eût été pour moi un bienfait du ciel : je ne méritais pas cette grâce.

Le prince humilié baissa la tête.

— Votre deuil fut court en Sicile ; l'amour eut soin d'abréger vos regrets.... Mais je ne croyais pas qu'il chargerait Iselle de vous consoler, et que la fille du margrave.... Ah! c'était le dernier coup du sort! c'était son dernier outrage!

La figure de Sybille exprimait une angoisse profonde.

— Je voulus voir de près cette incomparable beauté : invisible et présente, je suivis, j'épiai tous tes pas; je comptais les soupirs que t'arrachaient des ardeurs nouvelles, je surpris dans tes yeux des larmes qui n'étaient plus pour moi. Tu jurais à mon ennemie les mêmes serments que tu m'avais jurés; tu l'abusais par les mêmes tendresses, et jamais mon image oubliée ne se plaçait entre Iselle et toi!

Le duc ne s'attendait pas à des plaintes si modérées. Pour la première fois il envisagea Sybille et fut frappé de sa maigreur et de l'altération de ses traits. La comtesse remarqua sa surprise et sourit faiblement, mais ce souris rapide passa comme l'éclair qui blanchit des ruines et s'évanouit.

Henri était déconcerté. Son embarras redoublait à mesure qu'il examinait Sybille ; mais il ne chercha point de lâches détours :

La fatalité, dit-il, nous entraîna tous deux, et nous fûmes aveugles l'un et l'autre ; l'habitude des combats, l'enthousiasme de la gloire, nous unirent plutôt que l'amour : nous n'avions de commun qu'une exaltation mutuelle. Nous joignîmes nos mains sans lier nos ames ; nous eûmes des instants de délire et non des jours de bonheur ; nous étions heureux par accès, et les choses ne pouvaient durer ainsi. Ce n'était point là cette félicité céleste dont nous avions rêvé l'enchantement. Fallait-il, après un essai si pénible, serrer à regret des nœuds mal assortis? Sybille! l'esclavage d'une vie entière est trop long! La liberté nous est rendue. Ai-je fait de la mienne un digne usage? Dieu, qui connaît tout, en jugera; mais soit que le ciel irrité me châtie, soit qu'un maléfice trouble ma raison, je ne suis pas assez fort contre le charme qui m'attire, et je me livre à mon destin. Pardonnez ce triste langage; ma bouche est du moins sincère, si, malgré moi, mon cœur est ingrat.

La fille de Guillaume s'était flattée peut-être que l'excès de sa calamité, un reste de tendresse, de pitié même, ramèneraient le duc à son devoir : crédule, elle ignorait que l'amour se rit des prières, et ne renoue jamais le nœud fragile qu'il a rompu. Elle était stupéfaite, atterrée; un feu sombre couvait dans ses yeux caves, un cerne livide entourait sa paupière, et ses joues plombées et creuses étaient injectées d'un sang noir, ses cheveux épars se hérissaient au souffle de la tempête; ses lèvres, desserrées par un effort convulsif, laissèrent enfin éclater sa voix :

— C'est trop abuser de ma longue patience, trop insulter à mon malheur! il ne te manquait plus que de joindre la fourbe à l'infidélité! Quoi! l'on vante la justice des cieux, et leurs carreaux qui s'égarent ne frappent point sa tête criminelle! Quoi! tu n'étais heureux que par accès, ame double et traîtresse, quand, victime de tes perfidies, je t'immolai gloire et pudeur! Bois de Daphné, témoins de ses transports, et vous palais que j'atteste, n'était-il pas heureux, ne feignait-il pas du moins de l'être? Toi, chrétien! toi, chevalier! Et tu désertes le sacré tombeau, et tu souffres qu'un enfant te ravisse le prix du tournoi. Mais le ciel a trompé ton attente, Sybille renaît du sein des morts. Tes jours, que j'ai sauvés, m'appartiennent ; tu partageras mon supplice, et je te suivrai jusqu'aux enfers. J'y traînerai une odieuse rivale ; implacable furie, j'inventerai pour elle des tortures, et tu verras son cœur, que tu me préfères, tournoyer sous mon fouet sanglant.

L'ouragan mêlait son fracas aux cris de Sybille désespérée ; les arbres s'entrechoquaient, sécoués par d'affreux tourbillons ; la foudre et la grêle couvraient le prince et la comtesse de feux et de rameaux brisés.

Voilà ma main, dit le duc, marchons à l'autel.

Sybille recula tout effarée. L'étonnement et le doute se peignirent sur son visage.

Marchons, reprit-il d'un ton impétueux ; aussi bien suis-je las de ces fureurs insensées ! Allons devant le Dieu de vérité confirmer des promesses fallacieuses, allons sceller des serments impies ! Mais que le jour de ce fatal hymen soit celui d'un éternel divorce ! Séparons-nous maudits du ciel ! demain je fuis au bout de l'univers. Je vous cède sans regret l'héritage et le nom de Welf, pourvu que rien dans ma retraite ne me rappelle un souvenir funeste, pourvu que nos cendres dispersées ne se confondent jamais dans un même cercueil !

Crois-tu, répliqua Sybille, que ton duché me tente si fort ? crois-tu que les lions de Bavière parent mieux un écusson que ceux de Bourgogne [a], et que la fille des anciens rois d'Arles ait besoin d'un Welf pour remonter à ses destins ? Ce n'était pas un fief, ingrat, c'était l'honneur que redemandait Sybille.

A ces mots sa voix et son air changèrent subitement.

(a) La Bavière a dans ses armoiries des lions, ainsi que la Bourgogne.

Un calme plus effrayant que la colère succéda tout à coup à ses fureurs ; l'audace et la fierté des rois bourguignons reparurent ensemble sur le front de leur fille altière : la comtesse avait recouvré sa figure imposante et son superbe maintien.

— C'est à moi de partir, mon redouté seigneur ; je n'ai point oublié les chemins de l'exil ; la fille de Guillaume doit errer sur la terre de l'exil. Elle fut réprouvée et proscrite du jour qu'elle consentit à vous aimer ! Reprenez votre anneau, reprenez votre foi trompeuse ; j'ai repris, moi, tout ce que vous aviez de mon ame. Je suis libre et triomphante, puisque je refuse à mon tour votre main : ce n'est qu'à mon refus, qu'une autre épouse le duc de Bavière. Je vous permets maintenant d'accomplir un hymen, objet de mon mépris. Allez ! je tairai votre honte : Sybille de Bourgogne ne vous estime plus assez pour vous haïr.

Elle dit, éteint sa torche, et s'éloigne à pas précipités.

Le duc n'entrevit qu'une fois, à la lueur des éclairs, ses cheveux détachés et sa large tunique arrondie par les vents.

Henri demeurait immobile, ébloui ; il n'entendait plus gronder le tonnerre, il ne sentait plus la grêle ni la pluie fouetter contre son kirtel [a]. Il ne rentra qu'au milieu de la nuit, but le vin du soir et se coucha. Mais l'image de la princesse et le spectre de Sybille chassèrent de son lit le sommeil ; tour à tour elles se montraient à lui menaçantes ou plaintives, et lui reprochaient sa trahison : fortune, amour, hymen, une heure avait donc tout détruit ! Abîmé dans ses réflexions sinistres, rongé de soucis et de

(a) *Kirtel* ; manteau.

remords, le prince avait perdu tout espoir; il ne se flattait point que Sybille tiendrait sa parole et tremblait de voir renaître le jour : force lui fut pourtant de se résigner et de se contraindre. Préparé à tout événement, il ordonna d'une voix lugubre qu'on sellât son destrier et qu'on apprêtât ses armes : il semblait règler l'ordre de son convoi. Décidé à reprendre la route de Syrie, si la comtesse le dénonçait à la justice des dames, il se rendit plus mort que vif à la cour.

La nouvelle de son mariage s'y était déjà répandue. L'abbé de Lure et l'évêque de Genève, qu'il rencontra les premiers, le félicitèrent d'un choix si glorieux. Frédéric et Suénon l'embrassèrent avec une vive effusion de joie, et Madame Béatrix lui donna sa main à baiser. Noble cousin, lui dit-elle, que d'heur le ciel vous réservait ! mais vaillance et fidélité reçoivent tôt ou tard un doux guerdon des belles !

Le duc rougissait de ces éloges. Les châtelaines attribuaient sa rougeur à un tendre émoi ; elles admiraient une constance à l'épreuve des refus et des caprices mêmes, et priait la Vierge de leur octroyer un pareil serviteur : le prince, à leur avis, était digne de passer sous l'arc des loyaux amants [a]. Les dames devisaient ainsi, lorsque Poncette de Traves, Iselle et le patriarche Héraclius entrèrent accompagnés de l'abbé de Bittaine.

La princesse d'Autriche avait quitté ses noirs vêtements ; un diadème de perles ceignait ses cheveux parés enfin de plumes rouges [b] ; ses armoiries étaient brodées

(a) Amadis, avant d'épouser Oriane, passa sous *l'arc des loyaux amants*. Tout infidèle qui aurait passé sous cet arc enchanté, eût payé cher son audace. *Histoire d'Amadis*.

(b) Plumes rouges vertes, emblèmes d'amour et d'espoir.

sur sa tunique garnie de genettes noirées. Les vieux barons la trouvaient presque aussi belle que les châtelaines du dernier siècle. On la comparait à Yseult, à Herminie; chacun enviait le sort du duc de Bavière ; mais ce prince était loin de goûter un bonheur dont les preux étaient si jaloux. Il tremblait de voir reparaître la comtesse de Bourgogne ; le son d'un cor, le pas d'un destrier l'alarmait ; il frémissait toutes les fois qu'on levait une portière. Ses yeux craignaient de rencontrer ceux d'Iselle, et c'était avec un souris forcé qu'il recevait les compliments des chevaliers et des dames. Cette agonie dura huit jours.

Iselle, que dirigeaient Pierre-le-Vénérable et l'abbé de Clairvaux, consacra cette semaine entière à de pieux devoirs. Elle visita jusqu'aux moindres chapelles, et combla de dons les moutiers. Elle dota richement l'église de Saint-Jacques, et ce fut elle qui décida l'impératrice à fonder le prieuré de Jouhe, en faveur des bénédictins (6). Iselle avait en effet besoin de prier, car elle était faible et languissante, elle éprouvait depuis quelques jours une vague inquiétude, un trouble d'esprit qui l'effrayait ; l'hymen ne s'offrait plus à sa pensée que sous de lugubres images ; elle ressentait parfois des douleurs aiguës que tout le savoir des fisiciens ne pouvait calmer, et qui résistaient même aux remèdes spirituels.

Cependant les fêtes continuaient à la cour. Il y avait au palais un immense concours de pèlerins et de pèlerines. Ils arrivaient tout joyeux, les uns d'Arles, les autres de Trèves et de Spire; qui à cheval, sa dame en croupe, qui à pied ou dans une basterne [a]. Le peuple dansait au

(a) *Basternes*, chariot couvert.

son du rebec et du galoubet, les pénitents d'amour se flagellaient pour plaire aux belles, et les gais ménestrels composaient des épithalames.

La veille du mariage, madame Béatrix invita les nobles pèlerins à un dîner champêtre. Les jardins du palais figuraient la plaine d'Enna. On avait placé sous un dais de verdure la statue de Théocrite, vieux ménestrel de Sicile. Les princes, les margraves et les dames, déguisés en pastoureaux et en pastourelles, arrivèrent deux à deux, la houlette à la main et la panetière à la ceinture; leurs chapels de paille d'Italie étaient ornés de fleurs et de rubans. Huguette de Neuchâtel et le beau comte Étienne représentaient Acis et Galathée. Peu à peu les jeunes chevaliers s'éparpillèrent et coururent après les nymphes, qui feignaient de se cacher derrière les peupliers pour mieux attirer les regards, comme dit le barde *Virgilius*.

Bernard de Ventadour et maître Hües disputèrent des prix bucoliques. Le gentil troubadour salua les dames, préluda d'une main légère et chanta :

LE TROUBADOUR.

Salut, joyeuse Occitanie,
Jardin d'amour, berceau des arts !

LE MÉNESTREL.

Salut, austère Séquanie,
Séjour des preux, temple de Mars !

I.

LE TROUBADOUR.

Les dieux et les mortels admirent
Tes champs de fleurs tout parsemés,

Et les orangers qui se mirent
Dans tes sept fleuves embaumés [a].

LE MÉNESTREL.

Le Jura sourcilleux couronne
Tes monts à l'ouragan livrés,
Et le Doubs, en cherchant la Saône,
Gronde sur l'émail de tes prés.

ENSEMBLE.

Salut, joyeuse Occitanie, etc.
Salut, austère Séquanie, etc.

II.

LE TROUBADOUR.

J'ai des ruisseaux, de frais ombrages,
Un ciel pur, des bosquets riants ;

LE MÉNESTREL.

Moi, j'ai des cieux armés d'orages,
Des glaciers et de noirs torrents.

LE TROUBADOUR.

J'ai des troupeaux, des pastourelles,
Des guérets que j'ai fécondés ;

LE MÉNESTREL.

Moi, j'ai des donjons, des tourelles,
Et des couvents que j'ai fondés.

(a) Les sept départements du Languedoc ont pris leurs noms de la Garonne, du Tarn, de l'Aude, du Gard, de l'Hérault, de l'Ardèche, et de la Haute-Loire.

ENSEMBLE.

Salut, joyeuse Occitanie, etc.
Salut, austère Séquanie, etc.

III.

LE TROUBADOUR.

Dans mes vallons, comme à Cythère,
Croît le myrthe cher à Vénus ;

LE MÉNESTREL.

Vois ce laurier héréditaire,
Il parait le front de Brennus.

LE TROUBADOUR.

Les dieux nous ont donné la lyre,
Le gai savoir et l'art des vers ;

LE MÉNESTREL.

Les Gaulois ne savaient pas lire
Et faisaient trembler l'univers.

ENSEMBLE.

Salut, joyeuse Occitanie, etc.
Salut, austère Séquanie, etc.

IV.

LE TROUBADOUR.

J'ai soupiré pour une belle
Des airs qu'amour redit encor;

LE MÉNESTREL.

Berthe à mes vœux long-temps rebelle
S'attendrit au son de mon cor :
Depuis ce jour elle est fidelle,
J'en jurerais la dague au poing.

LE TROUBADOUR.

Je crois Nice aussi sage qu'elle,
Mais, ma foi ! je n'en jure point.

ENSEMBLE.

Salut, joyeuse Occitanie,
Jardin d'amour, berceau des arts ;
Salut, austère Séquanie,
Séjour des preux, temple de Mars.

Bernard eut une coupe de racine de frêne, ciselée que c'était merveille, et maître Hües, un papegaud qui récitait le *Benedicite* tout d'une haleine [(a)]. Les dames, à leur tour, leur décernèrent des couronnes de myrthe enlacées de plumes de paon [(b)].

Puis tous les instruments *sonnèrent*, et les troubadours furent embaumés d'une blanche neige de narcisses et de marguerites.

Mais voilà que soudain un bruit de timbales et de buccines mauresques fait taire les lyres et les fretels. On entendait un cliquetis d'armures du côté de l'église de Saint-Martin, et les hautes tentes qui couvraient le ci-

(a) *Papegaud*, perroquet.

(b) Telle était la couronne qu'on décernait aux troubadours. Les yeux des plumes de paon signifiaient les regards fixés sur le poète.

metière étaient abattues. Un vif mouvement de curiosité succède à la première surprise. Un léger escadron d'Amazones, tout resplendissant d'armes lumineuses, de plumes, d'aigrettes et de panaches, se précipite du revers de Plumont, tel qu'une troupe de cygnes qui s'abat sur un lac ; elles avaient au cou leurs écus miraillés ; les housses et les chanfreins de leurs palefrois étincelaient de paillettes et de lames d'or. Leur reine altière pressait les reins d'un coursier arabe, issu de la jument Borac [a] ; son haubert, sa tunique et la selle de son destrier étaient émaillés de saphirs ; des agraffes de pierreries retenaient son mantel doublé de samour et d'hermine-herminée ; une écharpe vermeille suspendait à son côté une riche épée du meilleur ouvrier de Damas [b].

Henri de Bavière saisi de frayeur se mêla parmi les bergers.

Tout à coup, le cri de *Saint-Étienne et Bourgogne* part du centre de l'escadron.

Puis un second cri plus animé s'élève : Noël ! Noël ! *la dame aux jambes d'or !*

C'étaient, cette fois, les templiers qui criaient.

Frères de l'Escale et de Charmacenne, qui avaient longtemps guerroyé chez les Syriens, venaient de reconnaître Sybille.

A mesure que la comtesse traversait les jardins, tous les fronts s'abaissaient devant elle ; les bergers jetaient en l'air leurs chapels de fleurs, les hérauts agitaient leurs bâtons peints, et les chevaliers de la croisade de Louis-le-Jeune pleuraient de joie.

(a) Jument de Mahomet ; elle est dans le paradis du prophète.
(b) L'écharpe des Bourguignons était rouge.

Et tous ensemble répétaient : Noël ! Noël ! Vive la dame aux jambes d'or.

Le malheureux duc de Bavière aurait voulu que la terre s'entr'ouvrît.

La comtesse n'était presque point changée ; il semblait que les fées l'eussent douée d'une éternelle jeunesse : elle n'était guère moins belle qu'à vingt ans. Elle avait la même élégance de formes, la même souplesse de taille, la même grâce et la même fraîcheur. L'élixir de la fée Alcine opérait toujours ce miracle.

Elle s'approcha de Frédéric et de Madame Béatrix, et s'inclina dans les arçons. Marphise et Clorinde avaient moins d'attrait et de fierté.

Beaux cousins, leur dit-elle, je viens remplir un devoir qui m'est cher. Il me tardait d'être témoin de votre félicité; l'univers m'avait déjà conté votre gloire.

Belle cousine, répondit Frédéric, il nous duit de revoir la fille de Guillaume-le-Grand ; l'illustre Sybille manquait à nos fêtes : celle qui soutient avec tant d'éclat le renom de sa race ne peut douter de notre affection.

Dole, ajouta l'impératrice, n'oublie point le sang de ses maîtres; elle soupirait après votre retour. Vous avez maintenu son antique devise [a]; prenez donc part à ses jeux et délacez ce lourd haubert !

J'ai juré à la Vierge et au *Faisan* [b], répliqua Sybille, de garder toujours mon harnois, il me servira même de suaire. Je vais me confesser à Rome, et mourir à Jérusalem. Le temps des jeux est passé pour moi.

(a) *Justitiâ et armis* ! par la justice et par les armes.

(b) Serment ridicule du moyen âge. On jurait à la fois par le Christ et la sainte Vierge et le *faisan*.

Sybille éluda ainsi les offres de Madame Béatrix, et refusa de mettre pied à terre : elle salua, d'un air hautain, Poncette de Traves et la mère de l'impératrice. Iselle frissonna sous le regard que lui lança son ennemie, mais elle ne comprit point ce regard de courroux.

Les croisés, les évêques et les bons moines étaient édifiés du zèle de la pieuse amazone ; on louait son courage, on s'efforcait de toucher ses vêtements et son palefroi.

Le duc de Bavière tâchait seul de fuir ses regards, mais la comtesse l'avisa enfin :

Noble duc, lui dit-elle, vous étiez jadis plus courtois ! Ne vous souvient-il plus de notre fraternité d'armes ? Un preux devrait être fidèle à l'amitié comme à l'amour.

Henri confondu balbutia quelques mots d'excuses.

Par la vraie croix de Dieu ! reprit Sybille d'un ton railleur, vous pousseriez mal à présent votre cri de guerre ; mais un peu de trouble est permis la veille d'un si doux hyménée. Soyez heureux, léal époux [a], nul n'a mieux mérité de l'être !

Chaque parole de Sybille navrait le cœur du coupable Henri. Elle jouit un instant de son effroi, et retourna au milieu de ses femmes.

Ses traits peu à peu s'animèrent, et ses yeux brillèrent d'enthousiasme :

— Dieu m'appelle au dernier combat, et je marche à l'ombre de sa droite ! Le sang des martyrs me trace le chemin.

Elle passa sa main sur ses joues colorées de fard, et reprit :

(a) *Léal*, *féal*, fidèle.

— Trompe l'œil, beauté vaine ! la fleur qui les charme à midi serait foulée aux pieds le soir.

Elle pressa d'une main convulsive la figurine cachée sous son haubert, et poursuivit avec une dérision insultante :

— Mais voici venir l'épousée dans ses habits de noces ! Mettez-lui sa couronne de cyprès ! Danse, danse, ma miette ! Esjouis-toi avant de dormir.

Puis, se dressant sur ses étriers, elle examina la ville de Dole, ses manoirs, ses églises, ses tours :

— Adieu, berceau de mes pères, reine de la Séquanie, adieu ! Je fie ma gloire à ton souvenir ; les fleurs de ta prairie ne composeront plus ma guirlande, et je ne verrai plus éclore dans tes murs le premier souris du matin. Eh bien ! plaines de l'Idumée, rendez-moi, s'il se peut, ma patrie absente ! rendez-moi Dole et mes aïeux ! Déjà la tombe d'Étienne est à Ramla ! que ma cendre exilée se réunisse du moins à la sienne ! Allons !... Dieu le veut, marchons. Frédéric ! je t'attends aux rives du Cydnus !

Elle dit, et son coursier l'emporte à travers un tourbillon de poussière.

Son départ fut suivi d'un silence profond ; l'enthousiasme qu'excitait cette femme impérieuse était mêlé d'une sorte de crainte. Ses adieux avaient quelque chose de si menaçant !... ceux mêmes qui l'admiraient le plus, se sentirent soulagés lorsqu'elle disparut derrière les arbres de Saint-Ylie : il semblait surtout au duc de Bavière qu'on l'avait délivré du poids des Alpes ou de l'Atlas. Chacun commençait à se rassurer ; déjà les flûtes et les psaltaires soupiraient une lente harmonie ; l'impératrice et Suénon, Iselle et Frédéric, Héraclius et Poncette de

Traves s'apprêtaient à danser la pavane [a] : Iselle soudain pâlit, chancelle et tombe. Suénon la reçoit entre ses bras faible et presque inanimée. Henri se jette à ses genoux et baigne de larmes une main qui se glace. L'épouvante et l'horreur s'emparent de tous les esprits.

— La mort !... murmure Iselle expirante... ; plus douce.... près de lui... pour jamais.

L'implacable Sybille avait percé la figurine au cœur.

(a) *Pavane*, espèce de danse plus grave que le menuet. Les rois, les évêques, les magistrats la dansaient en habits de cérémonie.

FIN.

Notes.

NOTES.

NOTES DU CHAPITRE PREMIER.

(1) L'Etna se divise en quatre régions : la région cultivée, la région torride, la région des bois et celle des neiges.

Le bois de Catane se trouve dans la troisième région.

(2) Le pays d'Hybla était autrefois si célèbre par sa fertilité et par son miel, qu'on l'appelait *bel passy :* mais il changea de nom, après les ravages de la lave, et s'appela *mel passy*.

Il ne reste aujourd'hui, de ce pays délicieux, que des parcelles de terrain, qui attestent sa fécondité première.

(3) On ne trouve presque point d'anciens monuments sur l'Etna, parce qu'étant tous construits avec des blocs de lave durcie, au lieu de pierres, la nouvelle lave liquide les fond, à chaque éruption. Cette lave, en son cours, comble les vallées, et de gros bouillons de matière enflammée, que l'air intérieur raréfie, forment des montagnes, des cavernes, etc. C'est ainsi qu'a été formée la caverne des Chèvres, où les voyageurs qui grimpent à la cime du volcan, passent une assez mauvaise nuit. *Borch ; Bridone,* etc.

NOTES DU CHAPITRE II.

(1) Le même phénomène eut lieu en 1669. La lave, vomie par le *monte roso*, franchit les murs de la ville, hauts de soixante-quatre palmes (près de 60 pieds), et, malgré les images des saints et le voile de sainte Agathe, engloutit des églises, des palais, et se précipita dans la mer, qu'elle repoussa, dit-on, à plus de 80 pieds.

(2) Le château de Montmirey, ou de *Montmirel* (mont d'où l'on *mire*, d'où l'on regarde), est très ancien. On a prétendu que Clotilde, fille de Chilpéric, roi de Bourgogne, qu'assassina son frère Gondebaud, y était née; mais rien ne le prouve. Il paraît plus probable que Béatrix, fille de Raynaud III, y fut enfermée par son oncle, Guillaume, comte de Vienne et de Mâcon, frère puiné de Raynaud. Une douairière, Blanche de Genève, y résida long-temps; ce qui donna lieu au conte que la reine Blanche, mère de saint Louis, avait habité ce manoir. On sait que presque tous les vieux châteaux ont eu leur reine *Blanche*, attendu que les veuves portaient alors le deuil en blanc. Le château de Montmirey, qui dominait la plaine qu'arrosent la Saône et l'Ognon, n'est plus qu'un amas de ruines.

(3) On faisait jadis le procès aux animaux dans toutes les formes. On les accusait; on leur donnait un défenseur; on les condamnait au dernier supplice. C'était un reste de barbarie. Tout est croyable, quand il s'agit d'un siècle où l'on tolérait la procession des fous, de l'âne, des chats, de l'araignée, du renard, etc.; où l'on baptisait jusqu'aux rep-

tiles, à qui l'on donnait le nom de tel ou tel saint. Un prêtre de Soissons, en 1243, trouva, un matin, dans une église, un crapaud qu'il baptisa et nomma *Jean*. L'auteur du *Culte des esprits dans la Séquanie*, rapporte que près du château de Maîche (Jura), un cochon noir couve un trésor. La justice divine punit celui-là. « C'est un seigneur qui, pour avoir été trop « attaché aux biens de ce bas monde, a été condamné « à revenir dans sa terre, une fois tous les cent ans. » « Plusieurs personnes dignes de foi l'ont vu. *M. Monnier*.

(4) Voici ce que les *vieux* content au sujet du *bois des Clefs*. Simon d'Oisi, grand sénéchal de France et seigneur de Montmirel, avait étranglé sa femme, dans un mouvement de vivacité. Il en prit une seconde, Alis de Thervay, au petit pied.

Cette châtelaine était très jolie; on comparait son teint à l'aube vermeille, et ses yeux à deux étoiles. Un jour que son mari était allé à la croisade, pour expier le meurtre de sa première femme, Alis, qui chassait à l'oiseau, entre Montmirey et Dammartin, se reposa dans un petit bois, où elle perdit son demicin et ses clefs [a]. Grande fut la douleur de la châtelaine!

Un jeune ménestrel qui l'aimait, sans espoir, parcourut tout le bois et retrouva les clefs d'Alis, à l'aide de son braquet. Il mit alors une longue barbe, se revêtit d'une cape brune garnie de coquilles, et se rendit au manoir de Montmirey, avec sa panetière et son bourdon. Il conta qu'il arrivait de Naples, où il avait baisé la fiole de saint Janvier. On l'accueillit avec bonté, mais quand la nuit fut venue, il ouvrit doucement l'huis de la chambre de retraite d'Alis, et se coula dans son oratoire, où elle s'était assoupie, en ré-

(a) *Demicin*, cercle d'argent ou d'acier auquel pendaient les clés du ménage.

citant ses patenôtres. La pieuse dame se réveilla d'abord, et pourtant ne cria point, car la surprise et la peur lui fermèrent la bouche. L'amant d'ailleurs était si beau et si disert, que la comtesse n'eut pas la force d'appeler ses femmes. Le ménestrel s'en fut après, et reparut le lendemain, dans ses habits de fête; la belle Alis supporta dès-lors plus patiemment son veuvage. Enfin le seigneur de Montmirey revint de terre sainte, et des mâles langues l'avertirent de son cas piteux, ce qui le fâcha tant, que rien ne put calmer son ire. Il alla s'embusquer au coin du *bois des Clefs*, et donna de sa dague au cœur du gent ménestrel ; puis, par malice, il le pendit, à minuit, à la verrière de l'oratoire d'Alis. Le matin, la pauvre dame vit le cadavre qui saignait au poitron : elle s'affligea et se dépita si fort, qu'elle se laissa mourir de la rage de faim. Mais dès qu'elle fut morte, elle apparut, à minuit, toute pâle et maigre, aux yeux de Simon, le tira par les pieds, lui reprocha sa dureté, et lui causa une telle frayeur, qu'il trépassa au point du jour.

(6) La reine *Pédanque*, ainsi appelée de son pied d'oie. L'abbé Le Bœuf croit que c'était la reine de Saba, qui avait une figure charmante et des pieds difformes. Sa statue fut placée sous le portail de certaines églises, à Dijon, à Nesle, à Nevers, à Saint-Pourcin et à Toulouse, parce qu'on rendait autrefois sous les porches la justice ecclésiastique. Rabelais dit, en parlant de certaines personnes au grand pied, « *qu'elles étaient largement pattues, comme sont les oies*, et jadis à Toulouse la reine Pédanque. » La statue de la reine Pédanque à Toulouse filait au fuseau.

(7) Il est probable que la Loue, ou Louve (*Lupa*), était jadis un lac étroit entre deux longues chaînes de rochers.

Il ne reste nul vestige de la digue qui retenait les eaux de ce lac, vu que les flots en ont roulé les débris dans le Doubs. Au reste, tous les habitants des rives de la Loue content, (chacun à sa manière), l'histoire de l'amant noyé. C'est la parodie de celle de Héro et de Léandre. On retrouva, sous le sable, il y a quelques années, un canot de la plus haute antiquité, creusé à l'aide du feu et à la manière des sauvages. Ce canot devait être enseveli sous les eaux de la Loue, long-temps avant que les Gaulois fûssent civilisés. On en voit des fragments au musée de Dole.

NOTES DU CHAPITRE III.

(1) L'église de Saint-Martin de Sayens, ou *Foucherans*, était une chapelle (*altare*) bâtie sur une colline, au milieu d'un des cimetières de la ville de Dole. Elle fut dédiée à saint Martin, en mémoire de cet évêque de Tours qui, dit-on, y avait célébré les saints mystères.

(2) Arnaud de Bresse (en Italie), disciple d'Abailard, prit tout jeune l'habit de moine. Il soutenait que les évêques et les moines qui possédaient des terres, ne pouvaient manquer d'être damnés. Innocent le condamna dans le concile de Latran. On ne pourrait guère, en effet, prêcher de plus grandes absurdités. Arnaud se réfugia en Suisse, revint plus tard à Rome, excita une sédition contre Innocent qu'il fit chasser. Eugène III triompha de cet enthousiaste, et le cardinal Gérard l'arrêta, malgré les efforts des vicomtes de Campanie. Arnaud fut brûlé vif à Rome, et l'on jeta ses cendres dans le Tibre : c'était un *fameux sorcier*.

(3) C'est un corps que les anciens disaient être de la grosseur d'une figue sauvage, de couleur noire, et adhérent à la tête du poulain nouvellement né. Ce corps était un philtre puissant. Juvénal attribue les désordres de Caligula à un breuvage que sa femme lui avait donné, et dans lequel était entré un hippomane entier. La vertu de ce philtre s'est bien altérée, en passant à travers les siècles.

(4) Il y a sur la montagne bleue du Montbéliard un génie invisible, qui fréquente l'étroite combe du *Vau-de-Roche*, au

fond de la vallée du Glai. Il crie, dit M. Masson, ou chante pendant la nuit des paroles lamentables. *Culte des esprits*, de M. Monnier.

(5) Le creux Fernel se nomme ainsi, depuis qu'on y trouva le corps d'un nommé Fernel, assassiné par son fils, à la grange d'Assaut. On précipitait, autrefois, les parricides dans ce gouffre : le 5 mai 1584, Blaise Milley y fut jeté.

(6) On voit près de Château-Chalon, autrefois *Carnon*, les ruines d'un château bâti par Charlemagne. Tous les souvenirs qui se rattachaient à ce vieux manoir sont effacés. Ses décombres mêmes n'offrent rien de curieux, et n'intéressent que par le nom de Charlemagne.

(7) Anne Comnène, fille de l'empereur Alexis Comnène premier, épousa Nicéphore de Brienne, prince faible et peu digne d'une femme qui avait la fermeté d'un héros. Elle cultivait les sciences et passait ses jours à étudier. Elle composa la vie de son père, Alexis. On dit que Boëmond, fils de Robert Guiscard, lui avait plu, bien qu'elle détestât les croisés, et en général les Latins.

(8) Siméon-le-Jeune, abbé de Xérocerce, avait formé une secte d'hésicastes, moines grecs, qui ne s'occupaient que de la vie contemplative. Selon eux, la lumière du Thabor était incréée et incorruptible. Les moines croyaient l'apercevoir à leur nombril, et le mont Athos fut bientôt peuplé d'une foule de fainéants, qui regardaient leur nombril du matin au soir. *Pluquet, Diction des hérésies.*

(9) Le délire de l'esprit humain n'a presque jamais eu de bornes ; il fut un temps où des Juifs et des Samaritains s'ima-

ginèrent que le Messie ne délivrerait Israël qu'à l'aide des Génies, et que celui-là serait le Messie qui saurait leur commander. *Pluquet.*

(10) On raconte qu'Alexandre-le-Grand fit fermer le Caucase par une muraille qui s'étendait depuis le Pont-Euxin jusqu'à la mer Caspienne. Par delà ce rempart, Mahomet place les descendants maudits de *Gog* et de *Magog*, prédestinés à ravager un jour la terre. Le mur élevé contre eux est de fer et de cuivre soudés ensemble, et recouverts d'airain fondu. Mais quelque solide que soit ce rempart, il tombera, ainsi qu'un palmier abattu par la cognée, quand le temps sera venu où les enfants de Gog et de Magog devront dévaster l'univers. En attendant, les gardiens de ce mur viennent de temps en temps frapper à grands coups de marteau sur ses portes d'airain, et ce retentissement sonore fait savoir aux captifs que le pays est bien gardé. *M. Famin*, *Univers pittoresque.*

(11) *Caf*, ou Caucase. Les mahométans l'appellent le *Mont-des-Morts* et croient qu'il entoure la terre. Aussi disent-ils depuis Caf jusqu'à Caf, pour dire : d'un bout du monde à l'autre. *Ebn Alvardi*, dans son *Khiridat al Agiaib*, écrit que la montagne de Caf a pour fondement une pierre nommée *Sakhrat*, dont il est fait mention dans le Coran, au chapitre appelé *Locman*. Celui qui en aurait le poids d'un grain ferait des miracles. Cette pierre, qui est le soutien et le pivot de la terre, est d'une seule émeraude, et, c'est de sa réflexion que le ciel tire sa teinte azurée. La terre se trouve donc au milieu de la montagne de Caf, comme le doigt au milieu d'un anneau. C'est là que les dives vaincus ont été confinés, et que les génies, les fées, les péris font leur séjour.

Le mauvais génie *Arimane* habite le Caucase. Il s'élance,

dit Zoroastre, des sommets de l'Elbrouz, et son corps étendu sur l'abîme, semble un pont jeté entre les mondes.

On trouve, dans le Caucase, la caverne du prophète *Élie*, les pics opposés, où résident le *Djin-Padichah*, prince des démons, et l'oiseau *Anka*, qui sait toutes les langues de l'univers, le rocher où fut attaché Prométhée, père des humains, les grottes de Bethléem, sous lesquelles voltige une colombe d'or, et où l'on voit une chaîne de fer, à l'aide de laquelle on peut grimper, par un soupirail, jusqu'au tombeau de *Ébn Ben Mariam* (Jésus, fils de Marie).

Enfin, c'est dans le Caucase, auprès de Balkou, que se trouve le sanctuaire du feu *Artech-Gah*, l'un des plus célèbres sanctuaires de Zoroastre.

Artech-Gah est situé dans un pays aride et infecté par l'odeur de la naphte. Un édifice carré, qui renferme une vingtaine de cellules, sert de monastère aux adeptes du *zend avesta*. Dans la cour du milieu, s'élève un autel flanqué de quatre cheminées quadrangulaires. Au centre, est un foyer que la piété des parsis alimente jour et nuit, au moyen de la naphte. Le culte de *Mithra*, sanctionné par Zoroastre, a résisté à toutes les attaques, et les descendants des Guèbres ont entretenu le feu sacré dans la longue série des âges, et l'ont emporté à Surate, à Bombay, sur les bords du Gange, dans le midi de la Perse, et près des rives de la mer Caspienne. Ils croient que le feu qu'ils conservent, avec tant de soin, est le même que celui qui brûlait à l'époque où vivait Zoroastre.

(12) Le *Pentâcle* est un mouchoir à cinq pans, chargé de figures mystérieuses, et qui a le pouvoir de soumettre les démons.

NOTES DU CHAPITRE IV.

(1) *Péri* signifie, en persan, cette belle espèce de créatures qui ne sont ni anges, ni hommes, ni démons. Les génies sont des esprits d'une nature subtile. Ils tiennent le milieu entre Dieu et l'homme, et n'ont rien de commun avec les diables. Fée vient de *Fata*. Les Italiens appellent les fées *le Fate*, d'où vient le mot *fatare* qui, chez eux, veut dire *enchanter*.

Les Arabes appellent les péris *ginn*, et nous les nommons lutins, esprits follets. La demeure des péris, ou ginn, est la montagne de Caf. Leur royaume est le *Ginnistan*, contrée imaginaire.

(2) La tante Arie, génie bienfaisant du pays d'Ajoye (Montbéliard, Baume-les-Nonnes, etc.), est une bonne fée qui ne descend des airs, d'où elle tire son nom *Aria*, que pour visiter les cabanes et donner des prix à la jeunesse laborieuse. Elle apprend à filer aux bergerettes et même aux princesses, et quand elle est mécontente d'une jouvencelle, son courroux se borne à mêler sa *filasse*, pendant le carnaval. Junon, comme reine de l'air, était déjà surnommée Aria; mais Junon n'était pas si douce que la tante Arie. M. Monnier, *Culte des esprits*.

(3) D'après la mythologie orientale, *aherman* est le palais des génies, dans la sainte montagne de Caf; il fut bâti par Argenk, contemporain de Taha Murath (Tamerlan.)

(4) L'écu de *Gian ben gian*, roi des Génies, n'est pas moins

célèbre que les boucliers d'Achille, d'Énée et de Télémaque. Il est recouvert de sept peaux et entouré de sept cercles. Il a appartenu à Taha Murath, vainqueur des géants.

Chacun sait que Mahomet fendit la lune dont il cacha la moitié dans sa manche. C'est un des plus beaux miracles qu'on ait jamais lus. Quant à Simorg-Anka, ou le griffon religieux, c'est un superbe oiseau, qui habite la montagne de Caf. Il fut l'ami d'Adam et parle toutes sortes de langues.

Le *Dadgial, Deggial, Duggial,* est l'antechrist. Ce mot signifie, en arabe, un *menteur*, un *imposteur*, un être qui n'a qu'un œil et un sourcil.

Les musulmans croient que l'antechrist doit arriver à la fin du monde, et que Jésus-Christ qui, selon eux, n'est pas mort, viendra le combattre, dans son second avénement; Jésus, après avoir vaincu le Dadgial, mourra en effet.

(5) L'armée de Louis-le-Jeune s'était dirigée vers les montagnes qui séparent la Phrygie de la Pisidie. Geoffroi de Rançon, seigneur de Taillebourg, commandait l'avant-garde. Il eut la faiblesse de céder aux instances de la reine Éléonore, et descendit dans la plaine, au lieu de garder les hauteurs. Les Turcs, profitant de cette faute, vinrent se placer entre cette avant-garde et le reste de l'armée. Le roi les prit de loin pour ses gens d'armes, et s'engagea dans un défilé, où il fut tout à coup entouré d'une foule d'ennemis. Les Français succombèrent presque tous, et Louis sept, adossé contre un arbre, faillit à périr lui-même, bien qu'il se défendît vaillamment. Il eut grand'peine à rejoindre, avec un petit nombre des siens, son avant-garde, qui pleurait sa mort. — Hist. des croisades.

(6) Éblis est le Lucifer des Hébreux. Il refusa de se prosterner devant Adam, malgré l'ordre de Dieu. Il repré-

sentait qu'il était formé de l'élément du feu, et qu'il ne pouvait, sans rougir, s'abaisser devant un homme pétri de limon.

Il devait être plongé tout de suite dans les enfers, mais Dieu lui donna un sursis jusqu'au jour de la résurrection générale.

(7) La tradition a conservé le nom de Marpésie à un rocher du défilé de Dariel (Caucase), où l'évêque Jornandès assure que cette reine des Amazones fit construire des fortifications.

Marpésie régnait sur les Scytes. Virgile a chanté le mont Marpésien.

Quàm si dura silex aut stet Marpesia cautes.

(8) Il y a plusieurs moyens de deviner. On devine par la hache ou l'*Axiomantie*, par le miroir ou la *Catoptiomantie*, par les choses de l'air ou l'*Æromantie*, par la tête d'un âne, brûlée sur les charbons, ou la *Céphalaiomantie*, etc. On n'en finirait pas, si l'on voulait nombrer tous les moyens employés pour interroger le sort, et pour sonder un avenir qui ferait notre supplice, si nous avions le malheur de le pénétrer.

Que l'homme, hélas! à tromper est facile!
Que son esprit est faible et curieux!
Que les sorciers, Albert et la Sybille
Auront toujours de charmes à ses yeux!
O nouveauté! combien on te révère,
Quand, sur tes pas, voltige le mystère!
Il n'est jongleur, escroc, pédant si vil,
Ou philosophe, ou derviche ou bracmane,
Qui n'ait trouvé, tant absurde fût-il,
Des sectateurs en simare, en soutane,

En falbalas, en cheveux noirs ou gris,
Depuis Manès jusqu'au grand saint Paris.

L. DUBILLET, Mnémonique.

(9) Ce qui nuisait encore à la discipline, dans la croisade où l'empereur Conrad et le roi Louis sept perdirent leurs armées, c'est le désordre des mœurs introduit parmi les croisés. Ce désordre vint surtout de ce qu'un grand nombre de femmes avaient pris les armes et se mêlaient dans les rangs des soldats. On vit même une troupe d'Amazones commandées par un général dont on admirait plus la parure que le courage, et que ses bottes dorées faisaient appeler la *dame aux jambes d'or*.

Dans ce passage extrait de l'Histoire des croisades, M. Michaud a suivi des mémoires peu fidèles. La dame aux jambes d'or était une autre Camille, une autre Marpésie. C'était Sybille de Bourgongne, maîtresse femme, s'il en fut jamais.

(10) Antioche fut fondée par Séleucus-Nicanor qui lui donna le nom de son père Antiochus. On l'appela aussi Théopolis; son territoire était consacré à Apollon. Ce fut le séjour de plusieurs empereurs. On nommait Antioche, la perle, l'œil, la tête de l'Orient, et c'est là qu'on peut dire que le christianisme a commencé. On croit qu'on y retrouva le fer de la lance dont fut percé le Sauveur. Les murailles d'Antioche étaient flanquées de plus de 400 tours. Un vaste château défendait cette ville. On trouvait près d'Antioche, sur le bord de l'Oronte, le faubourg de Daphné, si célèbre dans l'antiquité. Constantin avait fait bâtir à Daphné un superbe palais, dans lequel était la statue de sa mère Hélène. Le palais de Séleucus, ou des empereurs, était si magnifique, qu'il occupait seul une des quatre collines sur lesquelles Antioche était bâtie.

(11) Tous les historiens attestent ce fait. Raymond de Poitiers, comte d'Antioche et oncle d'Éléonore de Guienne, était amoureux de sa nièce et tâchait de la retenir. La reine, de son côté, ne voulait point quitter une ville qui était la plus voluptueuse de l'Asie. Il fallut que Louis sept l'enlevât pendant la nuit. Un mari qui enlève sa femme ! ce serait un joli sujet d'opéra.

La reine eût bien souhaité, dit l'abbé de Vertot (Hist. de Malte), que Louis, prêt à marcher contre les ennemis de son oncle, l'eût laissée à Antioche. On prétend que cette princesse, peu scrupuleuse sur ses devoirs, était éprise d'un jeune Turc, *baptisé*, appelé Saladin, et ne pouvait s'en séparer.

Il paraît que c'est ce nom de *Saladin*, ou Salah-Eddin, qui fit confondre un jeune turc baptisé avec le fameux Saladin, fils d'Ayoub.

(12) Josselin de Courtenai, prince d'Édesse, étant mort, son fils ne sut point défendre son héritage. Zengui, prince de Moussoul, saisit l'instant favorable, et vint assiéger Edesse à la tête d'une armée aguerrie, composée de Curdes et de Turcomans. Par un aveuglement fatal, Raymond de Poitiers, qui haïssait Josselin, refusa de le secourir. Des prodiges de valeur ne purent sauver Edesse d'une entière destruction : hommes, femmes, enfants, tout fut égorgé. Mathieu d'Edesse, l'historien, et l'archevêque Hugues tombèrent sous le fer des vainqueurs. On attribua la perte d'Edesse à l'avarice de ce prélat.

(13) Raymond, comte de Toulouse, était mourant à Antiochette. On désespérait de ses jours ; on l'avait déjà étendu sur la cendre, et l'évêque d'Orange récitait les litanies des agonisants, lorsqu'un comte saxon vint annoncer que Ray-

mond ne mourrait point de cette maladie, et que les prières de saint Gilles avaient obtenu pour lui une trêve avec la mort. Ces paroles, dit Guillaume de Tyr, rendirent l'espérance à tous les assistants, et Raymond guérit en effet. — Hist. des croisades.

NOTES DU CHAPITRE V.

(1) Pierre Raymond, fils d'un bourgeois de Toulouse, a laissé dix-sept pièces galantes, d'un style tendre et naturel. Il n'était pas toutefois un troubadour du premier ordre.

(2) C'est le premier troubadour connu. Il joignait à un esprit cultivé les agréments de la figure. Il avait épousé, au mépris de toutes les lois, Malberge, femme du vicomte de Châtelleraud, et fut excommunié par l'évêque de Poitiers. Il construisit à Niort une maison de débauche, en forme de monastère, qui avait une abbesse, une prieure, et où l'on singeait la vie monastique.

Guillaume s'est peint dans ses ouvrages, qui sont obscènes pour la plupart.

(3) Guillaume II, surnommé *Tête-Hardie*, comte suprême de Bourgogne, mérita le nom de Grand par sa valeur et surtout par sa sagesse. Il mourut le 11 novembre 1087, et fut inhumé dans le parvis de l'église de Saint-Étienne, à Besançon. Il fut père de Guy de Bourgogne, que l'on croit né à Dole, et qui fut élu pape à Cluny, en 1119, sous le nom de Callixte II.

(4) Il y a une *vouivre* célèbre qu'on nomme Mélusine, et, par corruption, *mère lusine*. Elle habite la tour de Vadans-les-Arbois. La maison de Poitiers prétendait descendre de Mélusine. Les maisons d'Archiac et de Saint-Gelais, héritières de celle de Lusignan, se vantaient aussi d'avoir Mélusine pour aïeule.

Bullet pense que Mélusine vient de *mé*, moitié, et de *llisowen*, serpent.

D'autres croient que Mélusine, princesse d'Albanie et fille parricide, avait été condamnée à être moitié serpent, tous les samedis, et fée jusqu'au jugement universel, à moins qu'elle ne trouvât un époux qui consentît à ne la voir jamais le dernier jour de la semaine. Raimondin, fils du comte de Forez, l'épousa à cette condition; mais il eut un jour la fantaisie de faire, avec son épée, un trou à la porte de la chambre à coucher de sa femme, et ne vit qu'un serpent aîlé qui s'enfuyait par la fenêtre. Avis aux maris curieux!

C'est la fée Mélusine qui, selon M. le baron Dupin, a bâti presque tous les châteaux du Poitou.

En termes de blason, Mélusine est une figure échevelée, demi-femme et demi-serpent, qui se baigne dans une cuve où elle se mire et se coiffe. — *Culte des esprits dans la Séquanie.*

(5) Welf-le-Noir, frère de Henri-le-Superbe, duc de Bavière, était oncle de Henri-le-Lion. Le jour de la bataille de Winsberg, en Souabe, Welf avait donné à ses soldats son propre nom pour cri de guerre, et les troupes du roi des Romains prirent, pour le même usage, le mot *Waiblingen*, nom d'une petite ville du duché de Wurtemberg. Ces deux noms demeurèrent aux partis qui les avaient adoptés, et l'on continua d'appeler *Welfs* les partisans du duc, et *Waiblingiens*, ceux du roi Conrad III. *Guelfes* et *Gibelins* par corruption.

Les Italiens désignèrent depuis, par ces deux mots, les antagonistes et les défenseurs de l'autorité impériale. On appela *Gibelins* les impériaux, et *Guelfes* les papistes.

(6) Si l'on en excepte les pastorales des troubadours et

quelques lais des ménestreux, toutes les chansons d'alors, surtout les chansons bachiques et celles qui étaient en usage dans les fêtes des fous, de l'âne, des connards, des chats, etc., se ressentaient de la grossièreté des mœurs et de la pauvreté du langage. C'était un jargon moitié latin, moitié français. Voici ce que l'on chantait à Évreux, pour fêter l'abbé des connards, monté sur son âne :

De asino nostro bono,
Meliori et optimo,
Debemus *faire fête.*
En revenant de Gravinariâ (a)
Un gros chardon reperit in viâ,
Et lui coupa la tête.

(a) Gravigny, près d'Evreux, terre qui appartenait à une chartreuse.

NOTES DU CHAPITRE VI.

(1) Béatrix, fille de Raynaud III, *le franc-comte*, et d'Agathe de Lorraine, fut une princesse aussi belle que sage. Elle était fort jeune, quand son père mourut. Elle lui succéda de préférence à son oncle Guillaume, comte d'Auxonne, suivant la coutume du pays, attestée par Othon de Frisinghen. Elle épousa l'empereur Frédéric-Barberousse, en 1156, et lui apporta en dot le comté de Bourgogne et le royaume d'Arles. Elle mourut à Spire, en 1185, laissant cinq fils et deux filles.

(2) Si Béatrix *n'habita* point la maison du temple, il est certain qu'elle y séjourna quelquefois. Divers actes émanés d'elle sont datés du *temple auprès de Dole*. Il existe encore un partage de droits seigneuriaux fait par Béatrix et le monastère de Romain-Moutier, où on lit : *Datum apud templum, juxtà Dolam, nono kalend. Augusti, anno incarnationis*, MCLXXXI.

(3) Hugues, comte de Champagne, avait épousé Elisabeth, fille d'Etienne, comte de Bourgogne. Il s'imagina qu'il était inhabile à avoir des enfants et que sa femme lui avait été infidèle. Il appela à sa succession Thiébaud, comte de Chartres, son neveu, à l'exclusion de son fils Eudes, et prit l'habit de templier. Eudes fut la souche des maisons de Champlitte et de Pontailler.

(4) Pendant le siége de Damas, par Louis-le-Jeune, roi de France, et Conrad, empereur d'Allemagne, un sarrasin, d'une taille gigantesque et armé de toutes pièces, défiait les

chrétiens au combat à outrance. L'empereur accepta ce défi, et, s'élançant contre le musulman, lui déchargea sur l'épaule un coup d'épée si terrible, que le corps de l'infidèle fut partagé en deux parties. Cet exploit, digne des siècles fabuleux, jeta la terreur parmi les Maures.

(5) Guillaume de Tyr fait un tableau effrayant de la corruption des mœurs, à Jérusalem, sous le règne de Baudoin V.

« A peine, dit-il, y trouve-t-on une femme chaste. Le templier Meslier ravage les provinces. La veuve de Baudoin III s'est enfuie avec Andronic chez les Sarrasins. Bohémond, prince d'Antioche, a répudié sa femme Erine pour épouser une courtisane. Le patriarche Héraclius prodigue à d'infâmes prostituées les trésors de l'église, etc., etc. » *Histoire des Croisades.*

(6) Bernard de Ventadour se distingua par la naïveté du style, la beauté des images et la délicatesse des sentiments. Il naquit, dans le XII.[e] siècle, au château de Ventadour, en Limousin. Ce fut un troubadour célèbre. Son seigneur était Ebles II, vicomte de Ventadour. La femme d'Ebles, Agnès de Montluçon, châtelaine un peu vive, devint bientôt l'unique objet des chants du jeune poète. Les charmes d'Agnès séduisirent d'abord Bernard, et l'amour ne tarda guère à l'inspirer. « *Je ne puis*, dit-il, *me cacher le trouble de mon ame, mais je le cacherai du moins à ceux qui m'épient.* » Le pauvre amant le cacha mal. Le comte soupçonna le fatal secret et battit sa femme ; ce qui prouve que les chevaliers battaient leurs femmes, bien qu'ils fussent *excessivement courtois*. Il chassa ensuite Bernard de ses domaines.

L'infortuné troubadour s'éloigna, laissant son cœur en *ôtage*, mais il ne l'y laissa pas long-temps. Il se retira en

Normandie, où il devint encore amoureux d'Eléonore de Guienne, *qui savait lire.*

Enfin, après la mort de Raymond V, comte de Toulouse, Bernard, dégoûté de l'amour et des vers, se fit moine à l'abbaye de Dalon, en Limousin.

(7) Renaud de Châtillon, né à Châtillon-sur-Indre, avait suivi en Asie Louis-le-Jeune, et s'était attaché ensuite à Raymond de Poitiers, prince d'Antioche. Raymond fut tué dans une bataille, et sa veuve, Constance, sollicitée de prendre un nouvel époux, n'en voulut point d'autre que Renaud de Châtillon. Cet hymen indigna tous les barons chrétiens qui voyaient, avec dépit, un jeune homme inconnu s'asseoir sur le trône d'Antioche. Renaud, du reste, ne justifia point le choix de Constance. Il continua même à jouer le rôle d'un aventurier. *Histoire des Croisades.*

(8) Les jours de fête et surtout le jour de Pâques, les clercs, les diacres et les moines manifestaient autrefois leur pieuse allégresse par de joyeux banquets, de saints concerts et d'innocents plaisirs; mais peu à peu on donna entrée, dans les églises, à des danses que les païens eux-mêmes avaient hautement condamnées. Puis, vinrent les fêtes des fous, de l'âne, des connards, etc., etc. Il se forma donc à Dole une société présidée par un père Fol, à l'exemple de celle de Dijon, qui était présidée par une mère Folle. On appelait également ce père fol, père *folie.* Il y avait des abbayes de fous qui étaient de véritables lieux de débauche. On se crut obligé, le 4 juillet 1540, de rendre une ordonnance contre ces établissements scandaleux. Cette ordonnance nous a paru assez curieuse pour être ici rapportée. On se plaint aujourd'hui de la jeunesse; on va voir ce qu'elle était dans ce moyen âge qu'aucuns regrettent.

« Comme l'on soit düement informez des grandes inso-« lences, tumultes, séditions, outrages et actes volontaires « qui se font journellement en nostre ville de Dole, tant par « aucuns escoliers de notre université, qu'enfans d'icelle « ville et aultres jeunes gens y résidens, au grand scandale « d'un chacun, mespris et desdain de noz officiers et aultres « magistrats y estant : ce qu'advient ordinairement par le « moyen des assemblées que lesdits escoliers et enfans de la « ville font en leurs dites abbayes et pères folies (ainsi les « nomment-ils), desquelles ne procèdent que perdition de « temps, dilapidation de biens et voluptueuses dissolutions; « nous désirons à ce, pourvoir et obvier à de plus grands « inconvéniens. Avons par advis de nos très-chers et féaux, « le sieur de Vergy, commis au gouvernement de nostre « comté de Bourgongne, et gens tenant nostre cour de par-« lement à Dole, aboli et abolissons par les présentes per-« pétuellement lesdites abbayes et pères folies. Interdisons « et défendons auxdits escoliers, enfans de ville et aultres « jeusnes gens y résidens, de cy après eslire ni avoir aucun « père fol, chef, capitaine de aultres semblables estats, ny « eux assembler en quelque lieu que ce soit à tel effect, ni « point faire les alliances qu'ils ont accoustumé avec les « jeunes filles de ladite ville ou aultres y résidentes qu'ils « nomment *Valentines*, etc. ». Ordonnance d'Albert et d'Isa-« belle, Clara Eugénia, ducs et comtes de Bourgongne. Recueil des ordonnances, par Pétremand. Dole, 1619, page 281.

Hües de Braye-Selves ne donne ici qu'une faible esquisse des orgies appelées la fête et la procession des fous. Il se passait, à l'église même, des choses si indécentes, qu'une plume chaste n'ose les retracer. Que penser des mœurs de nos pères, lorsqu'on voit Charles-Quint obligé de sévir contre........ Ceux qui veulent savoir contre qui, n'ont qu'à ouvrir le recueil des ordonnances anciennes du comté de Bourgongne (recueillies par Gérard Vurry, de Dole), imprimé à Dijon, en 1552, par Jean Desplanches, page 41 de la seconde partie.

(9) Couper la nappe et retourner le pain devant un convive, c'était lui faire un sanglant affront. Le héraut d'armes coupait ordinairement la nappe devant le chevalier qu'on voulait *honnir*.

NOTES DU CHAPITRE VII.

(1) On vendait les filles dans le moyen âge.

Le sixième article du troisième capitulaire de Charlemagne, année 808, traite des serfs vendus dans les marchés et qui y sont amenés par leurs propres parents. Le seigneur de l'Aigle octroya aux habitants du bourg de la Chaux-du-Dombief, en *février* 1335, une charte dans laquelle *nous voulons*, disait-il, que lesdits bourgeois puissent *vendre* ou marier leurs enfants de ladite terre, de quoi ils nous paieront ledit quarteron d'avoine, *comme de leurs héritages. Culte des esprits dans la Séquanie.*

(2) M. Monnier croit que les Dames Blanches étaient les prophétesses de la Germanie et les druidesses de la Gaule.

(3) On trouva, il y a quelques années, dans les grottes d'Osselle, un tas d'ossements d'ours de la plus haute taille, et dont la race est perdue en Franche-Comté. Il est probable qu'ils s'étaient réfugiés dans ce souterrain à l'époque de quelque grande inondation, et qu'ils y furent surpris par les eaux.

(4) Les factions déchiraient le royaume de Jérusalem et le souverain ne pouvait les réprimer. Le crime de lâcheté était le seul qu'il lui fût possible de punir, car les lâches ne trouvaient point de défenseurs. Amauri fit pendre douze templiers convaincus d'avoir mal défendu une forteresse. *Hist. des Croisades.*

(5) Le Vieux de la Montagne, dans l'espoir de s'affranchir

d'un tribut qu'il payait au Grand-Maître du temple, témoigna quelque désir d'embrasser la religion chrétienne, et dépêcha même à ce sujet un envoyé au roi de Jérusalem, Amauri. Un templier poignarda cet ambassadeur, et le monarque n'eut pas le pouvoir de faire punir le meurtrier.

(6) Les Chrétiens assiégeaient la ville d'Ascalon, l'une des cinq satrapies des Philistins. Les templiers étaient entrés dans la place par une brêche, lorsque l'avidité de leur Grand-Maître, Bernard de Tramelai, empêcha les croisés de profiter d'un si grand avantage [a] : « Voulant « garder le butin pour lui seul, Bernard se tint, avec sa « troupe, sur la brêche, pour en défendre le passage aux « soldats chrétiens. Puis, tout ce qu'il y avait de templiers « dans Ascalon, s'étant avancés jusqu'au milieu de la ville « pour en piller seuls les maisons, les habitants, revenus « de leur frayeur et rassurés par le petit nombre des pil- « lards, se rallièrent, chargèrent les chevaliers du temple, et les mirent en fuite. » *Vertot. Guillaume de Tyr.*

Pendant le siége d'Antioche, par Godefroi de Bouillon, les vagabonds et les mendiants se réunirent sous les ordres d'un capitaine qui prenait le titre de roi des *truands*, des *trudents* ou des *gueux*. Il paraît que ce mot *trudent* vient de *trudere*, assommer. C'était un ramas d'assassins et de voleurs. On les accusait de violer les tombeaux et de se nourrir de chair humaine. Ils inspiraient une profonde horreur aux défenseurs d'Antioche, qui tremblaient de tomber entre leurs mains. *Michaud, Hist. des Croisades.*

Le capitaine des trudents se faisait aussi appeler le roi *Thasur*. Les gueux de France nomment à présent leur roi le grand *Cosroé*, ou *Grand Caire*, ou le roi de *Thune*.

(a) Dramelai ou Tramelai, château fortifié dont il reste encore quelques ruines, dans le canton d'Arinthod, département du Jura.

NOTES DU CHAPITRE VIII.

(1) Le palais d'été de Guillaume III, ou le petit palais, était dans la rue *St.-Jacques*, autrefois la rue de *la Diablerie*. Douze jeunes libertins se déguisèrent en diables, un jour de mardi gras; ils allèrent se réjouir dans un mauvais lieu, et furent tout ébahis de voir qu'ils étaient treize, au lieu de douze. Ils voulurent chasser ce *treizième*, mais ils ne purent jamais se défaire de lui. La rue fut dès-lors appelée rue de *la Diablerie*. Elle porte à présent le nom de St.-Jacques [a].

(2) Voici de quelle manière un historien contemporain raconte ce tragique événement :

« Ce comte (Guillaume III, dit l'Allemand) était à table, « un jour de Pentecôte. Les diables l'emportèrent sur un « cheval noir, et jamais on ne le revit. *Hunc comitem « dœmones asportaverunt in equo nigro, cùm ad mensam sederet, « nec posteà visus est in terris.* » Alber. chron. ad annum 1190.

Je ne crois pas que le diable l'ait emporté, dit *naïvement* Dunod, dans son histoire du comté de Bourgogne. Je conjecture que des vassaux rebelles, après l'avoir assassiné en secret dans la Bourgogne transjurane, publièrent que le diable l'avait emporté, parce qu'il avait enlevé des biens à l'église. Ainsi, les sénateurs contèrent que le dieu Mars avait enlevé Romulus, qu'ils avaient poignardé au champ de Mars.

(3) Guillaume IV, appelé *l'enfant*, fut assassiné à Payerne,

(a) Gollut.

avec Pierre et Philippe de Glane, et plusieurs autres gentilshommes. On inhuma leurs corps dans l'église du prieuré de Payerne. Othon de Freisinghem rapporte que ce jeune comte fut tué, en trahison, par ses sujets. On lit dans le continuateur de Sigebert que des rebelles, coupables du crime de lèze-majesté (ceux probablement qui avaient déjà tué le père), craignant une juste punition, firent commettre ce meurtre par des habitants du Valais. Albéric raconte aussi que Guillaume l'enfant fut égorgé sur les marches de l'autel, pendant qu'il récitait ses patenôtres.

Ce fut l'avant-dernier des comtes suprêmes de Bourgogne; Raynaud III, son successeur, n'ayant eu de son mariage avec Agathe de Lorraine que Béatrix, femme de Frédéric Barberousse.

NOTES DU CHAPITRE IX.

(1) Les adjectifs qui caractérisent les chevaliers, dans ce chapitre, ne sont point placés au hasard. Ils ont tous rapport à des devises, adages ou sobriquets de famille. Ainsi on disait :

Les nobles *de Vienne.*
Les preux *de Vergy.*
Les fiers *de Neufchâtel.*
Les riches *de Chalon.*
Prudence *de Grogne-dent.*
Spiéglerie *de Lombart.*
Biendisance *d'Oiselet.*
Rebufferie *de Lavoncourt.*
Humblesse *de Marnix.*
Gentillesse *de Belvoir.*
Hardiesse *de Boujailles.*
Loyal cœur de *Chastel-Guyon.*
Magnanimité *de Fouquier.*
Générosité *de Rye.*
Bon bruit *de Pontailler.*
Pail....ise *de Cicon.*
Patenôtres *de Saint-Remy.*
Estorderie de *d'Epenoys.*
Naïveté *de Leugney.*
Bonne amitié *d'Asnel.*
Lasciveté *de Joux.*
Vaillantise *de Rupt.*
Piété *d'Achey.*
Clergie *de Boiffremont.*
Ribauderie *de Vernois.*
Saloperie *de Virchâtel.*
Astuce *de Courcelles.*
Jurement *de Montagu.*
Ingéniosité *de Falerans.*
Chasteté *de Raincourt.*
Haut la main *de Chissey.*
Folie *d'Usie.*
Gracieuseté *de Ray.*
Généalogie de M. le Marquis de Saint-Mauris-Châtenoin.

(2) D'après la religion d'Odin, l'univers doit être un jour *dévoré* par le loup *Fenris.* — Les *Valkyries* sont des nymphes qui habitent le *Valhalla* ou paradis des braves, et qui versent à boire aux héros tués dans les combats.

(3) Les Sarrasins, en 731, pénétrèrent dans la Séquanie.

Leur sanglante invasion y laissa des traces profondes. On croit pourtant qu'ils fondèrent, auprès de Lons-le-Saunier, le château de Montmorot, *Mont des Maures;* mais cette fondation doit remonter à une époque plus reculée, puisqu'on raconte que la tour de Montmorot servit de prison à Clotilde, nièce de Gondebaud, roi de Bourgogne, puis reine de France.

(4) La vouivre est un serpent aîlé qui n'a, pour se conduire, qu'un œil au milieu du front. Cet œil est une précieuse escarboucle. La fée la dépose, quand elle veut boire, au bord d'une rivière ou d'une fontaine. C'est le seul instant où l'on puisse escamoter ce riche bijou ; mais ce larcin cause le désespoir et la mort du serpent, qui reste aveugle. La vouivre traverse les airs comme une barre de fer rouge.

Il y avait jadis, il y a même encore beaucoup de vouivres en Franche-Comté : celles de la montagne de *Dunq*, près de Montbéliard et de Moutier-Haute-Pierre, celles de Valempoulières et de Cicon, celle qui voyage de Mirbel à Montmorot, et celles de la Tour-du-Maix, du château de l'Aigle, de Dramelay, etc. La liste n'en finit plus.

La vouivre, au surplus, appartient au blason, où elle est connue sous le nom de *guivre*. Vouivre vient de *vivere*, vivre. C'est la traduction d'un mot hébreu qui signifie *vie*, et, quand on veut, *serpent*. On sait qu'un serpent qui se mord la queue est l'emblême de l'éternité. Ceux qui ont conté les premiers toutes ces fadaises auraient bien dû se mordre la langue.

L'esprit de Bonlieu est un brillant chevalier à l'air fier, aux armes miraillées. Il se plaît sur les monts qui dominent les lacs de Bonlieu, du Frânois, de Mâclu et de Narlay. Il chevauche dans les airs sur un blanc palefroi, et rase la plaine sans la toucher. On a vu souvent son coursier attaché à la pointe d'un pic, ronger son frein d'impatience, lorsque son maître tarde trop à venir. On raconte qu'un moine de Bonlieu, vieux truant ou *trudent*, de la ville d'Antioche, eut la hardiesse de grimper jusqu'à lui et de l'enfourcher ; mais bientôt la rapidité de la course du cheval aérien étourdit le pauvre moine, qui perdit l'usage de ses sens, et se trouva, à son réveil, lié à reculons sur le dos de son prieur, que le diable avait changé en mulet.

La comté de Bourgogne était remplie de fées, *fadæ*, femmes des *faids*, druides de la seconde classe, de *déesses maires*, de *dames blanches* ou *vertes*, etc. Il y a une dame *verte* à Maizières, village sur le bord de la Loue ; une autre dame *verte*, à la source du ruisseau de *l'œil de bœuf*, au bas du manoir de *Clémont* ; un essaim de dames *vertes* près de Saint-Hippolyte : celles-là lutinent, égarent les bons pèlerins. *Culte des esprits dans la Séquanie*. Il ne faut point se jouer à ces dames, de quelque couleur qu'elles soient. L'histoire suivante ne le prouve que trop :

« Près du village de Goux, situé à une lieue de Dole, est une fontaine qui dut être célèbre sous les druides, et que plus tard les Romains consacrèrent à Diane. On voit encore, à quelques pas de cette fontaine, une colonne de granit égyptien et des fragments de mosaïque.

« Mathieu de Goux, qui vivait dans le 9.e siècle, se moquait des apparitions, des fées, des lutins, et surtout d'une méchante *vouivre*, habituée à venir boire toutes les nuits à la fontaine du château. Son chapelain avait prédit que le diable finirait par jouer quelque mauvais tour à cet incrédule. Cette prédiction ne tarda point à s'accomplir. Un soir, que le sire de Goux traversait la forêt de Chaux, il aperçut tout à coup un palais magnifique, éclairé par plus de mille cierges. Ce château retentissait de cris de joie et de sons harmonieux. Le palefroi du chevalier prit le galop, et ne s'arrêta qu'aux pieds d'un perron de marbre. Des jeunes filles reçurent Mathieu avec une grâce charmante, et le conduisirent vers une dame qui effaçait en beauté toutes les nymphes de sa cour. Cette reine ou cette fée parut ravie de le voir, et lui fit le plus doux accueil. Le preux en outre était ébloui du faste de ce pompeux séjour. Il n'apercevait que dorures, meubles rares, précieux tapis. Le sire de Goux et la dame soupèrent tête à tête, mangèrent à la même assiette et burent au même verre. La fée montrait beaucoup d'esprit et ne cessait d'agacer son jeune convive. Elle lui servait les meilleurs morceaux et lui versait les vins les plus exquis. Mais plus il mangeait et buvait, plus il avait faim et soif. On eût dit que ces mets et ces vins si délicieux n'étaient que du vent. Mathieu à la fin eut honte de montrer un tel appétit. Il quitta la table, et, pour comble de félicité, la belle inconnue ne se montra point trop sévère. On leur apprêta un lit somptueux. Mais au point du jour, la faim, le froid et une odeur infecte réveillèrent le chevalier. Quelle fut sa surprise de se trouver sur un fumier, nez à nez avec une vieille sorcière déterrée, que l'on avait pendue, depuis près de six semaines, pour avoir fait maigrir un père Bernardin, qui mourut de frayeur, parce qu'il ne pesait plus que deux cent soixante et dix livres. »

(5) Les templiers et les hospitaliers n'épargnaient pas même les prêtres qui priaient sur la tombe du Sauveur. Quelques hospitaliers ayant poursuivi ces prêtres, à coups de flèches, jusque dans l'église du Saint-Sépulcre, ceux-ci, pour toute vengeance, ramassèrent ces flèches, dont ils firent un faisceau qu'ils placèrent à la cîme du mont des Oliviers, pour perpétuer le souvenir de ce sacrilége. *Histoire des Croisades et de Malte.*

(6) La fête du mois de *mai*, parmi nous, est un reste de la fête du printemps chez les Romains, dit M. *Désiré Monnier*, à qui j'emprunte cette note, sans y rien changer, vu que je ne pourrais pas si bien dire. On choisit à *Lons-le-Saunier* et à *Saint-Amour* la plus jolie petite fille de l'*endroit*, pour être la nymphe du printemps. On la pare de ses plus beaux atours, on la couronne de fleurs, on la porte en triomphe, puis on fait une collecte de comestibles et de vin pour se régaler. On chantait encore, il y a un demi-siècle, la ballade suivante :

Étrennez notre *épousée !*
Voici le mois,
Le joli mois de mai.
Étrennez notre épousée,
En bonne étrenne !
Voici le mois,
Le joli mois de mai
Qu'on vous amène.

Dans la *Bresse*, la *reine* ou la *mariée*, toute couverte de bouquets, de rubans, de bijoux, et conduite par un galant jouvenceau, ouvre la marche. Elle n'est précédée que par un dendrophore qui porte un mai fleuri. On y chante également des ballades en *patois* d'une haute antiquité, et dont voici un couplet :

Vekia veni le zouli ma !	Voici venir le joli mois !
L'allueta planta le ma ;	L'allouette plante le mai ;
Vekia veni le zouli ma !	Voici venir le joli mois !
L'alluetta lo plinta.	L'allouette l'a planté.
La polé prin sa voléia,	Le coq prend sa volée
Et la voléia sinta.	Et la volaille chante.

Ceux qui voudront lire le reste, n'ont qu'à acheter le livre de M. Monnier, à Lons-le-Saunier (Jura), chez M. *Fr. Gauthier*, imprimeur.

(7) Si l'on en croit le témoignage de *Gilbert Cousin*, chanoine à Nozeroy, et de *Paul Mérula*, la fête patronale de Miéges attirait dans ce village une affluence d'hommes extraordinaire, d'après un usage antique et *païen*. On se rendait à cette solennité, tant à cause de la fête de saint Antoine, qu'à cause d'une réunion de jeunes et jolies filles, réunion qui rappelait l'antique fête des *vierges*. On y passait la journée dans les jeux, les bals et les festins. Les pastourelles y accouraient, de leur côté, pour prier Notre-Dame de Miéges de leur donner un mari beau ou laid, et la tendre épouse y venait à son tour supplier la bonne vierge de lui accorder la douceur d'être mère [(a)]. Les chastes vœux de ces pieuses matrones étaient souvent exaucés, surtout après le bal, car Dieu bénit les passe-temps honnêtes.

(8) Les dons des rois et des princes avaient enrichi les templiers et les hospitaliers. L'historien d'Arragon nous apprend que, vers l'an 1153, dom Pédro d'Artal, premier baron de ce royaume, donna aux hospitaliers et aux *templiers* la cité de *Borgia* avec ses dépendances, qu'ils échangèrent depuis avec Raymond Bérenger, prince d'Arragon, contre Dumbel, le château d'Albéric et celui de Cabanos. *Vertot*, histoire de Malte.

N. B. L'abbé de Vertot ne parle point du troc de la ville de Borgia contre le clou de Jahel. Il croyait que d'Artal avait donné cette ville en pur don aux chevaliers du temple, et ne savait pas que ces derniers avaient été pris pour dupes.

(9) La même cérémonie eut lieu au Paraclet, lorsqu'on y

(a) *Culte des esprits.*

rapporta le malheureux Abailard, après sa mort. Pierre-le-Vénérable, abbé de Cluny, lui donna, *par écrit*, une absolution authentique, qui fut attachée au cercueil de l'amant d'Héloïse.

Les seigneurs ajoutaient des poils de leur barbe au scel qu'ils apposaient sur les chartes, et prétendaient par là les rendre plus authentiques. *Quod ut ratum et stabile perseveret in posterum, scripto sigilli mei robur apposui cum tribus pilis barbæ meæ.* Extrait d'une charte de 1121.

NOTES DU CHAPITRE X.

(1) Didatium ou Dittatium, ou *Dittacion*, signifie, dit Bullet dans son dictionnaire celtique, *terre très abondante;* de *dit*, terre; *at*, abondante, et *ion*, qui, à la fin du mot, marque le superlatif. Il y eut certainement, chez les Séquanes, une ville nommée Didatium; mais on ne sait point où elle était située. Les érudits se perdent en conjectures. Ptolomée en parle d'une manière vague. D'Anville place cette cité oubliée à *Passavant*, près des Vosges. Un savant, M. Girault, d'Auxonne, croit fermement que le vieux *Seurre* est Didatium. D'autres soutiennent que Dole est bâtie sur les ruines de Dittacion. Tout cela serait fort inquiétant, si Hües de Braye-Selves ne tranchait pas la difficulté. La Séquanie a été si souvent saccagée par les barbares, que tout a péri dans cette malheureuse contrée, jusqu'au souvenir de ses villes les plus florissantes.

Les Gaulois témoignaient aux femmes un respect qui allait jusqu'à l'adoration, dit dom *Grappin*. Il était défendu de mal parler d'elles. Les principales villes des Gaules avaient des conseils de femmes qui gouvernaient mieux l'état, avec leurs quenouilles, que ne l'ont gouverné, après elles, des clercs en chaperon doctoral.

(2) Obéron, roi de Féerie, est un petit prince très célèbre. Nos jongleurs et nos ménestreux en font un grand éloge.

(3) On conte que le vénérable Turpin, historiographe de Charlemagne, vint à Dole, dans le 8.e siècle, avec le paladin Roland, et qu'il habita la rue *Fri-Papa* ou des Martyrs.

(4) Au 12.e siècle, les femmes étaient presque toujours voilées. Elles levaient à demi leur voile dans la rue, lorsqu'elles rencontraient des personnes de leur connaissance intime. Elles ne se dévoilaient que chez elles, en présence de leurs hôtes. Les veuves et les filles ne portaient point de voiles.

(5) Les trois mages ou sages, qu'on appelle les *trois rois*, étaient partis de l'Arabie heureuse. Leurs *chefs* y furent retrouvés du temps des croisades, et déposés à Milan. Frédéric Barberousse les enleva de cette ville, les apporta en Franche-Comté et les plaça dans l'abbaye de lieu croissant, appelée dès-lors l'abbaye des *trois Rois*. Il est probable, dit Dunod, que ces reliques furent mises sous la garde des seigneurs de Granges, qui avaient coopéré à la fondation du moutier de lieu croissant, et qui en étaient peut-être les avoués. Les sires de Grammont, issus des sires de Granges, prirent dans la suite pour armoiries les trois têtes des mages, et pour devise : *Dieu aide aux gardiens des Rois!* Ces têtes voyageuses terminèrent enfin leur course à Cologne. Ce sont bien les vrais chefs de Gaspard, Melchior et Balthazar. Demandez-le aux gens de Cologne!

(6) Roger, roi de Sicile, au retour d'une expédition dans la Terre-Sainte, établit, en 1130, à Palerme, des ouvriers en soie, qu'il avait amenés avec lui de la Grèce. Ces marchands, qui avaient coutume de parcourir les foires, se fixèrent enfin à Paris, rue des Lombards, à laquelle ils donnèrent leur nom, qu'elle a conservé. *Tableau littéraire de la France.*

(7) Hües de Braye-Selves n'est point ici d'accord avec l'histoire. Voici ce que M. Michaud dit du patriarche Héra-

clius : « Le patriarche de Jérusalem, Héraclius, qui ne « devait son élévation qu'à des qualités mondaines et pro- « fanes, prodiguait à d'infâmes prostituées les trésors des « pauvres et des pèlerins, et plusieurs fois le peuple chré- « tien s'étonna de voir la fameuse Pâques de Riveri, sa maî- « tresse, étaler jusque *dans le sanctuaire* une parure achetée « avec les aumônes des fidèles. »

(8) Les cours plénières présentaient un spectacle curieux et magnifique. Elles s'ouvraient par une messe solennelle. Le célébrant, avant l'épître, mettait la couronne sur la tête du roi, qui ne la quittait qu'en se couchant. Le monarque, tout le temps de la fête, ne mangeait qu'en public : les évêques, les princes et les ducs étaient admis à sa table. Il y avait, en outre, une seconde table pour les abbés, les chevaliers, etc., etc. Lorsqu'on servait l'entremets, vingt hérauts d'armes, superbement vêtus et tenant chacun une coupe, criaient trois fois : *Largesses du plus puissant des Rois!* Puis, ils semaient l'or et l'argent, que le peuple ramassait avec des cris de joie. Mille fanfares accompagnaient cette distribution.

L'après-midi, le jeu, la pêche, la chasse, les danseurs de corde, les plaisantins, les vielleurs et les pantomimes amusaient le peuple. Les farceurs excellaient à dresser les chiens, les ours, les singes destinés à égayer les serfs, les haubergiers, les fieffiers, etc. *Ducange.*

(9) Thierry de Montfaucon, poète et mécanicien, fut archevêque de Besançon. On le nommait la perle des clercs, *gemma clericorum.* Il alla guerroyer en Terre-Sainte, où il mourut. On lui attribue l'invention d'un bélier destiné à battre les remparts de Ptolémaïs. Il est l'auteur de la *prose de saint Vincent*, insérée dans un missel trouvé à Salins,

premier ouvrage imprimé en Franche-Comté, l'an 1485. Ce missel est déposé à la bibliothèque publique de Besançon.

(10) La quintaine ou quintane était une statue de bois représentant un chevalier armé d'un long bâton, et tournant sur un pivot. On joûtait, la lance en main, contre cette statue, et, si on ne l'atteignait pas juste au milieu de l'écu, elle tournait rapidement et frappait de sa gaule le joûteur maladroit.

(11) Les troubadours avaient inventé une espèce de poésie appelée *tensons* ou *jeux partis*. Ces jeux littéraires consistaient en des questions de jurisprudence amoureuse, proposées, soutenues et combattues avec chaleur. Un juge prononçait ensuite. On avait alors, dit M. de Rosny, un goût décidé pour la controverse, un penchant irrésistible pour les subtilités. Souvent ces questions ne pouvaient être résolues qu'en cour ou parlement d'amour. On demandait, par exemple, s'il vaut mieux avoir pour maîtresse une femme mariée qu'une jeune fille? — Si l'on doit blâmer davantage l'indiscret qui se vante des faveurs qu'on ne lui a pas accordées ou de celles qu'il a véritablement reçues? — S'il est préférable, après avoir obtenu de sa maîtresse un rendez-vous nocturne, de voir entrer chez elle un rival au moment où l'on en sort, à l'en voir sortir au moment où l'on y entre, etc., etc.

Ces graves riens, le croirait-on, occupaient des reines, et jusqu'à des papes.

Les comtes de Vintimille et de Tende étant venus voir à Avignon Innocent VI, ce souverain pontife leur donna le spectacle d'une cour d'amour, dont ils furent émerveillés. — Le Grand d'Aussi. — *Tableau littéraire de la France, par M. Joseph de Rosny.*

NOTES DU CHAPITRE XI.

(1) Voici les différents degrés des vassaux de l'empire, qu'on appelait les *six boucliers militaires*.

Les ducs composaient le premier de ces boucliers.

Les évêques et les princes ecclésiastiques formaient le second.

Les princes séculiers, les landgraves, les margraves et les comtes étaient au troisième rang.

Le quatrième comprenait les dynastes, les seigneurs libres et la noblesse indépendante.

Le cinquième ordre était celui des *ministériaux*, ou des nobles attachés aux princes par des emplois ou des fiefs non militaires.

Les derniers étaient les *personnes libres* ou les *ingenui*, appelés à cette époque, en Allemagne, *Semperlut*. Pfeffel.

(2) *Godefroi de Viterbe* était secrétaire de Frédéric Barberousse. — Le compilateur *Gratien* réunit en un seul corps les décrets des papes et des conciles, et même les fausses décrétales. — *Gerland*, chanoine régulier de Saint-Paul, à Besançon, composa plusieurs ouvrages importants. « Il mé-« rita le nom d'Abailard franc-comtois. » — *Pierre Lombard*, appelé le maître des sentences, évêque de Paris, fut l'auteur d'un nouveau traité de théologie. C'était un recueil des passages des Pères sur les principaux points de la religion. — Mémoires de MM. *Richard*, curé de Beure, et Auguste Bernard, de Besançon.

(3) Dans le 12.e siècle, à la diète de Worms, on fit le

procès à l'archevêque de Mayence et au comte palatin du Rhin, qui avaient violé la paix publique.

Le comte palatin, ses partisans et les amis de l'archevêque, au nombre desquels se trouvaient *onze comtes*, furent condamnés à la peine du *harnescar* ou de la *hachée*, et obligés, conformément à un *très ancien usage*, passé en loi chez les Francs et les Souabes, de porter un chien sur leurs épaules, à la distance de deux lieues. L'archevêque lui-même ne fut dispensé de cette punition ignominieuse qu'en considération de son grand âge et de la sainteté de son caractère.

(4) Hües de Braye-Selves se trompe. Ce fut à la diète de Mersbourg que Frédéric Barberousse investit Suénon du royaume de Danemarck, et lui remit l'épée, symbole du pouvoir souverain. Le cérémonial de la cour, dit Othon de Freisinghem, porte que les rois vassaux de la couronne d'Allemagne doivent être investis avec l'épée, et les princes avec un ou plusieurs étendards.

(5) Saint Bernard, disent les vieilles légendes, fit trente-six miracles en un seul jour, et fut près d'être étouffé par la multitude qui se pressait autour de lui. L'empereur Conrad, pour le sauver, fut contraint de le prendre dans ses bras. Un historien des Croisades paraît douter des miracles de saint Bernard, et l'auteur de la vie de Suger dit mille pouilles à cet historien qu'il traite d'incrédule. Ces querelles là sont très fâcheuses, et peuvent décréditer les légendes. Il est sûr, au moins, que saint Bernard ressuscita un moine de Lure, puisque Hües de Braye-Selves l'a dit.

(6) Baudoin III, qui s'était emparé d'Ascalon, appelée *l'épouse de Syrie*, revenait combattre Noureddin, lorsqu'il fut empoisonné par un mire syrien, Dès qu'il sentit sa fin

approcher, il se mit en route pour retourner mourir auprès du saint tombeau, mais il expira dans la ville de Béruth. Son corps fut transporté à Jérusalem. Le peuple et le clergé allèrent à la rencontre de son convoi funèbre. Les montagnards du Liban suivirent, tout en pleurs, le corps du jeune roi. Robert Dumont rapporte que Noureddin fut touché lui-même de ce deuil général, et qu'il répondit à ceux qui lui conseillaient de profiter de cette occasion, pour entrer dans la Palestine : « A Dieu ne plaise que j'aille troubler la douleur d'un peuple qui pleure un si bon roi. »

(7) Saint Bernard avait prédit aux croisés la victoire, mais ses prophéties ne se vérifièrent point. Les croisés furent battus partout. L'abbé de Clairvaux se tira d'affaire, en disant que les péchés des croisés avaient attiré sur eux le courroux du ciel.

(8) Frédéric I.er ne partit point alors. Ce ne fut qu'en 1189 que cet empereur ayant pris la croix à la diète de Mayence, passa en Asie et périt près de Séleucie, pour s'être baigné dans ce même Cydnus où Alexandre-le-Grand avait failli trouver la mort. On enterra ses entrailles à Tarse, et son corps à Antioche. Déjà, lorsqu'en 1095 Urbain II prêcha une croisade à Clermont, le cardinal Grégoire, qui monta depuis sur la chaire de saint Pierre, sous le nom d'Innocent II, prononça à haute voix une formule de confession et donna une absolution générale.

(9) Des brigands avaient arrêté *Esquil*, archevêque de *Lunden*, revenant de Rome, et voulaient l'obliger à payer une rançon. Le pape Adrien en fit des plaintes amères, et prétendit que l'empereur Frédéric Barberousse n'avait point recherché les auteurs de cet attentat.

(10) Frédéric Barberousse était campé près de Viterbe, et le pape Adrien IV se tenait enfermé à Città del-Castello. Le Saint-Père étant venu trouver l'empereur, celui-ci n'alla point à la rencontre du souverain pontife, pour lui tenir l'étrier. Adrien en fut choqué et refusa de donner à son tour le baiser de paix à Frédéric. Il y eut plusieurs conférences à ce sujet. Enfin, Frédéric ayant consulté les vieux seigneurs qui avaient accompagné l'empereur Lothaire, lors de son entrevue avec le pape Innocent, se soumit à la formalité exigée, et tint l'étrier au pape, pendant la longueur d'un jet de pierre. *Bruys. Hist. des Papes.*

(11) Le cardinal Roland, chancelier de l'Église (le même qui fut pape, sous le nom d'Alexandre III), était venu, comme légat du Saint-Père, se plaindre à l'empereur Frédéric lui-même, du peu de zèle que mettait ce prince à poursuivre ceux qui retenaient prisonnier *Esquil*, archevêque de *Lunden*. Il reprocha vivement à Frédéric son ingratitude envers le pape qui lui avait *conféré* l'empire. Pressé d'expliquer le sens d'une lettre qu'Adrien avait écrite à Frédéric I.er, et qui contenait ces paroles étranges :

« *L'Église, votre mère, vous conféra, de bon cœur, la couronne impériale ; ce n'est pas que nous nous repentions d'avoir en tout accompli vos désirs ; au contraire, nous nous réjouirions, si vous aviez reçu de notre main de plus grands bénéfices.* »

Le légat répondit arrogamment : « De qui donc Frédéric tiendrait-il l'empire, si ce n'est du Saint-Siége ? » Il osa traiter ensuite de *frère* l'empereur. Ces outrages irritèrent si fort les princes et seigneurs, qu'Othon de Bavière, qui portait l'épée impériale, se jeta sur le cardinal injurieux et l'aurait tué sans Frédéric. Mais l'empereur ordonna sur-le-champ au légat de retourner droit à Rome, sans s'arrêter nulle part. *Pfeffel, hist. d'Allemagne. Bruys, hist. des Papes. Dunod, hist. du comté de Bourgogne.*

(12) Le pape Adrien IV était anglais de nation, et fils d'un pauvre clerc de village. Il s'appelait Nicolas *Breskepead*. Il fut d'abord valeton, puis moine ensuite à *St.-Ruf*, monastère fameux de chanoines réguliers, près d'Avignon. C'était un homme de beaucoup d'esprit, d'une vaste érudition, mais d'un caractère hautain et turbulent. Il se préparait, dit *Dochin*, à excommunier Frédéric, quand la mort le surprit à Agnani, dans cette intention peu paternelle, le 1.er septembre 1159. Il fut enterré à Saint-Pierre.

Au reste, Adrien désavoua le sens des paroles de son légat. Il dit que le terme de *conférer* la couronne était synonime de celui de couronner; que le mot de *bénéfice*, dérivé de *bonum factum*, exprimait simplement le plaisir que le pape avait eu à sacrer Frédéric. Il protesta enfin qu'il n'avait jamais songé à traiter l'empire de *fief* du Saint-Siége. On se tire, comme on peut, d'un mauvais pas.

(13) On avait peint, dans l'église de Saint-Jean-de-Latran, le couronnement de Lothaire. Ce prince recevait, *à genoux*, la couronne de la main du pape, et l'on avait écrit au bas : *Le roi s'arrête à la porte, et, après avoir juré les droits de Rome, il devient vassal du pape*. Frédéric exigea, avec raison, que ce tableau fût effacé.

(14) Lorsqu'un royaume était mis en interdit ou qu'un souverain était excommunié, le service divin cessait. On couvrait l'autel d'épines ; on traînait les reliques et le crucifix même sur les ronces, ou on les jetait par terre. On flagellait les statues des saints ; on les accablait d'outrages ; on les appelait fainéants, qui ne savaient plus défendre les

droits de l'Église. On sonnait *la cloche en colère*, *campana irata*, et la consternation devenait générale. Le prince excommunié était abandonné de tout le monde, et ses serviteurs brisaient jusqu'aux vases dans lesquels il avait mangé et bu. C'est ce qui arriva à Robert, fils de Hugues Capet.

(15) Les malédictions furent souvent plus terribles dans d'autres excommunications *agravées* et *réagravées*, que celles dont se sert ici le cardinal Roland. L'histoire a conservé celles que fulmina un archevêque de Sens, contre *Gauzfroid*, *Geïlon* et *Raugenard*, qui étaient détenteurs des biens du clergé. La fureur et la haine ne sauraient aller plus loin.

NOTES DU CHAPITRE XII.

(1) Le moulin rouge était autrefois un coupe-gorge ; il est placé dans un ravin, au pied d'un monticule, où l'on voit encore l'enceinte d'un camp de César. Le Doubs sépare le moulin rouge de la plaine de *Lune*, dans laquelle on croit que César défit Arioviste.

L'ermitage de Montjeu *(mons Jovis)* dominait le Doubs, la plaine de Lune et le moulin rouge.

(2) On prétend que Julien l'apostat, près d'expirer, lança vers le ciel quelques gouttes de son sang, et s'écria : « *Vicisti, Galilee !* » Tu as vaincu, Galiléen ! C'est un conte ridicule. Julien n'était ni furieux ni stupide.

On dit également qu'un des Gracques, à sa dernière heure, prit dans sa main un peu de poussière et la lança vers le ciel, en attestant les dieux vengeurs. Ce conte (car c'en est un aussi) a fourni un beau mouvement oratoire à Mirabeau : « Gracchus mourant prit un peu de poussière « dans sa main, la lança vers le ciel, et de cette poussière « naquit Marius ! »

NOTES DU CHAPITRE XIII.

(1) Il paraît que le velours était connu dès 1130, à l'époque où vivait Roger, roi de Sicile. Ce n'était peut-être alors qu'une espèce de panne de soie. Il fut inventé, ainsi que le *cendal* (satin), à Palerme.

Il est certain que l'usage du velours est très ancien, si l'on en juge par de vieux manuscrits de la bibliothèque du roi, reliés en *velours*. Cette étoffe était si commune, sous le règne de Henri III, que, dans les états de Blois, en 1576, il fut défendu aux domestiques de paraître avec des habits de velours. *Tableau littéraire de la France.*

On lit dans une vieille ballade du 12.e siècle, composée par le fameux Robin Hood de Locksley, au comté de Nottingham :

« A ce mot, Clorinde (femme de Hood) parut. Elle était la reine des bergères. Sa robe était d'un *velours* vert comme la prairie, et son brodequin montait jusqu'à son genou. » *Vie de Robin Hood, par M. Withead.*

(2) On voyait encore, il y a quelques années, à peu de distance de la petite ville de Champagnole, dans une île formée par des ruisseaux qui sortent du lac d'Isley, les débris de ce moutier auquel se rattachent des souvenirs funestes. Nous savons bien quels sont ces souvenirs que Hües de Braye-Selves a conservés, mais nous nous garderons bien d'en parler : toute vérité n'est pas bonne à dire.

(3) Il y a, dans le vieux manoir de Domblans, près de Château-Chalon, une chambre très remarquable. On avait fait peindre, sur toutes les faces des solives du plancher de tête de cette chambre, ces deux mots mille fois répétés : *Espoir déçoit.*

Une antique cheminée, que l'on a démolie, échauffait cette pièce spacieuse et jadis pompeusement ornée. La chambre existe encore, à l'instant où l'on écrit cette note (1.er janvier 1836), mais une cloison la coupe presque en deux, et les mots, *espoir déçoit*, sont effacés dans la partie remise à neuf. Il est à craindre que le reste ne disparaisse bientôt à son tour.

(4) Frédéric Barberousse établit à Dole la première cour d'amour, comme il y célébra le premier tournoi.

On ne peut se faire une idée de la bizarrerie des causes burlesques plaidées dans les parlements de courtoisie, et du jargon précieux et ridicule dont les chevaliers ès-plaids se servaient. Les assignations surtout étaient très drôles. On trouvera une assignation de cour d'amour dans les notes de la 2.e édition d'Yseult, de Dole.

(5) Le chiffre 5 est oublié dans l'ouvrage. Il devrait se trouver page 222, ligne 4, après ces mots : *Sombre tapisserie des vieux murs.*

On suspendait jadis aux murs des églises les draps de morts ornés d'armoiries. Ils y restaient un an et un jour.

(6) Le bénédictin Dom Gody rapporte, dans son histoire de la Vierge du Mont-Roland, que les moines se plaignirent un jour à Béatrix, femme de Frédéric Barberousse, de la

stérilité de leur territoire ingrat et *privé d'eau*. C'était un conte, car on trouve aisément de l'eau sur le Mont-Roland. L'impératrice leur concéda le prieuré de Jouhe, qu'ils gardèrent jusqu'à la révolution de 1793.

FIN DES NOTES.

ERRATA.

Page 9, *ligne* 25, par l'ombre, descendait de la montagne, *lisez* par l'ombre, qui descendait de la montagne.

Page 25, *ligne* 17, comblerait l'espace, *lisez* comblerait l'intervalle.

Page 168, *ligne* 8, à l'abbé du lieu croissant, *lisez* à l'abbé de lieu croissant.

Page 170, *note*, parle aussi d'un Vergy, *lisez* parle aussi d'une Vergy.

Page 172, *note*, fabels ou fabliaux, *lisez* flabels.

Page 176, *ligne* 18, qu'il ne fait que de changer de vie, *lisez* qu'il ne fait que changer de vie.

Page 270, *ligne* 13, avaient moins d'attrait et de fierté, *lisez* avaient moins d'attraits et de fierté.

www.ingramcontent.com/pod-product-compliance
Ingram Content Group UK Ltd.
Pitfield, Milton Keynes, MK11 3LW, UK
UKHW012158240726
13966UKWH00002B/415